2014-2015年中国软件产业发展蓝皮书

The Blue Book on the Development of Software Industry in China（2014-2015）

中国电子信息产业发展研究院　编著

主　编／王　鹏

副主编／安　晖

人民出版社

责任编辑：邵永忠　侯天保

封面设计：佳艺堂

责任校对：吕　飞

图书在版编目（CIP）数据

2014～2015 年中国软件产业发展蓝皮书/王鹏 主编；

中国电子信息产业发展研究院 编著.—北京：人民出版社，2015.7

ISBN 978-7-01-015001-7

Ⅰ.①2… Ⅱ.①王…②中… Ⅲ.①软件产业—产业发展—白皮书—

中国—2014～2015 Ⅳ.①F426.67

中国版本图书馆 CIP 数据核字（2015）第 141328 号

2014–2015年中国软件产业发展蓝皮书

2014–2015NIAN ZHONGGUO RUANJIAN CHANYE FAZHAN LANPISHU

中国电子信息产业发展研究院　编著

王　鹏　主编

人民出版社 出版发行

（100706　北京市东城区隆福寺街 99 号）

北京艺辉印刷有限公司印刷　新华书店经销

2015 年 7 月第 1 版　2015 年 7 月北京第 1 次印刷

开本：710 毫米 × 1000 毫米　1/16　印张：17.25

字数：285 千字

ISBN 978-7-01-015001-7　定价：88.00 元

邮购地址　100706　北京市东城区隆福寺街 99 号

人民东方图书销售中心　电话（010）65250042　65289539

代 序

大力实施中国制造2025　加快向制造强国迈进
——写在《中国工业和信息化发展系列蓝皮书》出版之际

制造业是国民经济的主体，是立国之本、兴国之器、强国之基。打造具有国际竞争力的制造业，是我国提升综合国力、保障国家安全、建设世界强国的必由之路。新中国成立特别是改革开放以来，我国制造业发展取得了长足进步，总体规模位居世界前列，自主创新能力显著增强，结构调整取得积极进展，综合实力和国际地位大幅提升，行业发展已站到新的历史起点上。但也要看到，我国制造业与世界先进水平相比还存在明显差距，提质增效升级的任务紧迫而艰巨。

当前，全球新一轮科技革命和产业变革酝酿新突破，世界制造业发展出现新动向，我国经济发展进入新常态，制造业发展的内在动力、比较优势和外部环境都在发生深刻变化，制造业已经到了由大变强的紧要关口。今后一段时期，必须抓住和用好难得的历史机遇，主动适应经济发展新常态，加快推进制造强国建设，为实现中华民族伟大复兴的中国梦提供坚实基础和强大动力。

2015 年 3 月，国务院审议通过了《中国制造 2025》。这是党中央、国务院着眼国际国内形势变化，立足我国制造业发展实际，做出的一项重大战略部署，其核心是加快推进制造业转型升级、提质增效，实现从制造大国向制造强国转变。我们要认真学习领会，切实抓好贯彻实施工作，在推动制造强国建设的历史进程中做出应有贡献。

一是实施创新驱动，提高国家制造业创新能力。把增强创新能力摆在制造强国建设的核心位置，提高关键环节和重点领域的创新能力，走创新驱动发展道路。加强关键核心技术研发，着力攻克一批对产业竞争力整体提升具有全局性影响、带动性强的关键共性技术。提高创新设计能力，在重点领域开展创新设计示范，推广以绿色、智能、协同为特征的先进设计技术。推进科技成果产业化，不断健全以技术交易市场为核心的技术转移和产业化服务体系，完善科技成果转化协同推进机制。完善国家制造业创新体系，加快建立以创新中心为核心载体、以公共服务平台和工程数据中心为重要支撑的制造业创新网络。

二是发展智能制造，推进数字化网络化智能化。把智能制造作为制造强国建设的主攻方向，深化信息网络技术应用，推动制造业生产方式、发展模式的深刻变革，走智能融合的发展道路。制定智能制造发展战略，进一步明确推进智能制造的目标、任务和重点。发展智能制造装备和产品，研发高档数控机床等智能制造装备和生产线，突破新型传感器等智能核心装置。推进制造过程智能化，建设重点领域智能工厂、数字化车间，实现智能管控。推动互联网在制造业领域的深化应用，加快工业互联网建设，发展基于互联网的新型制造模式，开展物联网技术研发和应用示范。

三是实施强基工程，夯实制造业基础能力。把强化基础作为制造强国建设的关键环节，着力解决一批重大关键技术和产品缺失问题，推动工业基础迈上新台阶。统筹推进"四基"发展，完善重点行业"四基"发展方向和实施路线图，制定工业强基专项规划和"四基"发展指导目录。加强"四基"创新能力建设，建立国家工业基础数据库，引导产业投资基金和创业投资基金投向"四基"领域重点项目。推动整机企业和"四基"企业协同发展，重点在数控机床、轨道交通装备、发电设备等领域，引导整机企业和"四基"企业、高校、科研院所产需对接，形成以市场促产业的新模式。

四是坚持以质取胜，推动质量品牌全面升级。把质量作为制造强国建设的生命线，全面夯实产品质量基础，提升企业品牌价值和"中国制造"整体形象，走以质取胜的发展道路。实施工业产品质量提升行动计划，支持企业以加强可靠性设计、试验及验证技术开发与应用，提升产品质量。推进制造业品牌建设，引导企业增强以质量和信誉为核心的品牌意识，树立品牌消费理念，提升品牌附加值和软实力，加大中国品牌宣传推广力度，树立中国制造品牌良好形象。

五是推行绿色制造，促进制造业低碳循环发展。把可持续发展作为制造强国建设的重要着力点，全面推行绿色发展、循环发展、低碳发展，走生态文明的发展道路。加快制造业绿色改造升级，全面推进钢铁、有色、化工等传统制造业绿色化改造，促进新材料、新能源、高端装备、生物产业绿色低碳发展。推进资源高效循环利用，提高绿色低碳能源使用比率，全面推行循环生产方式，提高大宗工业固体废弃物等的综合利用率。构建绿色制造体系，支持企业开发绿色产品，大力发展绿色工厂、绿色园区，积极打造绿色供应链，努力构建高效、清洁、低碳、循环的绿色制造体系。

六是着力结构调整，调整存量做优增量并举。 把结构调整作为制造强国建设的突出重点，走提质增效的发展道路。推动优势和战略产业快速发展，重点发展新一代信息技术产业、高档数控机床和机器人、航空航天装备、海洋工程装备及高技术船舶、先进轨道交通装备、节能与新能源汽车、电力装备、新材料、生物医药及高性能医疗器械、农业机械装备等产业。促进大中小企业协调发展，支持企业间战略合作，培育一批竞争力强的企业集团，建设一批高水平中小企业集群。优化制造业发展布局，引导产业集聚发展，促进产业有序转移，调整优化重大生产力布局。积极发展服务型制造和生产性服务业，推动制造企业商业模式创新和业态创新。

七是扩大对外开放，提高制造业国际化发展水平。 把提升开放发展水平作为制造强国建设的重要任务，积极参与和推动国际产业分工与合作，走开放发展的道路。提高利用外资和合作水平，进一步放开一般制造业，引导外资投向高端制造领域。提升跨国经营能力，支持优势企业通过全球资源利用、业务流程再造、产业链整合、资本市场运作等方式，加快提升国际竞争力。加快企业"走出去"，积极参与和推动国际产业合作与产业分工，落实丝绸之路经济带和21世纪海上丝绸之路等重大战略，鼓励高端装备、先进技术、优势产能向境外转移。

建设制造强国是一个光荣的历史使命，也是一项艰巨的战略任务，必须动员全社会力量、整合各方面资源，齐心协力，砥砺前行。同时，也要坚持有所为、有所不为，从国情出发，分步实施、重点突破、务求实效，让中国制造"十年磨一剑"，十年上一个新台阶！

工业和信息化部部长

2015 年 6 月

前　言

　　软件产业是战略性新兴产业重要组成部分。近年来，在国内外复杂的发展环境下，我国软件产业保持平稳较快增长，云计算、移动互联网、大数据、物联网等新业务逐步落地，人工智能、智能制造、工业互联网等热点领域蓬勃兴起。软件产业在推动传统产业转型升级、促进经济结构调整和发展方式转变、扩大信息消费、拉动经济增长、扩大就业、变革人类生产和生活方式等方面发挥日益重要作用，其发展程度已成为衡量一个国家和地区核心竞争力和现代化程度的重要标志。

一

　　2014 年，全球软件产业规模达 15003 亿美元，同比增长 5%，高于 2013 年和 2012 年增速。但受全球经济复苏缓慢、新兴经济体市场需求释放不足、IT 深化转型等因素影响，全球软件产业还未恢复到 2011 年两位数增长的水平。在云计算、大数据、移动互联网等新兴信息技术服务蓬勃发展的驱动下，全球软件产业继续服务化转型调整，信息技术服务整体表现仍优于软件产品，在产业整体中所占比重有所提高，在产业发展中的地位和价值不断上升。2014 年，全球软件产业中，软件产品产值占全行业的比例约为 25.1%；信息服务占全行业的比重约为 74.9%。

　　美国、欧盟、日本仍是世界软件产业发展的主体。2014 年，在经济强劲复苏的推动下，美国软件产业保持较快增长态势，占全球软件产业的市场份额仍在 30% 以上；受主权债务危机影响，欧元区经济增长仍然乏力，软件产业增长幅度较小，但仍是全球软件产业发展的重地；受经济低增长拖累，日本软件产业规模占全球软件产业规模的比重逐年下降。中国、印度、越南等新兴市场经济体在全球软件产业调整中快速发展，在全球软件产业中的地位不断上升。

从我国软件产业发展情况看，2014年我国软件产业保持平稳增长，实现软件业务收入3.7万亿元，同比增长20.2%，增速较上年低3.2个百分点，但仍比电子信息制造业增速高出10个百分点。软件产业出口持续疲软，2014年软件出口规模为545亿美元，同比增长15.5%，低于2013年3.5个百分点。

新兴信息技术服务比重不断提高，推动产业结构优化调整。2014年，信息技术咨询服务、数据处理和存储类服务、系统集成服务和集成电路设计四项信息技术服务类业务共实现收入19219亿元，占软件产业比重达52.3%。产业集聚化发展趋势明显，东部地区成为软件产业发展的主要集聚地。2014年，东部地区完成软件业务收入28012亿元，同比增长20.5%，占全国软件业务收入的比重为75.7%。

二

我国软件产业发展的内外环境正发生深刻变化，既为产业由大变强、提质增效提供了重要的机遇，又使产业发展面临新的挑战。概括而言，产业发展主要面临以下形势：

第一，国内外经济增长普遍乏力。国际货币基金组织（IMF）在最新发表的《世界经济展望》中指出，近年来主要发达国家和新兴市场经济体的潜在产出增长将呈下降趋势。在发达经济体的经济增长反弹、国际油价下跌等驱动因素的作用下，预计2015年全球经济增长率从2014年的3.4%提高到2015年的3.5%，2016年将继续提高到3.8%。其中，美国国内需求在油价下跌、财政调整放慢、宽松货币政策态势等因素推动下持续扩大，预计2015年和2016年美国经济增速将超过3%。欧元区经济受油价下跌、欧元贬值以及利率降低的影响加快复苏步伐，预计2015年和2016年经济增速将分别达1.5%和1.6%。日本经济在日元贬值和油价下跌的共同助推下，有望出现反弹，预计2015年经济增长率为1.0%，2016年经济增速将提升到1.2%。我国经济增长正全面向新常态转换，经济结构、发展方式和体制都面临深刻变革。对于中国经济增长，IMF在报告中预计，由于正在面临着由投资驱动型经济向消费导向型经济的转变，房地产、信贷、投资的进一步紧缩，2015年中国经济增长将放缓至6.8%。

第二，新政策的出台优化产业发展环境。2014年，国务院、国家发展和改革委员会（简称"国家发改委"）、工业和信息化部（简称"工信部"）等部委围绕产业发展规划、产业扶持、应用推广、安全检查等内容出台了一系列政策，为软件产业持续健康规范发展奠定了良好基础。2015年，云计算、信息安全、"互联网＋"、智能制造等领域新颁布政策将逐步落地实施，政策红利逐步显现，为相关企业带来实惠。今年年初，为促进我国云计算创新发展，积极培育信息产业新业态，国务院特制定了《关于促进云计算创新发展培育信息产业新业态的意见》。信息安全领域持续升温，随着自主可控要求的不断提升，银行IT采购新规即将出台，将给安全防护、IT基础软硬件和银行IT设备国产厂商带来重要发展机遇，并极大带动国产IT设备向各个核心领域迈进。随着传统产业与互联网融合持续升温，"互联网＋"成为重要的发展战略，发改委正牵头制定"互联网＋"行动计划，国家也设立了400亿元新兴产业创业投资引导基金。"中国制造2025"的落地，将促进以互联网、云计算、大数据等为代表的信息技术和制造业融合深度发展，推动两化深度融合。

三

在全球经济弱势复苏、国内经济发展进入新常态、新兴领域快速发展并与传统领域加速融合的背景下，保持我国软件产业平稳较快增长、加快产业结构优化调整应着力做好以下几项工作：

第一，积极引导企业创新发展。创新和优化政策环境，结合网络化趋势完善双软认定制度，做好国家规划布局内重点软件企业认定工作，推动落实"国发4号文"中符合条件的软件企业享受营业税等优惠政策，研究"营改增"政策影响并进行有效衔接。研究和评估云服务快速发展尤其是外企公有云平台落地对本土传统管理软件企业和产业带来的影响。加强企业转型研究，建设SaaS开放云平台，鼓励和支持企业回归技术和产品研发，将产品和技术实力提升作为发展动力，满足市场不断变化的需求。建设一批集软硬件、内容和服务等于一体，有效聚合终端用户、开发者和运营商的产业公共服务平台，加强平台的管理和评估考核，增强平台的服务能力和服务水平。鼓励企业兼并重组或资源整合，通过并购、入股等方式强化自身业务体系，培育一体化、集成化创新能力，加快向产业链价值中高端延伸，增强核心竞争力。

第二，着力推动工业软件做大做强。理顺政府与市场的关系，加大政府在先进材料、生产技术平台、先进制造工艺及设计与数据基础设施等四个领域的投资力度。同时充分调动市场和企业的内在动力,有效激活中小企业的内在创新动力。结合工业4.0等新趋势的要求,面向重点领域装备智能化、生产过程和制造工艺智能化、智能制造生产模式的集成应用,加强工业软件研发创新,推进工业智能化进程。推动建立大型通用流程工艺仿真平台,研发重点行业工业控制系统,推进工业大数据应用示范。充分发挥中国工业软件产业发展联盟等行业组织与中介的作用,为政产学研各方合作提供良好的渠道和平台。鼓励骨干企业牵头产业研用联动,推进工业软件标准规范的制定和实施工作,加强对工业系统关键环节和重点领域的控制能力和综合服务保障能力。

第三,进一步增强信息安全保障能力。发挥举国体制优势,整合资源,加大对信息安全技术研发的资金投入,扶持具有较强创新能力的企业、高校和科研单位加强信息安全技术原始创新,实现关键技术和产品的技术突破。支持和鼓励信息安全企业在新的安全形势下研发面向移动互联网、云计算、大数据等新一代信息技术的信息安全产品,提升云计算、大数据等新技术新应用环境下的信息安全水平。着力发展自主可控、安全可靠的关键软硬件产业,发挥企业创新主体作用,推动提升国产软硬件的系统集成能力,通过联合攻关、试点示范等多种应用推广有效手段,提高集成应用的适配性、兼容性和互操作性。促进自主信息安全技术产品应用推广,支持国防、军工、公安等政府部门和金融、电信、能源等重要领域率先采用具有自主知识产权的信息安全产品和系统,推动形成从基础产品到应用产品和服务的具有完全自主知识产权产业体系。加强产业支撑能力建设,鼓励关键共性技术共享,推动联合攻关平台建设及在重点领域的应用示范。

四

基于对上述问题的思考,赛迪智库软件与信息服务业研究所编撰了《2014—2015年中国软件产业发展蓝皮书》。本书在总结中国软件产业整体发展情况上,从产业运行、行业发展、企业情况、重点区域、特色园区、政策环境等多个维度对中国软件产业发展进行剖析,并对2015年中国软件产业发展趋势进行展望。全书分为综合篇、行业篇、区域篇、园区篇、企业篇和展望篇共6个部分。

综合篇,从2014年我国软件产业整体发展情况、发展特点、主要政策等展开分析,并对热点事件进行评析。

行业篇,选取基础软件、工业软件、信息技术服务、嵌入式软件、云计算、大数据、信息安全等 7 个行业进行专题分析，对各行业领域 2014 年整体发展情况进行回顾，并从市场、技术、竞争等角度总结发展特点。

区域篇，对环渤海地区、长江三角洲地区、珠三角地区、东北地区、中西部地区等区域进行专题研究，分析各区域产业整体发展情况、发展特点、主要行业发展情况和重点省市发展情况。

园区篇，选取中关村科技园区、上海浦东软件园、辽宁大连软件园、江苏南京雨花软件园、福建福州软件园、山东齐鲁软件园等代表性软件园进行专题研究，总结分析了各个园区的总体发展概况和发展特点。

企业篇，选取了基础软件、工业软件、信息技术服务、嵌入式软件、云计算、大数据、信息安全等 7 个细分领域的代表性骨干企业，分析其发展情况和发展策略。

展望篇，在对主要研究机构预测性观点进行综述基础上，展望 2015 年我国软件产业整体发展趋势、重点行业发展趋势以及重点区域发展趋势。

目前，我国软件产业发展进入新阶段，面临着由大变强、转型升级、提质增效的紧迫任务。面对全球软件产业发生深刻变革、国外内发展环境日趋复杂，我国软件产业发展既面临着难得的历史机遇，又面临重大挑战。我们要以科学发展观为指导，努力克服制约产业发展的深层次问题，提升产业的核心竞争力，更好地发挥在国民经济中的支撑和引领作用。

目　录

行 业 篇

区 域 篇

园 区 篇

企 业 篇

展望篇

综合篇

第一章　2014年中国软件产业整体发展状况

2014 年，伴随全球宏观经济企稳向好，美国等发达国家IT需求的复苏，云计算、移动互联网、大数据等创新业务的逐步落地以及人工智能、智能制造、工业互联网等热点领域受到投资机构的追捧，全球软件产业保持较高景气度。谷歌、甲骨文、微软等 IT 巨头纷纷加快云计算、大数据等领域并购整合力度，完善自身业务体系和生态布局。在经济增长新常态下，我国软件产业保持平稳增长，新兴信息技术服务在产业整体中的比重不断提高，产业集中度进一步提升，自主创新能力获得较大提升。

一、产业规模持续扩大，收入保持平稳增长

2014 年，在经济增长放缓成为新常态、产业加速转型调整的背景下，中国软件产业保持平稳较快增长，实现软件业务收入 3.7 万亿元，同比增长 20.2%，虽然增速较 2013 年低 3.2 个百分点，但仍比电子信息制造业增速高出 10 个百分点。相比于 2011 年，软件业务收入规模从 1.9 万亿元增长到 3.7 万亿元，3 年翻了一倍，年均增长率为 25.3%。

图1-1　2008—2014年中国软件产业规模与年增长率

数据来源：工业和信息化部运行局，2015年1月。

从利润增长和从业人员情况看，2015年1—11月，中国软件产业实现利润总额3841亿元，同比增长23.7%，增速低于去年同期1.9个百分点；从业人员平均人数超过480万人，同比增长9.7%，增速低于去年同期3.9个百分点。

从软件产业月度收入增长情况看，2014年，中国软件产业整体增势平稳。1—12月，软件业务收入累计增速在20.1%—21.8%区间波动，波动幅度仅为1.7%。其中，6月份累计增速最高，为21.8%；受产业增速持续下行影响，12月份的收入增速为20.1%，创全年月度增速的最低值。同时，相比于2013年，2014年单月增速均低于去年同期水平。

图1-2　2014年1—12月软件业务收入增长情况

数据来源：工业和信息化部运行局，2015年1月。

尽管软件行业增速放缓，软件产业在电子信息产业中所占比重不断提升，日益成为电子信息产业重要的组成部分。2014年，由于电子信息制造业受经济不景气影响下滑明显，软件产业比电子信息制造业增速高出10个百分点，占电子信息制造业的比重提高到35.9%，达到新的高点，比2013年高出10.9个百分点，是2005年的比重的3倍多。

表1-1 2005—2014年中国软件产业规模及比重

年度	软件产业规模（亿元）	电子信息产业规模（亿元）	GDP（亿元）	软件产业占电子信息产业比重	软件产业占GDP比重
2005年	3900	38400	184937.4	10.2%	2.1%
2006年	4801	47500	216314.4	10.1%	2.2%
2007年	5834	56000	265810.3	10.4%	2.2%
2008年	7573	58826	314045.4	12.9%	2.4%
2009年	9513	60818	340902.8	15.6%	2.8%
2010年	13364	78000	401512.8	17.1%	3.3%
2011年	18849	93766	472881.6	20.1%	4.0%
2012年	24794	109838	519322.1	22.6%	4.8%
2013年	31000	124000	569000	25.0%	5.4%
2014年	37000	103000	636463	35.9%%	5.8%

数据来源：赛迪智库，2015年1月。

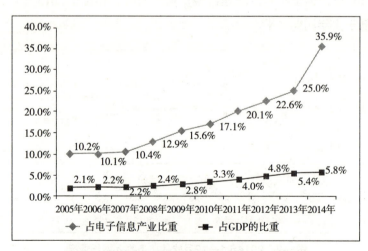

图1-3 软件产业占电子信息产业和GDP的比重

数据来源：赛迪智库，2015年1月。

软件产业的高成长性使其日益成为经济增长的重要引擎，为国民经济在新常态下保持平稳运行发挥越来越重要的作用。从软件产业占 GDP 比重看，近年来，中国软件产业占 GDP 的比重不断上升，2005 年比重仅为 2.1%，2010 年达到 3.3%，2014 年增长到 5.8%，是 2005 年的两倍多。

二、信息技术服务比重继续提高，服务化转型加速

随着《关于加快发展生产性服务业促进产业结构调整升级的指导意见》、《关于加快科技服务业发展的若干意见》、《国家集成电路产业发展推进纲要》等促进信息技术服务发展政策密集出台，云计算、大数据、移动互联网等新兴信息技术服务快速发展并与各领域加速融化不断衍生新业态。随着智慧城市建设带动医疗、交通等行业的信息技术服务需求快速增长，信息技术咨询、数据处理和存储、信息系统集成、IC 设计等信息技术服务业务仍表现出较好的增长态势，占软件产业比重不断提高，推动软件产业服务化转型调整。

根据工业和信息化部数据，2014 年，我国信息技术咨询类收入增势突出，完成收入 3841 亿元，同比增长 22.5%，增速高出全行业平均增速 2.3 个百分点，占全行业比重为 10.3%；数据处理和存储类服务在云计算、大数据等新业务的带动下保持较快增长，实现收入 6834 亿元，同比增长 22.1%，高于全行业平均增速 1.9 个百分点，占全行业比重为 18.4%，比去年同期高出 0.3 个百分点。由于外部市场需求减弱，系统集成类收入和集成电路设计收入受到一定影响，分别完成收入 7679 亿元和 1099 亿元，同比增速分别为 18.2% 和 18.6%，占全行业的比重分别为 20.6% 和 3.0%。以上四项信息技术服务类业务共实现收入 19219 亿元，占软件产业比重为 52.3%，与去年同期基本持平。传统软件产品增长平稳，但仍是软件产业的主体，共完成收入 11324 亿元，同比增长 17.6%，低于全行业平均增速 2.6 个百分点，占全行业比重为 30.4%，同比下降 0.7 个百分点。在移动智能终端、平板电脑、消费类电子以及汽车电子产品、数控设备、医疗仪器等对嵌入式系统市场需求不断增长的推动下，嵌入式系统软件是增长最快的业务领域，实现收入 6457 亿元，同比增长 24.3%，高于全行业平均水平 4.1 个百分点，占全行业的比重为 17.3%，高于去年同期 0.5 个百分点。

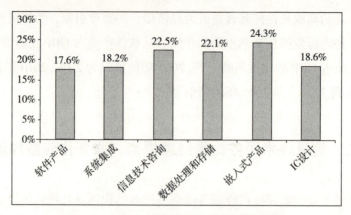

图1-4 2014年软件产业分类收入增长情况

数据来源：工业和信息化部运行局，2015年1月。

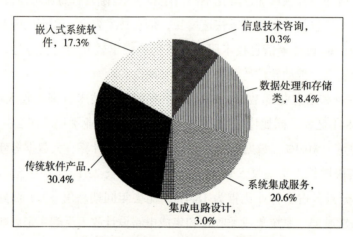

图1-5 2014年软件产业分类收入构成情况

数据来源：工业和信息化部运行局，2015年1月。

三、软件出口延续低增长，外包服务增势放缓

受外部市场需求复苏缓慢、生产要素成本上升导致传统竞争优势削弱、外贸环境欠佳等因素影响，中国软件出口持续低迷，出口增速出现较大幅度下降。2014年，中国软件出口额为545亿美元，同比增长15.5%，增速低于去年同期5.5%，但比前年增速低13.2个百分点。其中，嵌入式软件出口增长仍比较缓慢，同比

增长 11.1%，低于行业出口增速 4.4 个百分点；外包服务出口增长较快，同比增长 14.9%，低于软件出口整体增速 0.6 个百分点，但比去年同期高出 8.9 个百分点。

从 2011—2014 年我国软件出口增长情况看，尽管我国软件出口规模继续扩大，从 2011 年的 346 亿美元增长到 545 亿美元，3 年增长了 57.5%，年均增长率为 16.4%。但软件出口的增速远未恢复到 2011 年水平，2014 年的增速低于 2011 年 14.1 个百分点。

表 1-2　2011—2014 年中国软件出口增长情况

年度	软件出口规模（亿美元）	同比增速
2011年	346	29.6%
2012年	394	13.9%
2013年	469	19%
2014年	545	15.5%

数据来源：赛迪智库，2015 年 3 月。

从月度出口增长情况看，2014 年中国软件出口月度波动反复特征明显，波动区间为 10.1%—19.7%。虽然除了 5 月和 6 月，中国软件出口月度增速高于 2012 年同期增速，但仍大大低于 2011 年以前 30% 以上的增速。

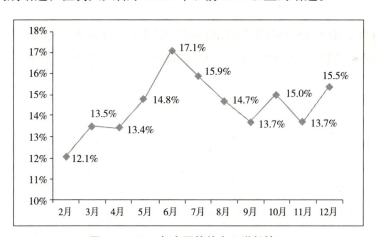

图1-6　2014年中国软件出口增长情况

数据来源：工业和信息化部运行局，2015 年 1 月。

软件出口的低增长使软件出口对产业的贡献率不断下降。图 1-7 显示，2008 年以来，软件出口占软件业务的比重呈逐年下降的趋势，所占比重从 2008 年的

12.8%下降至 2013 年 9.5%，2014 年进一步下降到 9.2%。

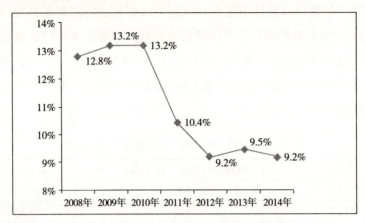

图1-7　2008—2014年软件出口占比情况

数据来源：赛迪智库，2015 年 2 月。

四、产业集聚效应进一步强化，中心城市引领新兴信息技术服务增长

2014 年，中国 15 个副省级城市共完成软件业务收入 2 万亿元，在全国软件业务收入中所占比重为 54%，略低于去年同期水平，同比增长 21.1%，低于去年

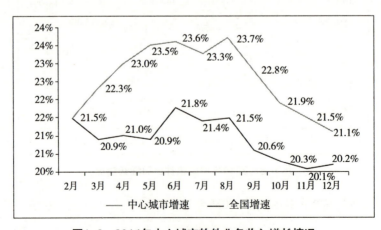

图1-8　2014年中心城市软件业务收入增长情况

数据来源：工业和信息化部运行局，2015 年 1 月。

同期 6.5 个百分点，但快于全国平均水平 0.9 个百分点。其中，深圳、南京、广州、成都、济南、杭州、大连、沈阳等中心城市软件业务规模超过 1000 亿元，是我国软件产业发展的主要聚集地。

从 15 个中心城市软件产业收入情况看，新兴信息技术服务增长态势全国领先。2014 年，15 个副省级中心城市数据处理和运营服务收入增速达 25.7%，比全国增速高 3.6 个百分点。

从软件名城产业集聚情况看，根据 2014 年 1—11 月的数据，南京、济南、成都、广州、深圳、上海、北京、杭州等 8 个软件名城共实现软件业务收入 18682.6 亿元，占全国的比重为 50.5%。其中，济南和杭州的软件业务收入增速高于全国平均水平，分别完成软件业务收入 1555.7 亿元和 1780.4 亿元，同比增速分别为 27.5% 和 28.9%。成都和北京分别完成软件业务收入 1585.4 亿元和 4085.5 亿元，增速均为 20.1%。南京、深圳、广州、上海的软件业务收入分别为 2403.7 亿元、3214.6 亿元、1658.2 亿元、2399.1 亿元，增速分别为 15.7%、17.9%、16.7%、15.5%。

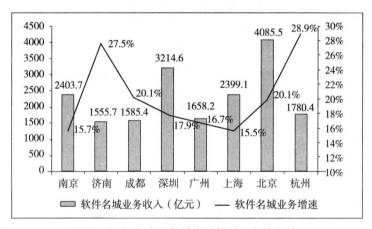

图1-9　2014年中国软件名城软件业务收入情况

数据来源：工业和信息化部运行局，2015 年 1 月。

五、东部地区增长平稳，中西部地区增势突出

近年来，东部地区软件业务收入增速持续放缓，但仍是软件产业发展的主

要集聚地。2014 年，东部地区实现软件业务收入 28012 亿元，占全国软件业务收入的比重为 75.7%，同比增长 20.5%，增速低于全国 0.7 个百分点，其中江苏、广东和北京成为全国软件业务收入规模最大的前三大省份，山东、湖北、陕西、安徽等增速超过 30%，成为软件产业发展的重要省市。中、西部地区日益成为中国软件产业发展的新增长极，增势明显，分别完成软件业务收入 1713 和 3927 亿元，占全国的比重分别为 4.6% 和 10.6%，比 2013 年提高 0.2 和 0.3 个百分点，同比增速分别为 26.7% 和 23.5%，高出全国平均增速 6.5 和 3.3 个百分点。东北地区增速放缓，共实现软件业务收入 3583 亿元，同比增长 11.6%，低于全国平均水平 8.6 个百分点，占全国软件业务收入的比重为 9.6%。

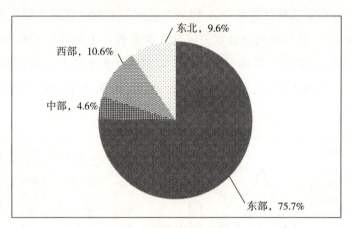

图1-10　2014年中国软件产业区域收入占比情况

数据来源：赛迪智库，2015 年 2 月。

六、软件业从业人员队伍不断壮大，结构性短缺问题突出

中国软件产业的发展壮大吸引越来越多各层次的软件人才加入，使软件从业人员队伍日益庞大。根据工业和信息化部运行局的最新统计，截至 2014 年 11 月，软件行业从业人员人数超过 480 万人，同比增长 9.7%，增速低于去年同期 3.9 个百分点。相比于 2001 年，13 年间从业人员队伍扩大了 14 倍。根据《软件和信息技术服务业"十二五"发展规划》提出的发展目标，到 2015 年，从业人员将超过 600 万人。因此，对照该发展目标，我国当前的软件从业人员规模还不能满

足产业发展的需求，存在巨大的缺口。

薪酬是吸引软件人才的重要因素，跨国 IT 巨头纷纷利用高薪抢夺优秀的软件人才。受行业整体下行、经济增长放缓等因素影响，据统计，我国从业人员工资总额在 2014 年前几个月快速增长，之后出现小幅回落，同比增长 17.7%，增速低于去年同期 0.2 个百分点，比 1—10 月下降 0.3 个百分点。

软件人才的结构性短缺成为产业从大变强的重要瓶颈。当前，中国软件人才结构正从橄榄形（缺少高级人才和基础程序员）逐渐向梯形结构过度（缺乏高端人才），尚未形成金字塔形结构。软件人才不仅需要具备一定的知识，还应具备组织、沟通、协调、解决问题等多方面的能力。这些能力的培养，需要对软件人才的培养方式与模式进行变革。软件人才结构性短缺最主要的原因在于国内的教育无法跟上软件企业技术更新的速度。为改变软件人才的培养模式，应推动课程设计和教学安排与企业的需求和最新的技术变化相结合，鼓励国内软件企业加大对学校的资源投入，并更积极地深入参与各种学生软件开发大赛。

第二章　2014年中国软件产业发展特点

一、软件企业实力进一步增强

在政策和市场的共同推动下，我国大企业培育初见成效，形成一批具有自主创新能力和一定规模的大型骨干企业，其竞争力不断增强。2014年软件百家企业实现软件业务收入4751亿元，同比增长29.6%，占全国收入的15.5%，比去年提高0.8个百分点。累计完成软件业务收入较2005年904亿元增长了425.6%，年均增长20.2%（见图2—1）。实现利润899亿元，比上届增长37.4%；利润率达8.6%，比上届提高1.1个百分点。

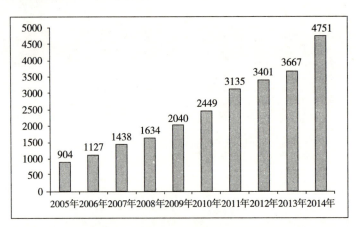

图2-1　2005—2014年软件收入前百家企业软件业务收入增长情况（单位：亿元）

数据来源：赛迪智库，2015年2月。

从企业排名看，前十五强格局变化不大，华为以 1216 亿元的软件收入仍然稳居第一位，包揽历届中国软件百强的榜首。中兴、海尔分别以 463 亿元和 401 亿元的收入排名第二和第三位。受到 IOE 影响，浪潮服务器方面收入增势突出，业务收入从上一年的 95 亿元增长到 115 亿元，跻身前五名。除了排名前五的企业，收入超过 100 亿元的企业还有南京南瑞和海信 2 家。2014 年，软件收入前百家企业业务收入最低水平为 9.3 亿元，比上届提高 1.5 亿元，较 2005 年首届软件百强企业的入围门槛提高了 7.2 亿元。

研发投入情况是软件收入前百家企业创新能力的重要体现。2014 年，软件收入前百家企业进一步加大研发投入，投入软件研发经费 687 亿元，同比增长 9.4%。研发经费占主营业务收入比重为 6.5%，比全行业平均水平高 1.5 个百分点，其中 4 成企业该比重超过 10%。这些企业创新成果显著，在"核高基"支持下，工业控制系统、新一代通信技术、高端软件操作系统、海量存储系统、中间件应用等取得明显进展，在稳定性和易用性方面获得较大提升；云计算、物联网、大数据等新兴领域应用取得明显呈现，出现不少典型的成功案例。从著作权和软件产品登记情况看，软件收入前百家企业软件著作权数超过 9000 件，同比增长 34.7%，软件产品登记数增长 11.5%。中兴和华为的 2013 年国际专利申请量分别位列全球第二、第三。

二、产业创新能力不断提升

我国软件企业通过加强研发创新，在产品质量、应用水平和服务能力等方面均获得较大提升，并在基础软件、应用软件、开源软件等领域取得较快进展，在企业管理、互联网、信息安全等方面获得较为突出的市场优势。

基础软件领域，操作系统、数据库、中间件和办公套件等软件取得较大突破，在产品性能、稳定性、兼容性和易用性方面获得较大提升。操作系统领域，深之度、阿里巴巴、中科院、普华等国内厂商发布的新操作系统在界面、应用等多方面有较大改进。如中科院软件研究所推出的 COS 拥有界面友好、支持多种终端、可运行多种类型应用、安全快速等多种优势，可广泛应用于个人电脑、智能掌上终端、智能家电等领域。中间件领域，金蝶推出 Apusic 智慧云平台（ACP），融合中间件、虚拟化、大数据等技术，可提供完整的产品集合和技术栈支撑多变的应用、数据、业务逻辑。开源领域，阿里、浪潮、搜狗、百度、腾讯等国内企业开始参与开源事业。

行业应用软件领域，企业管理、信息安全、互联网、地图软件等领域优势明显，产品技术创新能力不断增强，应用逐步普及，形成了用友管理软件、金蝶管理软件、久其BI、奇虎360XP盾甲、启明星辰安全产品、天融信安全产品、数码大方CAD、腾讯微信、百度搜索、超图GIS平台、高德地图等一批自主品牌软件产品，具备较强的市场影响力。如金蝶K/3 Cloud发布全渠道创新营销解决方案，帮助企业整合线上与线下渠道、直销与分销、电商与移动电商，并实现电商与ERP财务、供应链的集成，帮助企业打造高效的线上线下渠道业务协同，加强企业对营销全通路的集中管控能力。

新兴领域，云计算、大数据、移动互联网等进入落地应用阶段，与各业务领域加速融合渗透，成为产业的新增长点，带动形成了阿里云、浪潮、曙光、华为、亿赞普、拓尔思等一批优秀的本土企业，在政务、医疗、金融、交通、能源等领域形成不少较好的应用。

三、传统软件企业加快互联网服务转型

互联网化正成为全球最重要的发展趋势之一，并从个人互联网化向企业互联网化迅速拓展。在互联网化大趋势下，制造、零售等传统企业纷纷加快自身互联网化转型，传统软件企业在内外双重压力下也不例外。一方面，传统软件产品在功能和灵活度上越来越不能满足客户不断增长的个性化多样化需求，加上人力成本上升的压力，给企业经营带来重大挑战；另一方面，云计算、移动互联网、SNS等新业态新模式快速落地和普及，给以买卖软件授权和提供产品升级、运维等服务为主要商业模式的传统软件企业带来前所未有的压力和挑战，迫使其颠覆传统的业务模式商业模式，加快互联网服务转型。

国内外传统软件企业通过布局云计算、大数据等新兴领域，掀起互联网服务转型热潮。IBM重新调整发展战略，通过剥离X86服务器业务、加大云计算领域投资布局，将业务重心从硬件转移到高利润的云计算和大数据等高端服务，获得丰厚回报，2014年上半年云计算业务营收同比增长50%以上。微软对市场策略及渠道进行了全面的"整改"，加快向云端全面转移。用友、金蝶等国内企业也

加速云转型并通过本土化的跨界结盟寻求差异化竞争优势。用友旗下畅捷通公司以"全球领先的小微企业管理云服务与软件提供商"为定位，推出了"畅捷通云平台与小微企业管理云服务"、"工作圈"，积极打造小微企业应用生态圈；UAP中心推出了"UAP Mobile"和"UAP Cloud"。金蝶通过发布金蝶 PLM V13.1 创新管理平台，以 K3/Cloud 为基础成立"ERP 云服务事业部"，与腾讯企业 QQ 结盟共同推出针对小微企业的互联网转型升级创新管理应用组合等，加快 SaaS 云服务转型步伐。系统集成商东华软件通过加大金融云、医疗云和智慧城市云等云计算项目的投资，加快向互联网服务转型。2015 年，互联网趋势将进一步深入，传统软件企业在经营压力继续加大、云计算等新模式应用加速普及、市场竞争加剧等背景下将加快互联网服务转型步伐。

四、战略合作成为新兴领域发展的主旋律

在云计算、大数据等决定未来发展潜力的新兴领域，国内外大企业围绕技术、市场、人才等展开全向度竞争，市场竞争格局不断变化。随着传统企业的崛起，亚马逊一家独大的格局被打破，微软和 IBM 两家巨头在云计算领域大幅扩张，形成群雄格局的局面。与此同时，随着各行业、产品间跨界融合的深入，企业在云计算等新兴领域的战略合作日益频繁化，使竞争与合作并存的"竞合战略"成为主导。通过战略合作，企业能发挥各自优势，促进信息技术、网络、业务、产品之间加速融合，打造软硬件一体化的竞争优势。例如，世纪互联与富士康签署战略合作协议，成立合资公司 SMART TIME，双方将发挥各自软硬件优势，共同建设世纪互联电信中立第三方数据中心，实现软硬件结合。为推动云计算与大数据技术在物联网领域的应用及智能健康生活，阿里巴巴与飞利浦签署一项 IT 基础设施服务框架协议，推出首个智能互联产品飞利浦智控空气净化器。思科与 TCL 集团投资 8000 万美元成立合资公司，共同建设公有商用云服务平台，积极推进云计算、下一代视频通信和交互技术等领域的合作。

另外，战略合作也是企业利用彼此拥有的先进技术优势，实现优势互补、拓展竞争地位、超常规发展的重要手段。微软、IBM 在云计算领域开展战略合作，双方将在 Microsoft Azure 和 IBM Cloud 上提供对方的企业软件，为微软和 IBM 双方的客户、合作伙伴、开发者提供更多云选择，并将致力于提供 .NET 运行时间

和 IBM Bluemix 中的工具。为实现软硬件优势互补、互利共赢，IBM、SAP 也达成战略合作，SAP 选择 IBM 作为其关键业务应用的首选云基础设施服务战略提供商，借助 IBM 云计算平台实现 HANA 企业云更好的交付，提升核心业务能力。2015 年，在云计算、大数据等新业态与传统领域加速跨界融合、大企业间市场竞争日益激烈的背景下，强强联合、互利共赢将成为企业的重要发展战略，市场呈现竞争与合作并存的竞合格局。

五、信息安全、工业软件、开源软件等细分领域发展势头良好

基础软件取得新进展。中间件领域，金蝶 Apusic 智慧云平台、一汽轿车的云化基础架构等中间件云服务器受到广泛关注。预计未来 5 年内我国中间件市场的年复合增长率达 18%，至 2016 年，国内中间件产业规模将达到 50 亿。操作系统领域，新产品发布和应用推广加速推进，Deepin、一铭、普华、优麒麟等发布新产品，深之度研发的两款国产操作系统获得较好的应用推广。开源软件领域，我国开源软件社区的发展步入快车道，企业积极参与开源社区建设，开源生态不断成熟。

工业软件迎来新的历史发展机遇。金融危机以来，随着制造业工资、劳动生产率、能源成本以及汇率等因素的显著变化，新兴经济体制造业竞争力下滑、美国制造业竞争力相对上升。为应对国际制造业竞争发展的新形势，2014 年以来我国显著加快了推进工业转型升级的步伐。工信部联合国家发改委、财政部、工程院、质检总局等相关部门正在加快编制《中国制造 2025 规划纲要》，积极组织实施中国智能制造推进计划。为抓住工业软件发展的良好形势，国内外工业软件企业纷纷加快布局。用友、金蝶等管理软件加速云转型并通过本土化的跨界结盟寻求差异化竞争优势。德国管理软件巨头 SAP 大幅度加快云服务在中国的落地。随着市场需求的加速释放和政策环境持续向好，我国的工业软件产业进入新的快速发展期。

信息安全市场将继续保持快速增长。随着信息安全问题上升为国家战略，信息安全企业将获得难得发展机遇。赛迪顾问预计，2015—2018 年我国信息安全市场将保持 30% 以上增速。同时，随着信息安全市场从 2C（面向个人）向 2B（面向企业）转变，企业级安全需求旺盛，将给相关企业带来大额订单。在政策和市

场的共同驱动下，信息安全行业市场空间广阔，继续成为产业发展的亮点。

六、外企云服务进一步加速在中国落地

2013 年，微软、IBM、亚马逊等跨国企业通过授权国内企业运营服务、借助数据中心建设运营提供云服务，或是同国内企业成立合资公司的方式开始进入我国云服务市场。2014 年以来，外企云服务落地步伐进一步加快。以 SAP 为例，2015 年 SAP 将在中国市场投入 20 亿美元，并在中国市场频频开展合作。公有云方面，SAP 中国与微软（中国）公司展开深入合作，利用 Windows Azure 公有云平台为 SAP 用户提供支持，并与中国电信旗下中国通信服务股份有限公司联手建立数据中心，提供 SuccessFactors 公有云解决方案。私有云方面，SAP 与华为、浪潮分别建立战略合作伙伴关系。解决方案和分销方面，SAP 与中金数据联手推出基于 SAP HANA 的 hybris 全渠道电子商务托管云解决方案。

外企云服务加速在我国落地，既给企业用户带来新的管理模式，也给用友、金蝶等传统管理软件厂商带来前所未有的压力和挑战，将加剧国内传统企业赖以生存的中小企业市场的竞争，迫使其颠覆传统的软件产品许可模式，加快云服务模式转型。

第三章　2014年中国软件产业政策环境

一、《关于在打击治理移动互联网恶意程序专项行动中做好应用商店安全检查工作的通知》

（一）政策背景

随着移动互联网的飞速发展以及苹果、谷歌、诺基亚、微软、三星等应用商店的繁荣，App市场迎来快速增长期。根据移动应用研究机构appFigures发布的最新报告，截至2014年年底，谷歌应用商店Google Play、苹果iOS、亚马逊安卓应用商店三大排名前三的应用商店应用数量总计294万，集聚开发者数量超过75万人。其中，谷歌应用商店Google Play以超过143万应用数量和近40万名开发者位居第一；苹果iOS位居第二，应用数量达121万，应用开发者数量接近30万名；亚马逊安卓应用商店排第三，应用总量为29.3万，增幅为90%，开发者数量接近5万。与此同时，移动互联网成为投融资最为活跃的领域。据统计，2014年移动互联网VC/PE融资规模达22.70亿美元，环比上涨220%，融资案例数量为308起，环比上涨56%；并购交易96起，环比上升65%，披露交易规模将近20亿美元，环比下降21%。如阿里巴巴并购UC、腾讯入股京东等并购投资案件引起各界的广泛关注。

在App创造巨额经济价值的背后是乱象丛生,恶意扣费、耗损流量、操纵排名、远程控制、窃取隐私等问题日益严重，消费者权益受损现象越来越多。恶意软件"吸费"成为App行业的乱象之首，据易观最新数据显示，近六成智能手机用户面临着恶意软件的"吸费"威胁，用户自己却不知道。360互联网安全中心发布的《2013年中国手机安全状况报告》统计，目前的恶意程序中有21%为恶意扣费类。仅仅一款吸费恶意代码每年就可以吸走5000多万元用户话费，巨大的利益驱动导致该黑色产业链屡禁不止。日益普遍的刷榜行为打破了 App 市场的公平竞争秩序，使排名被人为操纵。为了让开发的应用程序快速登上 App Store 销售排行榜，以获得每天数万美元的收入，刷榜成为 App 开商最有效的推广渠道。数据显示，App 刷榜市场规模约为 2 亿元。刷榜已让 App Store 中国区榜单陷入混乱状态，苹果公司虽出台措施进行惩戒，但仍未能有效制止。

根据 2014 年一季度工信部关于电信服务质量的通告，在对 18 家手机应用商店进行抽测过程中，发现不良软件 44 款，涉及违规收集提供服务所必须以外的用户信息、用户被不知情捆绑下载其他无关应用软件、强行向用户推广其他无关应用软件等问题。大量高风险的恶意 App 给手机软件行业的发展带来严重的不利影响。针对这些问题，工信部于 6 月 4 日发布《关于在打击治理移动互联网恶意程序专项行动中做好应用商店安全检查工作的通知》（以下简称《通知》）。

（二）政策内容

《通知》对做好专项行动期间应用商店安全检查工作进行部署，明确了检查目的、检查依据和主要任务，主要任务包括开展摸底调查、组织宣传培训、开展现场检查以及开展应用程序安全检测。《通知》还结合工作实践制定并附上《移动互联网应用商店网络安全责任指南》，作为应用商店安全检查工作的参考。主要内容如下：

一是组织开展对应用商店中的应用程序进行安全检测。《通知》明确，各通信管理局要组织技术力量对本地区应用商店中的应用程序进行远程或现场抽检。对发现的具有手机窃听、隐私窃取、恶意扣费、诱骗欺诈等明显侵害用户权益的恶意程序，通知应用商店进行下架处置，对拒不下架的进行公开曝光等。

二是应用商店负有安全管理的责任。《通知》提出，应用商店应要求应用软件提供者如实提供身份信息（包括个人身份信息、营业执照、联系方式等），合作协议中明确应用软件提供者的安全责任，要求应用软件提供者在提交应用软件时声明其获取的使用权限及用途。

三是应用商店对应用软件进行安全监测。《通知》提出，在应用软件上架前，应用商店应自行或委托第三方对其进行安全检测，对含有恶意扣费、信息窃取、远程控制、恶意传播、资费消耗、系统破坏、诱骗欺诈等行为，以及含有法律法规禁止内容的应用软件，不得上架发布，并将其纳入应用软件黑名单。应用商店应定期对已上架的应用软件进行安全复查。

四是应用商店建立举报制度和黑名单管理制度。《通知》指出，应用商店应建立应用软件举报制度，为举报提供便利，便于及时验证、处理。同时，应用商店应建立应用软件黑名单管理制度、黑名单申述机制，并积极推动黑名单信息行业内共享。

（三）政策影响

长期以来，除了应用商店会对 App 做不同程度的安全检测外，App 从开发到上线基本处于无人监管的状态。加上 App 研发技术简单，手机窃听、隐私窃取、恶意扣费等恶意程序越来越多。在 App 产品权限问题上，基本没有监管或相关规定，导致很多应用程序进行访问相册、通讯录、位置等敏感操作，一些程序甚至可以不经过机主同意在后台私自访问，严重侵害广大用户的权益。

针对这些问题，相关政府部门先后出台了一些标准和规范，如移动互联网应用商店安全防护要求、移动终端开放平台及应用程序安全框架等，试图整治 App 市场的乱象。但由于这些标准缺乏执行力，以及利益驱动下黑色产业链的形成，恶意扣费、信息窃取、远程控制、恶意传播等得不到有效制止。

此次推出的《通知》，有望规范移动互联网行业的规范发展。《通知》明确了通信管理局的监管职责，加强审核和监管，有助于制止恶意程序的增长。如，《通知》要求其组织技术力量对本地区应用商店中的应用程序进行远程或现场抽检，并提出了追惩机制，如果应用商店拒不下架恶意程序将被公开曝光等。《通知》还要求应用商店对应用软件进行安全监测，建立举报制度和黑名单管理制度，这有助于发挥平台商作为市场主体的作用，创建诚信的 App 市场环境。

二、《国家地理信息产业发展规划（2014—2020 年）》

（一）政策背景

随着测绘地理信息技术由模拟向数字化、信息化转型以及测绘地理信息市场深入发展，地理信息产业作为一种新型服务业态蓬勃发展。经过近些年的快速发展，我国地理信息产业市场规模不断扩大，呈现良好的发展态势。据统计，"十二五"以来，我国地理信息产业快速增长，年均增长率达 30% 左右。2013 年，我国地理信息产业年产值近 2600 亿元，拥有企业 2 万多家，从业人员超过 40 万人。地理信息的蓬勃发展催生很多新应用、新服务，互联网搜索、电子商务提供商、通信服务提供商、汽车厂商等多元化主体纷纷布局地理信息应用领域，形成了遥感应用、导航定位和位置服务等新应用，这些新应用成为产业新增长点。各参与主体积极推动商业模式的创新，使地理信息产业向应用多元化、深度化方向发展。未来几年，地理信息产业仍面临广阔的市场前景，将保持 20% 以上的增速。

地理信息产业的发展得到了党中央、国务院的高度重视。国家发改委、国家测绘地理信息局及其他有关部门加强产业的跟踪研究，以促进我国地理信息产业的蓬勃发展，并为产业规划的研究制定奠定良好的基础。2011 年，国家发改委向国务院提出《我国地理信息产业发展现状与建议》，李克强总理明确做出批示，要求国家发改委和国家测绘地理信息局会同国务院有关部门开展地理信息产业政策研究、规划工作。国务院办公厅印发关于促进地理信息产业发展的意见也要求编制该规划。顺应国务院要求和产业发展需求，2014 年 7 月 24 日，国家发改委和国家测绘地理信息局联合印发了《国家地理信息产业发展规划（2014—2020 年）》。

（二）政策内容

一是明确地理信息产业的定义。规划明确指出，地理信息产业是以地理信息资源开发利用为核心的高技术产业、现代服务业和战略性新兴产业。同时提出，随着发展环境的不断优化、产业基础设施的不断完善、产业规模的迅速扩张、核心竞争力的不断提高，地理信息产业已经进入发展壮大、转型升级的新阶段。

二是制定地理信息产业的发展目标。规划提出，到 2020 年，地理信息产业政策法规体系基本建立，产业发展格局初步形成。科技创新能力显著增强，核心关键技术研发应用取得重大突破，形成一批具有较强国际竞争力的龙头企业和较好成长性的创新型中小企业，拥有一批具有国际影响力的自主知名品牌。产业保持年均 20% 以上的增长速度，2020 年总产值超过 8000 亿元，成为国民经济发展新的增长点。

三是确立地理信息产业的发展重点。《规划》提出，重点发展以下六大领域：

测绘遥感数据服务：《规划》提出，将重点发展低空和无人机航空遥感数据服务。推广倾斜航空摄影，丰富地面及室内光学、雷达、激光等多种影像数据获取方式，推动商业化服务。以 3—5 家龙头企业为引领做大做强遥感数据服务业。鼓励企业参与商业测绘遥感卫星的发射和运营。

测绘地理信息装备制造：《规划》指出，将加强自主品牌构建，研发一批具有自主知识产权的测绘地理信息高端装备。重点针对发展高端遥感技术装备和高端地面测绘装备，国内市场占有率力争达到 50% 以上。

发展地理信息软件：重点发展基于下一代互联网、移动互联网等，适应云计算技术、时空技术、三维技术等的地理信息系统软件产品，国内市场占有率力争达到 70% 以上，国产遥感数据处理软件系统国内市场占有率超过 30%，国产数字摄影测量软件国内市场占有率 95% 以上。

地理信息与导航定位融合服务：在导航电子地图和互联网地图服务上，积极发展以移动通信网络、互联网和车联网为支撑，融合实时交通信息、移动通信基站信息等的综合导航定位动态服务。

地理信息应用服务：加大地理信息技术和位置服务产品在电子商务、商业智能、电子政务、智能交通、现代物流等领域的应用。开发基于物联网的位置服务产品。

地图出版与服务：积极发展地理信息定制服务，编制出版具有较大影响力的权威地图集，开发以地图为核心的文化、动漫、玩具等个性化产品，创作以地图为元素的文学、影视作品，丰富以地图为载体的各类文体活动。繁荣地图消费和收藏市场，形成地图文化产业集群。

四是提出促进地理信息产业发展的政策措施。规划从优化政策环境、夯实基础条件、促进自主创新、加强人才培养、强化服务管理、拓展对外合作、开展统计分析等七个方面，提出了保障产业持续、健康、有序发展的政策措施。

（三）政策影响

地理信息产业属于新兴产业，发展潜力大、成长性强，拥有广阔的发展前景。但产业的发展也面临着规模体量偏小、核心竞争力不强、产业链不完善等问题，亟待国家政策的支持，促进其发展壮大。该规划是国家层面上首个地理信息产业规划，将有助于我国地理信息加快发展，也将使地理信息产业相关软硬件、地理信息位置服务、遥感技术厂商受益。

一是优化地理信息产业发展的政策环境。继《国务院办公厅关于促进地理信息产业发展的意见》之后，国务院又出台了发展规划，形成了一股强大的政策推动力，促进产业要素和资源的集聚，营造良好的政策环境，引发社会资本等的关注，进一步激发市场主体的积极性。

二是进一步明确了发展重点和发展方向。当前，我国地理信息产业正处于迅速发展扩张、新应用不断出现的发展初期，亟需对其发展进行引导。立足于国办意见提出的地理信息产业发展五大重点领域，产业规划提出六大重点领域。这是对意见的进一步细化和充实，使发展重点更加突出，政策制定更有针对性，发展要求更具体化。另外，该规划不仅提出了产业整体发展的总体目标，而且对每一个重点领域提出细化发展目标，使整个规划宏观上更具指导性，微观上更具操作性。

三是有利于推动地理信息产业做大做强。我国地理信息产业正处于蓬勃发展期，其发展有助于提升高技术产业、绿色产业在国民经济中的比重，为调整优化经济结构、促进经济转型发展做出贡献。可以说，规划的出台，将有利于国家"稳增长、促改革、调结构、惠民生"政策措施得到有效落实。

三、《国务院关于加快发展生产性服务业促进产业结构调整升级的指导意见》（国发〔2014〕26号）

（一）政策背景

生产性服务业是国家产业竞争的战略制高点，具有专业性强、创新活跃、产业融合度高、带动作用显著等特点。近年来，生产性服务业呈现快速增长的态势。据统计，2014年，我国服务业占国内生产总值的比重增加到48.2%，增长8.1个百分点，连续6个季度超过GDP和第二产业的增速。同时，服务业结构持续优化，传统生活性服务业比重略有下降，生产性服务业规模和比重快速增长。软件和信息技术服务业方面，从2014年发展情况看，产业结构服务化趋势突出，新兴领域如数据处理和存储服务等持续蓬勃发展。受到电子商务快速发展、国民经济稳定增长的推动，现代物流的规模和发展模式同样取得显著进步，社会化、专业化水平不断提高。

随着生产性服务业的快速发展，产业集聚程度不断提高。我国生产性服务业在综合经济实力较强的大中城市实现集聚发展。北京、上海等7个省区市已进入以服务经济为主的发展阶段，服务业成为主导产业，为当地的国民经济和社会发展做出重要贡献。尽管各省市目前采取的统计口径存在差异，无法进行横向比较，但总体看生产性服务业取得快速发展，在各省市经济中的比重和地位逐年提高。生产性服务业中各领域的集聚效果同样明显。同时，产业创新能力不断提高。我国生产性服务业创新发展步伐明显加快，服务质量和服务能力逐步提升。随着大数据、云计算、移动互联网、物联网等技术研发和产业化取得重大突破，以软件和信息服务业为核心的现代生产性服务业发展水平不断提高。特别是信息网络技术与产业技术融合创新，以前所未有的广度和深度推动了产业发展模式的深刻变化，提升企业核心服务能力，促进市场创新和经营模式创新。

生产性服务业的发展得到了国务院的高度重视。5 月 14 日，国务院常务会议召开，会议开始部署加快生产性服务业重点和薄弱环节发展，将"生产性服务业"定位为调结构和稳增长的重大措施。8 月 7 日，国务院颁布《关于加快发展生产性服务业促进产业结构调整升级的指导意见》，第一次对生产性服务业发展作出全面部署。

（二）政策内容

针对我国目前生产性服务业发展存在的相对滞后、水平不高、结构不合理等问题，《意见》明确现阶段生产性服务业发展的总体要求、发展导向、主要任务和发展措施。主要内容如下：

一是明确生产性服务业的发展导向。《意见》指出，要以产业转型升级需求为导向，引导企业进一步打破"大而全"、"小而全"的格局，分离和外包非核心业务，向价值链高端延伸，促进我国产业逐步由生产制造型向生产服务型转变；鼓励企业向产业价值链高端发展；推进农业生产和工业制造现代化；加快生产制造与信息技术服务融合。

二是明确生产性服务业的发展重点。《意见》提出，现阶段我国生产性服务业重点发展研发设计、第三方物流、融资租赁、信息技术服务、节能环保服务、检验检测认证、电子商务、商务咨询、服务外包、售后服务、人力资源服务和品牌建设，并提出了发展的主要任务。

三是制定促进生产性服务业发展的政策措施。《意见》要求，要着力从深化改革开放、完善财税政策、强化金融创新、有效供给土地、健全价格机制和加强基础工作等方面，为生产性服务业发展创造良好环境，最大限度地激发企业和市场活力。

（三）政策影响

近年来，国家和地方政府出台了不少促进生产性服务业发展的产业政策措施，为促进生产性服务业发展发挥了重要作用。与此同时，随着生产性服务业的快速发展，这些政策顺应产业新的发展方向、准确把握整个生产性服务业产业链发展规律、有效促进产业发展等方面存在不足。《意见》的出台顺应产业发展需要，将吸引人才、资金等创新要素和资源向生产性服务业领域聚拢，推动生产性服务业加快发展，发挥生产性服务业在工业做大做强中的重要作用，引领产业向价值链高端提升，推动经济转型升级。

产业结构调整重点发力 11 个重点领域，细化分工 15 项重点措施，将引导产业高质量发展。《意见》针对我国产业结构升级的关键领域和薄弱环节，一共提出了 11 个重点领域，将成为未来一段时间我国产业结构调整升级重点发展的领域。这 11 个领域的快速发展将促进生产性服务业发展水平的提升。

相关企业将明显受益。《意见》对研发设计等 11 个领域重点扶持，在这些领域中有些行业上市公司不多，价值的提升将推动赢得更多资本关注，如第三方物流、金融租赁、检验检测等领域。

四、《即时通信工具公众信息服务发展管理暂行规定》

（一）政策背景

随着移动互联网的普及和深化发展，即时通信工具已成重要的沟通工具。根据国家互联网信息办公室（简称"网信办"）和《2013 年中国人权事业的进展》数据显示，我国即时通信工具服务用户已突破 8 亿，网民每天发送微信在内的通信信息超过 200 亿条。今年我国移动即时通信工具市场中，微信份额依然排行第一，用户超过 6 亿，大幅度领先于第二位。2012 年，微信推出公共平台，任何个人或组织均可免费申请公众账号，通过后台编辑文字、图片、语音、视频信息，并群发给订阅该公众账号的用户。微信的庞大用户规模和自媒体的高活跃度推动了公共平台的迅猛发展，目前其上已有 580 万公众号。该公众号具备媒体属性，而基于熟人关系链的微信本身具有私密性。如此既公开又封闭的特性传播，加快信息传播速度，扩大平台影响力，同时也大大提高了服务提供商规范与管理的难度。平台不良或非法信息泛滥，不仅危害使用者利益，更进一步影响社会秩序与稳定。据腾讯介绍，仅今年上半年微信举报平台就收到约6000万条举报消息，平台整体生态环境呈现恶化趋势。

在此形势下，2014年8月7日，国家互联网信息办公室发布《即时通信工具公众信息服务发展管理暂行规定》（以下简称《规定》）。该规定从发布日起开始执行，旨在进一步规范以微信为代表的即时通信工具服务提供者、使用者的服务和使用行为，促进行业健康有序发展。

（二）政策内容

《即时通信工具公众信息服务发展管理暂行规定》对即时通信工具服务提供者、使用者的服务和使用行为进行了规范，并对通过即时通信工具从事公众信息服务活动提出了明确管理要求。全文共十条，因此被简称为"微信十条"。主要内容如下：

一是即时通信工具服务提供者应具备相关资质。《规定》在对即时通信工具作明确定义的基础上，在第四条、第五条、第六条对服务提供者的服务行为进行规范。《规定》提出，服务提供者应当取得法律法规规定的相关资质，从事公众信息服务活动还应取得互联网新闻信息服务资质。同时明确指出，服务提供者应当落实安全管理责任，保护用户信息及公民个人隐私，并有效落实"后台实名、前台自愿"的原则，要求即时通信工具服务使用者先认证后注册。

二是即时通信工具服务使用者遵守"七条底线"。对微信、QQ、飞信、陌陌等即时通信工具服务使用者，注册账号时需要进行真实身份信息认证，并与即时通信工具服务提供者签订协议，承诺遵守法律法规、社会主义制度、国家利益、公民合法权益、公共秩序、社会道德风尚和信息真实性等"七条底线"协议。

三是从事公共信息服务活动的即时通信工具服务使用者应遵守相关规定。《规定》在第七条和第八条对微信等公众账号提出明确要求。从事公众信息服务活动开设的公众账号应当经即时通信工具服务提供者审核并向互联网信息内容主管部门分类备案。同时，对发布、转载时政类新闻的公众账号的资质作明确规定，即新闻单位、新闻网站开设的公众账号可以发布、转载时政类新闻；取得互联网新闻信息服务资质的非新闻单位开设的公众账号可以转载时政类新闻；其他公众账号未经批准不得发布、转载时政类新闻。即时通信工具服务提供者应对发布或转载时政类新闻的公众账号加注标识。《规定》还明确了惩罚措施，对违反协议约定的即时通信工具服务提供者，根据情节轻重采取警示、限制发布、暂停更新直至关闭账号等措施。

（三）政策影响

社会各界在认同"微信十条"对促进行业健康有序发展、提升即时通信服务提供商的服务质量、保护广大用户合法权益等方面积极作用的同时，也有部分人士担心该规定实行后是否影响网络言论自由，限制行业发展创新。实际上，规定的出台并非打压，而是强调发展与管理并重。服务使用者方面，除了注册实名制和遵守"七条底线"，普通用户几乎不受影响。"七条底线"属于我国法律规定范围内，适用于所有场合，移动互联网自然不应例外。服务提供商和公众号方面，相关规定内容较多，影响更为直接。实名制和资质认定对提供商的用户隐私安全和公众信息真实的保障能力提出严格要求，时政类新闻相关资质也使部分公众号不得不调整定位，提高专业水平。"微信十条"通过设立法律规范帮助行业各方明确责任与义务，强调用户隐私保护和信息安全可信。这种"循着节奏跳舞"并不是发展的束缚，而是发展的规范。有法可依、有规可循的体系化管理有助于保障信息快速有效流通的同时不失真实性，提高即时通信工具公众信息服务质量，促进行业健康发展。

此次"微信十条"只是暂时规定，部分内容尚存改进空间，有待细化具体。比如，对相关资质的审核和分类备案的操作流程并未明确，相关程序可能增加企业成本，如何避免影响商业效率亟需明确；对时政类信息的过往界定标准较模糊，涵盖范围过大，含糊的定义给监管机关和服务提供者留有较大执行余地，可能导致过度监管。

五、《关于取消和下放一批行政审批项目的决定》

（一）政策背景

2014 年 2 月，国务院印发《关于取消和下放一批行政审批项目的决定》，再

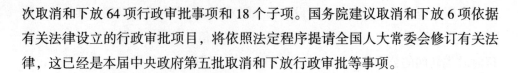

次取消和下放 64 项行政审批事项和 18 个子项。国务院建议取消和下放 6 项依据有关法律设立的行政审批项目，将依照法定程序提请全国人大常委会修订有关法律，这已经是本届中央政府第五批取消和下放行政审批等事项。

（二）主要内容

在该决定中，经研究论证，宣布取消"计算机信息系统集成企业资质认定"、"计算机信息系统集成项目经理人员资质评定"和"信息系统工程监理单位资质认证和监理工程师资格认定"的行政审批。

（三）政策影响

关于取消"计算机信息系统集成企业资质认定"、"计算机信息系统集成项目经理人员资质评定"和"信息系统工程监理单位资质认证和监理工程师资格认定"，企业作为市场主体，其水平、能力和信誉等一系列情况应主要由市场来进行评判。取消后将有利于减轻企业负担，降低准入门槛，增加市场活力。

此外，为进一步做好系统集成企业的服务等相关衔接工作，工业和信息化部在解读中表示将抓紧制定出台相关标准，发挥第三方机构作用，加强事中事后监管。因此，后续无疑将更好地发挥系统集成行业协会等第三方机构的重要作用，将原有的资质认定工作下放到行业协会，在过渡期内，原有的资质资格认定条件、等级标准、业务范围、受理审批时限及证书有效期等暂按原规定执行，对于软件和信息技术服务业主管部门将侧重于标准的制定以及相关监管工作。

六、《关于手机支付业务发展的指导意见》

（一）政策背景

近年来，我国手机支付业务模式、产品和技术形态创新发展，对便利客户支付、提升支付服务水平发挥了积极作用，但业务发展过程中还存在产业链各方协同发展力度偏弱、业务管理规则不明确、支付安全存在隐患、客户权益保护不力等突出问题。为引导产业各方协调发展、合作共赢，明确商业银行和支付机构在开展手机支付业务中的基本管理要求，防范业务风险，进一步促进和发挥手机支付在小额便民支付领域的积极作用，制定了关于手机支付业务发展的指导意见。

（二）主要内容

一是坚持市场主导，发挥产业合力。鼓励商业银行、支付机构、银行卡清算机构、通信运营商、手机终端厂商、芯片制造商等产业链各方，在防范手机支付风险、保障客户权益的前提下进行有益的合作与尝试，探索、创新适宜的产品形态和业务模式，满足用户多样化需求。各参与主体应抓住市场发展机遇，积极参与到手机支付服务市场，共同建立公平、有序、高效的市场竞争机制，提升资源配置效率，推动手机支付产业和市场健康发展。构建完善的手机支付产业链，合理分工、加强协作，积极探索开放、共赢、可持续的业务发展模式。

二是规范发展手机支付业务。支持商业银行与银行卡清算机构等产业相关各方紧密合作，改进客户体验，引导和培育客户手机支付消费习惯，扩大手机支付的普及率。鼓励支付机构基于银行卡（账户）开展手机支付业务，按照其取得的相应业务资质，规范开展业务，并加强风险防范，保障支付安全。加强与规范受理市场建设，为便利客户手机支付，各参与方应积极拓展手机支付在公共交通、超市、集贸市场、旅游景点等公共服务领域的应用，改进客户体验，减少现金使用。

三是加强管理，防范风险，促进手机支付业务可持续发展。加强特约商户实名制管理及资金结算管理。建立健全风险管理体系，商业银行、支付机构开展手机支付业务，应拥有并运营独立、安全、规范的业务处理系统，制定完善的业务管理制度、内部控制制度和风险管理措施，切实防范支付风险。商业银行、支付机构应采用必要、适当的加密技术和措施，保证交易数据处理过程中的完整性、安全性和不可抵赖性，保障交易与信息安全。

四是加强组织协调和创新支持，积极推广手机支付业务。人民银行各分支机构应加强属地管理，立足于便民应用和防范风险，以实际应用项目为突破口，加大政策引导和支持力度，推动产业各方不断创新和优化业务流程；及时跟踪辖内手机支付业务发展情况，加强业务宣传和调查研究，积极推广手机支付应用，推动产业协调发展。同时，人民银行各分支机构应加快完善手机支付业务风险防范预警机制，及时识别辖内风险事件或隐患，通过采取风险提示等有效措施，建立和完善手机支付业务风险监管体系。商业银行、支付机构与银行卡清算机构应完善运营机制，研发贴近民生的手机支付产品，提升手机支付服务水平；针对不同客户群体普及手机支付安全使用知识，在培养客户支付习惯的同时，作好客户风险教育，提高客户风险防范意识。

（三）政策影响

关于商业银行手机电子现金的管理。为防止商业银行发行的预付卡被用于行贿受贿等违规违法活动，人民银行相关制度要求商业银行发行实名和非实名单电子现金（仅限大型活动时）须经人民银行批准，发行主账户复合电子现金须向人民银行报告。考虑到手机终端和通讯账户具有较强的私人属性，在规定手机电子现金与手机终端整合使用的前提下，适度放开发行手机电子现金的管理要求不会引致相关负面影响。因此，《指导意见》规定商业银行发行手机电子现金不再履行报批或报告程序，以鼓励和支持商业银行积极拓展手机电子现金近场支付的小额便民应用。

关于支付机构手机支付业务的业务边界与管理。目前商业银行和支付机构都是手机支付服务的提供主体。支付机构主要基于客户的银行账户和支付账户为电子商务交易提供支付服务，是支付服务市场的有益延伸与补充。结合当前业务发展现状，为保持监管标准的一致性，维护市场公平竞争秩序，《指导意见》对支付机构开展手机支付业务的业务资质要求，以及所应遵循的业务规则进行了明确，体现了支付机构手机支付业务为付款人和网络特约商户之间的电子商务交易提供远程支付服务的业务内涵和监管原则。其中，仅取得移动电话支付业务资质的支付机构，应当基于付款人的银行卡（账户）提供手机远程支付服务；同时取得移动电话支付和互联网支付业务资质的支付机构，可基于付款人的银行账户或支付账户提供手机远程支付服务，并适用相应的业务规则。基于市场定位明晰业务内涵与监管边界、平衡产业发展的考虑，特别是目前银行卡、预付卡在线下实体特约商户的使用与受理等相关业务的监管框架、市场规则已经基本成熟，且已形成了一套安全标准严密、业务规则完整的监管体系，市场运作也相对规范。如果支付机构基于付款人关联的银行账户或支付账户为实体特约商户提供支付服务，应当与商业银行一样适用现有线下支付工具的监管规定和金融安全标准，以保持支付机构与商业银行的支付监管标准的一致性，减少监管套利，避免支付机构网络支付业务对线下支付服务市场造成业务及监管的混乱，对线下非现金支付工具的安全造成冲击。基于上述因素，《指导意见》规定支付机构只在取得银行卡收单业务资质时，方可为实体特约商户提供商业银行直接发行在付款人手机安全载体内的银行卡（账户）及手机电子现金的近场受理服务，并适用有关银行卡收单业务的管理规定，体现了支付机构从事相关业务、应当取得相应的业务资质、并与商业银行适用相同的业务规则的对等监管理念，这也是尊重现实、鼓励创新、防范风险和协作共赢原则的具体体现，有利于支付机构的业务规范与支付市场的长远发展。

关于支付机构 O2O 业务的相关管理。对于目前部分支付机构通过手机二维码等方式将支付账户或其关联的银行账户用于实体特约商户现场交易的情形，考虑到该类 O2O 业务，一方面，对于培养社会公众的手机支付习惯、便利小额非现金支付具有一定的积极作用，从鼓励创新的角度出发，人民银行可给予一定的观察期；另一方面，该类业务仍处于探索阶段，业务模式多样，尚未形成统一的安全技术标准和完善的风险控制体系，社会公众对该类支付方式的接受与信心也有待市场检验，因此目前阶段人民银行暂不宜在管理制度中对其合法性予以承认。为兼顾创新实际和安全支付的监管目标，人民银行应当在监管实践中要求有关市场主体严格落实已有的创新业务报备制度，督导支付机构至少提前 30 日向人民银行备案其业务方案、支付流程、风险控制措施、损失补偿机制等，以便人民银行更好地评估其安全性，根据具体业务模式、资金安全保障及市场发展情况进行跟踪监管，防止产品不慎导致危害社会公众对非现金支付工具的信心。

关于手机支付业务客户身份信息核实管理要求。该《指导意见》对商业银行与支付机构在开展手机支付业务时，对客户身份识别与信息核实提出了审慎并切合实际的管理要求：商业银行基于银行账户或基于复合借贷记应用的手机电子现金（以下简称"手机复合电子现金"）开展手机支付业务，以及支付机构基于客户的支付账户提供手机远程支付服务的，应按照相关规定履行实名制管理要求；商业银行基于未复合借贷记账户应用的手机电子现金（以下简称"手机非复合电子现金"）开展手机支付业务，应与通信运营商合作，核实加入移动通信网络的客户信息，对手机非复合电子现金实施记名管理，并应与手机终端整合使用。

为鼓励商业银行拓展 NFC 手机近场支付应用，《指导意见》还规定商业银行通过 TSM 平台，以空中发卡方式为客户开立新的银行账户的，如客户已在本行以柜面方式开立过银行账户的，则可采取非柜面方式进行客户身份核实，无须再履行柜面核实程序；如客户未在本行以柜面方式开立过银行账户的，则必须通过柜面核实客户身份。这些规定一方面在坚持账户实名制管理的监管原则下，结合业务发展实际，也适当地在便利客户方面予以考虑，以进一步推动手机近场支付应用与发展。

关于信息安全管理和客户权益保护。在鼓励手机支付业务创新的同时，提出了一系列风险防控和客户权益保护措施：要求商业银行、支付机构开展手机支付业务的各项信息安全和技术标准应符合中国人民银行相关技术规范，要拥有并运营独立、安全、可靠的手机支付业务处理系统，建立与完善业务管理和内控制度体系，并按照审慎性原则，建立有效的手机支付交易风险监测和风险处置机制，建立客户身份信息、账户信息和交易信息管理机制和风险防范措施，严防信息泄漏等，确保支付安全，切实保护客户合法权益。

七、《关于扶持小型微型企业健康发展的意见》

（一）政策背景

针对为小型微型企业特别是新创小型微型企业发展中反映突出的困难和问题，国务院《关于扶持小型微型企业健康发展的意见》（国发〔2014〕52号，以下简称《意见》），在强调落实好已有的支持政策的基础上，从财政扶持、税收优惠、金融支持、公共服务、政策信息互联互通等方面提出了十条政策措施，努力推动实现精准扶持，对提高小型微型企业"成活率"和生存质量，促进小型微型企业健康发展，推动全面深化改革和经济长期可持续发展具有重要的意义。

（二）主要内容

当前虽然工商登记制度改革极大地激发了市场活力和创业热情，小型微型企业数量快速增长，为促进经济发展和社会就业发挥了积极作用，但在发展中也面临一些困难和问题。为切实扶持小型微型企业（含个体工商户）健康发展，国务院出台了《关于扶持小型微型企业健康发展的意见》，主要内容如下：

一是充分发挥专项资金对中小企业的引导和扶持作用。鼓励地方中小企业扶持资金将小型微型企业纳入支持范围；加大中小企业专项资金对小企业创业基地（微型企业孵化园、科技孵化器、商贸企业集聚区等）建设的支持力度；鼓励各级政府设立的创业投资引导基金积极支持小型微型企业。

二是加大对小型微型企业的税收优惠力度。认真落实已经出台的支持小型微型企业税收优惠政策，根据形势发展的需要研究出台继续支持的政策。小型微型企业从事国家鼓励发展的投资项目，进口项目自用且国内不能生产的先进设备，按照有关规定免征关税。

三是加强对小型微型企业的投融资扶持力度。积极引导创业投资基金、天使基金、种子基金投资小型微型企业。符合条件的小型微型企业可按规定享受小额担保贷款扶持政策；进一步完善小型微型企业融资担保政策。大力发展政府支持的担保机构，引导其提高小型微型企业担保业务规模，合理确定担保费用。进一步加大对小型微型企业融资担保的财政支持力度，综合运用业务补助、增量业务奖励、资本投入、代偿补偿、创新奖励等方式，引导担保、金融机构和外贸综合服务企业等为小型微型企业提供融资服务。引导中小型银行将改进小型微型企业金融服务和战略转型相结合，科学调整信贷结构，重点支持小型微型企业和区域经济发展。

四是大力加强公共服务体系建设。通过统一的信用信息平台，汇集工商注册登记、行政许可、税收缴纳、社保缴费等信息，推进小型微型企业信用信息共享，促进小型微型企业信用体系建设。通过信息公开和共享，利用大数据、云计算等现代信息技术，推动政府部门和银行、证券、保险等专业机构提供更有效的服务。大力推进小型微型企业公共服务平台建设，加大政府购买服务力度，为小型微型企业免费提供管理指导、技能培训、市场开拓、标准咨询、检验检测认证等服务。

（三）政策影响

一是更加关注小型微型企业初创期的困难和问题。小型微型企业对增加就业、促进经济发展、科技创新以及社会和谐稳定等方面都发挥着重要的作用。《国家工商总局全国小型微型企业发展报告》显示，小型微型企业已占到市场主体的绝对多数，已成为我国经济持续稳定增长的基础，截至2013年年底，小型微型企业达到1169.87万户，占到企业总数的76.57%，若将个体工商户纳入统计，小型微型企业所占各类市场主体的比重达到94.15%；小型微型企业也是社会就业的主要承担者，我国新增就业和再就业人口的70%以上集中在小型微型企业。今年3月1日开始实施的商事制度改革，成效显著，极大地激发了市场的活力和投资的热情，全国新登记的市场主体数量快速增长，3—10月新登记的市场主体863.66万户，同比增长15.2%，平均每天新登记注册3.5万户，其中绝大多数是小型微型企业（含个体工商户）。在今年经济形势继续下行的形势下，就业增长仍然保持稳定的状态，其中数量不断增加的小型微型企业的作用是很重要的。实践证明，小型微型企业已成为我国吸纳新增就业的"主渠道"，从长远看，在我国经济新常态下，通过扶持小型微型企业，鼓励大众创业、万众创新，是顶住经济下行压力，提高我国经济质量、效益，惠及民生，推动中国经济持续发展的"重要一招"。

然而，由于小型微型企业自身的特点、市场发育不完善、扶持措施不到位等原因，小型微型企业特别是大量新创小型微型企业的"成活"、发展面临着许多困难和问题。国家工商总局的数据分析研究表明，企业一般在设立3年到7年最容易死亡，特别是头3年，因此在小型微型企业的初创期给予阶段性的扶持是非常必要的。商事制度改革极大地激发了社会投资创业的热情，小型微型企业"新生儿"快速增加，大量存在，使这种必要性更加凸显。虽然在《意见》中看不到"新创"、"新设立"的字样，绝大部分的政策措施也没有规定适用的时限，但是它的政策目标和政策措施确实是体现了对新创小型微型企业的特别关注，或者说对小型微型企业初创期的困难和问题给予了更多的关注和扶持解决。"扶持"和"支持"一字之差，体现了政策侧重点的不同，在具体的条文上也都有所体现，目的就是要通过有针对性的政策措施，"扶上马送一程"，保护新创小型微型企业的积极性，让他们能够进得来、经营好、留得住，健康发展，保护社会公众投资创业的积极性，更好地释放改革的红利。此外，《意见》还首次明确了扶持小型微型企业的各种政策，适用于个体工商户，这将有利于各地、各部门统一贯彻落实政策。

二是进一步加大财税支持和金融服务力度。小型微型企业面临的困难和问题很多，从税收、资金、人才到技术创新、市场开拓、经营管理，涉及很多方面，但是缺资金、融资难，缺人才、用工难，缺场所、用地难，税费高、负担重，既是小型微型企业面临的普遍困难和问题，更是新创小型微型企业面临的突出困难和问题。2012年国务院颁布的我国第一个专门针对小型微型企业的政策文件，即《关于进一步支持小型微型企业健康发展的意见》（国发〔2012〕14号），内容丰富，涉及面广，总共二十九条，从财税支持、缓解融资困难、创新发展和结构调整、市场开拓、经营管理、聚集发展、公共服务等七个方面提出了支持的政策措施。相比之下，《意见》只有十条，但是注重突出重点，集中针对小型微型企业面临的税收、融资、场地、用工、经营管理技能等方面的具体困难和问题，制定了相应的扶持政策，从政策措施手段上看，主要是进一步加大了财税支持和金融服务的力度。在财税支持方面，强调进一步落实结构性税收优惠政策，按照有关规定免征关税，要求现有中小企业专项资金的使用向小型微型企业倾斜，按照规定给予社会保险补贴和相关费用减免，免费提供更多公共服务等。在金融服务方面，强调实施差异化政策措施，鼓励拓宽融资渠道，要求进一步完善小型微型企业融资担保政策，明确了各类银行业金融机构优化服务支持小型微型企业的具体方向。这些政策措施针对小型微型企业特别是初创期小型微型企业的普遍特点和需求，一定程度上体现了以问题为导向的政策集中和整合。

三是努力破解政策落实"最后一公里"难题。近年来，党中央、国务院高度重视小型微型企业的发展，出台的扶持政策措施已经不少，但大量小型微型企业发展仍然面临困难和问题，其中扶持政策措施不能很好落地是一个重要原因。今年，国务院派督查组分赴各地各部门了解中央一系列政策措施落实情况，同时，聘请中科院等机构对一些政策措施的落实情况进行第三方评估。从督查和评估的情况看，扶持小型微型企业政策发展的政策大多都存在受阻"最后一公里"的问题。一些政策顶层设计有了，指导性意见有了，但实施细则和配套政策不够，造成不接地气、衔接不畅。由于"最后一公里"未打通，一些优惠政策存在遭地方架空的问题，不少小型微型企业甚至都不知道国家有相应的优惠政策，效果大打折扣。小型微型企业政策的"最后一公里"问题，引起了党中央、国务院的高度重视和社会各界的强烈关注。

"最后一公里"问题特别突出，固然有小型微型企业量大面广，"多、小、散"，个体差异大等客观原因，但主要还是政策实施机制、标准、条件、程序等方面需要改进。《意见》是在总结近年来现有政策实施的基础上制定的，指导思想之一就是要努力解决"最后一公里"问题，在这方面做出了一些新的制度创新和突破。《意见》对各地区、各部门提出明确要求，要把有关的政策明确细化了，对有关政策实施的流程、程序进行优化和简化。《意见》第九条提出要建立支持小型微型企业信息的互联互通机制和小型微型企业名录。这将有利于解决信息不对称的问题，一方面可以使企业集中地了解国家各类扶持、支持的政策措施，另一方面也有助于相关部门、机构了解企业的信用情况，放心地实施扶持、支持政策，有利于防范政策实施过程中的道德风险，为扶持政策精准落地、有效实施奠定良好的基础。同时，《意见》更加注重运用市场化的手段来实施扶持政策。比如利用财政补贴引导各类投资基金投资小型微型企业，加大政府购买力度提供更多免费公共服务等。通过这些政策措施，把政府不便做、做不好的事情，交给市场去做，这样可以放大财政资金的作用，为小型微型企业提供更加多元化的、专业的、优质的服务。为了提高扶持精准度和有效性，结合《意见》的贯彻实施，国务院要求抓紧研究修订统一的小型微型企业认定标准，加强对新设立小型微型企业的跟踪监测，这些都将很好地促进扶持小型微型企业政策措施的有效实施。此外，《意见》在重申、增加中央扶持政策措施的同时，再次强调了地方政府扶持小型微型企业发展的主体责任，几乎每一条政策措施都包含了地方政府的责任和任务。小型微型企业大多依托本地资源和市场而存在，既在当地创造就业机会、增加当地居民收入，也满足了当地社会消费的需要，对区域经济社会发展和社会稳定具有重要意义，强调地方政府扶持小型微型企业发展的主体责任，对打通"最后一公里"，提高政策扶持的精准度和有效性也具有现实意义。

八、《关于促进云计算创新发展培育信息产业新业态的意见》

（一）政策背景

云计算是推动信息技术能力实现按需供给、促进信息技术和数据资源充分利用的全新业态，是信息化发展的重大变革和必然趋势。发展云计算，有利于分享信息知识和创新资源，降低全社会创业成本，培育形成新产业和新消费热点，对稳增长、调结构、惠民生和建设创新型国家具有重要意义。当前，全球云计算处于发展初期，我国面临难得的机遇，但也存在服务能力较薄弱、核心技术差距较大、信息资源开放共享不够、信息安全挑战突出等问题，重建设轻应用、数据中心无序发展苗头初步显现。为促进我国云计算创新发展，积极培育信息产业新业态，国务院特制定了《关于促进云计算创新发展培育信息产业新业态的意见》。

（二）主要内容

一是提出了指导思想、基本原则和发展目标。遵循市场主导、统筹协调、创新驱动、保障安全的基本原则，确定了中长期两个目标。到 2017 年，云计算在重点领域的应用得到深化，产业链条基本健全，初步形成安全保障有力，服务创新、技术创新和管理创新协同推进的云计算发展格局，带动相关产业快速发展。到 2020 年，云计算应用基本普及，云计算服务能力达到国际先进水平，掌握云计算关键技术，形成若干具有较强国际竞争力的云计算骨干企业。云计算信息安全监管体系和法规体系健全。大数据挖掘分析能力显著提升。云计算成为我国信息化重要形态和建设网络强国的重要支撑，推动经济社会各领域信息化水平大幅提高。

二是提出了六大主要任务。主要包括增强云计算服务能力、提升云计算自主创新能力、探索电子政务云计算发展新模式、加强大数据开发和利用、统筹布局云计算基础设施、提升安全保障能力。

三是制定了七项保障措施。主要包括完善市场环境、建立健全相关法规制度、加大财税政策扶持力度、完善投融资政策、建立健全标准规范体系、加强人才队伍建设、积极开展国际合作。

（三）政策影响

一是《意见》充分考虑国内外发展形势。全球云计算仍处于发展初期，产业格局尚未定型，潜在市场需求巨大，我国正处在发展云计算的重要机遇期。云计算是信息技术应用模式和服务模式创新的集中体现，是信息技术产业发展的重要方向，能够推动经济社会的创新发展，是世界各国积极布局、争相抢占的新一代信息技术战略制高点。《意见》是在认真研究和充分考虑国际国内云计算发展形势的基础上制定的。

从全球看，云计算正不断创新信息处理方式和服务模式，日益成为信息时代经济社会发展的关键基础设施。云计算不仅能够促进服务、软件、硬件的深度融合和系统性创新，对信息技术产业发展模式带来巨大变革，而且已经成为构建国家新优势的战略焦点。美、欧、日、韩等国家和地区纷纷将云计算作为其抢抓经济科技发展新机遇、重塑国家竞争新优势的战略重点。国际知名IT企业也积极发展云计算，努力构建先行优势，争做全球云计算技术和应用的领跑者。

从国内看，我国当前正处于"四化"同步发展的关键时期，加快云计算发展已经成为提高信息化水平和创新能力的重要举措，对于扩大内需、培育壮大战略性新兴产业、促进经济结构战略性调整具有重要的现实意义。云计算与生产制造和服务创新的结合，将推动生产方式向数字化、网络化和智能化变革，激发创新创业活力，有力促进产业结构的优化升级。云计算应用于政府管理和社会生活，有利于解决长期存在的信息共享和业务协同困难问题，将使电子政务和教育、医疗、商务等服务更加便捷高效，加快社会资源优化配置和服务型政府建设，成为全面建设小康社会的有力支撑。

从基础看，自 2009 年以来，国家有关部门对我国云计算发展进行了深入研究和积极探索，陆续开展了组织云计算服务创新发展试点示范、实施云计算示范工程、在电子信息产业发展基金和 863 等科技计划中系统部署关键技术研发等工作，努力推动云计算服务创新、关键技术研发和应用示范，取得了积极进展，服务创新能力不断提高，关键技术研发和应用取得突破，产业配套体系不断健全完善，标准、评测等支撑能力和公共服务能力显著增强，已形成一定的产业基础和创新能力。

总体来看，全球云计算仍处于发展初期，产业格局尚未定型，潜在市场需求巨大，我国正处在发展云计算的重要机遇期，有望实现关键技术、产品和服务等领域的整体突破，加速信息产业转型升级，形成自主的信息服务能力和信息资源优势。同时，积极培育信息产业新业态新模式，催生新的经济增长点，也需要充分发挥云计算在落实创新驱动发展战略、转变经济发展方式方面的引领支撑作用。有动力、有基础、有需求，《意见》的出台适逢其时。

二是《意见》充分考虑产业特点和环境建设。围绕提升能力、深化应用开展工作，充分利用云计算开展大数据的挖掘分析，建立适应云计算发展的市场准入、经营资质环境，研究适应云计算业务发展需求的网络政策。

思路原则充分考虑发展现状和趋势。《意见》提出了"以提升能力、深化应用为主线"的指导思想和"市场主导、统筹协调、创新驱动、安全保障"四项基本原则，与对云计算发展要素的理解紧密相关。云计算的发展，一方面，要靠产业自身能力的提升，包括技术创新能力、服务创新能力、环境创新能力等；另一方面，应用已成为关系云计算发展不可或缺的部分，用户的应用水平直接决定云计算发展质量的高低和推进速度的快慢。当前，我国云计算发展已经有了一定的能力和应用基础，但核心关键技术差距较大，重设施建设、轻应用服务的现象仍比较突出，发展环境尚不够完善，信息安全挑战日益突出，围绕提升能力、深化应用开展工作，充分发挥市场配置资源的基础作用，加强政策引导和规划，才能将云计算发展向纵深推进。

重点任务充分考虑与大数据发展相衔接。云计算与大数据息息相关，相辅相成，其结合发展是重要的技术和应用趋势。云计算强大的计算与存储能力，促进了数据资源的集聚、融合与共享，提升了对海量数据的分析处理能力，推动了大数据挖掘、应用、服务及相关产业发展。大数据的分析应用依赖于强大的云计算平台，同时也能充分发挥云计算的效用。当前，数据资源已成为战略性资源，对数据资源的掌控能力和运用能力日益成为综合国力的重要体现，大力推进大数据发展，对于促进云计算创新发展具有重要战略意义。因此，《意见》将大数据开发和利用作为主要任务之一，提出要把云计算能力建设与加强大数据开发与利用结合起来，充分利用云计算开展大数据的挖掘分析，同时在推动政府和公共事业机构信息系统向云计算迁移的过程中，实现数据资源的融合共享，服务经济社会发展。

政策措施充分考虑市场环境完善。《意见》将"完善市场环境"作为最首要的保障措施，这主要是因为，云计算的发展是产业化行为，最终需要依靠市场自身的培育与成长，强大的市场需求和完善的市场竞争环境才能支撑云计算业务与服务的持续健康发展。我国云计算仍处于发展的初期阶段，市场需求还不是很强，适应云计算发展的制度、法规、市场竞争环境尚未建立，因此需要完善市场环境作为保障措施之一，建立适应云计算发展的市场准入、经营资质环境，研究适应云计算业务发展需求的网络政策，支持开展针对云计算服务的评估测评工作，引导国有企业应用安全可靠的云计算产品和解决方案。

三是全面思考建立自主云计算体系。首先是《意见》中体现了对建立自主云计算产业生态的全方位思考与部署。云计算发展到今天已近 10 个年头，国际上云计算的竞争早已不再只是几个巨头企业之间的相互角力，而是产业生态体系之间的比拼，中国要在国际云计算竞争中占有一席之地，建立完善的产业生态是关键。因此，《意见》在"发展目标"之中就明确提出了到 2017 年"产业链条基本健全"的目标。如何做到"产业链条基本健全"，《意见》多处阐述了这个问题。首先是"形成若干具有较强创新能力的公共云计算骨干服务企业"，群龙无首不行，选错了首领也不行，纵观国际上的云计算巨头，谷歌、亚马逊、微软，无一不是以其强大的公共云服务能力作为根本支撑，因此，支持我们自己的骨干公共云服务企业是建立产业生态的重要基础。其次，是"培育一批特色鲜明的创新型中小企业"。尽管亚马逊 AWS 已足够强大，也需要数千家合作伙伴提供鼎力支持，云服务的巨头们再大，也只是一家企业，无法解决从云服务到用户应用中所有环节的问题。因此，培育在产业链上各个环节提供服务的中小企业是建立产业生态的必要条件。在《意见》中还提出了"鼓励大企业开放平台资源，打造协作共赢的云计算服务生态环境"，AWS 的 APN、阿里云的"云合计划"、华为的云帆计划，这不正是云计算巨头们正在做的事吗？最后，生态环境之中还少不了维护产业秩序的机构和组织，《意见》中也多次提到了产业联盟、第三方机构的作用，他们所承担的认证、评测、行业自律等职能也是必不可少的。

四是突出政府先锋示范作用。对政府作用的描述是《意见》的一大突破与亮点。在以往类似的产业文件中，政府往往是以管理者、指导者的姿态出现，对产业的支持无外乎给钱、给政策。在这个《意见》之中，不仅有政策和财税金融等方面的考虑，还把电子政务作为云计算的重要应用领域放在了非常突出的位置上，提出"探索电子政务云计算发展新模式"，政府作为云计算重要用户的角色得到强化。从国际上来看，这也是许多国家的通行做法，美国、英国、欧盟、俄罗斯、澳大利亚等国都把政务作为云计算的重要领域，以期利用政府的信息化投入带动产业发展，并建立良好的政策环境。以美国为例，2014 年，仅国土安全部等 7 个联邦政府部门已使用的云计算应用就达 101 项，投入达到 5.29 亿美元，与传统 IT 建设方式相比节省资金 9600 万美元。在《意见》之中，对政务云计算应用提出了非常具体的目标，"鼓励应用云计算技术整合改造现有电子政务信息系统，实现各领域政务信息系统整体部署和共建共用，大幅减少政府自建数据中心的数量"，"政府自建数据中心数量减少 5% 以上"，等等。近几年来，已经有不少国内政府部门开展了云计算的应用探索，但一直面临着财务制度、安全要求、服务模式等方面的困扰，很多政府部门对云计算存在"不敢用、不愿用、不会用"的问题。针对这些问题，《文件》提出了一些急需解决的对策，如"建立完善党政机关云计算服务安全管理制度"、"出台政府和重要行业采购使用云计算服务相关规定"、"创新政府信息系统建设和运营经费管理方式，完善政府采购云计算服务的配套政策，发展基于云计算的政府信息技术服务外包业务"等，这些任务的落实，需要国家发改委、财政部、网信办、工信部等多个部门的协作。可以预见，2015年国内政府对云计算的热情将进一步迸发，一些重量级的政策与制度可能出台，成为政府云计算应用全面铺开的一年。

九、《关于深化中央财政科技计划（专项、基金等）管理改革的方案》

（一）政策背景

科技计划（专项、基金等）是政府在科技创新领域发挥引领、指导作用的重要手段，能够有效引领全社会科技创新的方向，对于体现国家在自主创新方面的政策取向、战略布局以及明确重点任务具有举足轻重的作用和意义。然而，我们也应该能够清楚地发现当前国家不同层面的各项科技计划（专项、基金等）数目众多，且有些设置较为久远，并不能很好支撑现有技术和产业发展，缺乏顶层设计和统筹考虑，其产出未能满足当前国家发展的需求。究其原因主要在于管理体制，现有的科技计划体系较为庞大复杂、管理部门众多且相互交叉，项目安排追求"大而全"，也一定程度上造成了科技资源配置分散、创新链条脱节、创新目标分散等问题，总体而言，现有的科技计划碎片化问题严重，项目取向不够聚焦。

因此，深化中央财政科技计划（专项、基金等）管理改革是当前我国面临的一项重大而紧迫的任务。2014年初，国务院出台了《关于改进加强中央财政科研项目和资金管理的若干意见》（国发〔2014〕11号），提出对中央各部门管理的科技计划（专项、基金等）进行优化整合。根据十八届三中全会的要求，为落实国发11号文，国务院于2015年初发布了《关于深化中央财政科技计划（专项、基金等）管理改革方案的通知》（国发〔2014〕64号），学习借鉴发达国家有关调整科技创新战略和加强科研资源集成的政策，研究提出了建立公开统一的国家科技管理平台、优化科技计划（专项、基金等）布局、整合现有科技计划（专项、基金等）等要求。

（二）主要内容

在目标和原则方面，本次改革方案遵循转变政府科技管理职能、聚焦国家重大战略任务、促进科技与经济融合、明晰政府与市场关系、坚持公开透明社会监督五大基本原则，明确了更加聚焦国家目标、更加符合科技创新规律、更加高效配置科技资源、更加强化科技与经济的紧密结合、最大限度激发科研人员创新激情五大总体目标。

在主要内容方面，一是建立公开统一的国家科技管理平台，构建科技计划（专项、基金等）管理新机制。建立联席会议制度，加强部门间的统筹和协同；依托专业机构管理项目，把政府部门从项目的日常管理和资金的具体分配中解放出来，提高管理的科学化、专业化水平；建立战略咨询和综合评审委员会，切实发挥专家对政府决策的咨询作用；建立统一的评估和监管机制，提高科技投入的绩效；完善国家科技管理信息系统，加强信息公开和社会监督。二是遵循科技创新规律和经济社会发展需求，优化形成国家自然科学基金、国家科技重大专项、国家重点研发计划、技术创新引导专项(投资基金)、基地和人才专项五类科技计划(专项、基金等)布局体系。面向基础研究和科学前沿探索部署国家自然科学基金；聚焦国家重大战略产品和产业化目标，部署国家科技重大专项；针对事关国计民生的重大社会公益性研究，以及事关产业核心竞争力、整体自主创新能力和国家安全的重大科学技术问题，部署国家重点研发计划；发挥财政资金引导作用，安排技术创新引导专项（基金），促进科技成果转移转化和资本化、产业化；安排基地和人才专项，提升我国科技创新的基础能力。

在实施进度方面，提出按照整体设计、试点先行、逐步推进的原则，经过三年的改革过渡期，2014年，启动国家科技管理平台建设，初步建成中央财政科研项目数据库，基本建成国家科技报告系统；2015—2016年，按照创新驱动发展战略顶层设计的要求和"十三五"科技发展的重点任务，推进各类科技计划（专项、基金等）的优化整合，实现科技计划（专项、基金等）安排和预算配置的统筹协调，建成统一的国家科技管理信息系统，向社会开放；到2017年，全面完成改革，按照优化整合后的五类科技计划（专项、基金等）运行，并建成公开统一的国家科技管理平台。

（三）政策影响

本次改革的总体目标是强化顶层设计，打破条块分割，加强部门功能性分工，建立具有中国特色的目标明确和绩效导向的科技计划（专项、基金等）管理体制，更加聚焦国家目标，更加符合科技创新规律，更加高效配置科技资源，更加强化科技与经济的紧密结合，最大限度激发科研人员创新热情。基本原则包括：一是转变政府科技管理职能。政府各部门不再直接管理具体项目，建立统一的宏观管理和监督评估机制，破除条块分割，解决科技资源配置"碎片化"问题。二是聚焦国家重大战略任务。面向世界科技前沿、面向国家重大需求、面向国民经济主战场，优化科技计划（专项、基金等）布局，确定主攻方向，解决目标分散问题。三是促进科技与经济深度融合。围绕产业链部署创新链，围绕创新链完善资金链，使科技创新更加主动地服务于经济发展方式转变和经济结构调整。四是明晰政府与市场的关系。政府重点支持市场不能有效配置资源的公共科技活动，并以普惠性政策和引导性为主的方式支持企业技术创新活动和成果转化。五是坚持公开透明和社会监督。加强科技计划（专项、基金等）全过程的信息公开和痕迹管理，接受社会监督。

在国家科技管理平台方面。建立公开统一的国家科技管理平台，是本次科技计划管理改革的亮点。各政府部门通过统一的科技管理平台，构建决策、咨询、执行、评价、监管等各环节职责清晰、协调衔接的新管理体系。具体内容包括：联席会议制度（一个决策平台），专业机构、战略咨询与综合评审委员会、统一的评估和监管机制（三大运行支柱），国家科技管理信息系统（一套管理系统）。通过统一的国家科技管理信息系统，对中央财政科技计划（专项、基金等）的需求征集、指南发布、项目申报、立项和预算安排、监督检查、结题验收等全过程进行信息管理，并按相关规定主动向社会公开信息，接受公众监督，让资金在阳光下运行。分散在各相关部门、尚未纳入国家科技管理信息系统的项目信息要尽快纳入，已结题的项目要及时纳入统一的国家科技报告系统。不纳入国家科技管理信息系统和国家科技报告系统并向社会公开的，中央财政将不予以资助。

在依托专业机构方面。结合我国的实际情况，选择专业机构要兼顾现实可操作和未来长远发展。因此《方案》中，一是明确了专业机构的确定程序，联席会议根据重点任务的需要统一确定专业机构，专业机构对联席会议负责，由科技行政主管部门与专业机构签订委托合同，专业机构根据委托开展工作。二是对专业机构的资质进行了明确规定，科技行政主管部门等应当制定统一的专业机构管理制度和标准，经联席会议同意后实施。专业机构应当具备相关科技领域的项目管理能力，建立完善的法人治理结构，设立理事会、监事会，制定章程等。三是对规范专业机构的运行提出了要求，专业机构应按照统一的规范组织项目评审、立项、过程管理和结题验收等，对实现任务目标负责；专业机构的项目评审专家应当从国家科技项目评审专家库中选取。

第四章　2014年中国软件产业热点事件

一、阿里巴巴赴美上市

（一）事件回顾

据新浪、网易、《电脑报》等媒体报道，2014 年 9 月 6 日，阿里巴巴集团向美国证券交易委员会（SEC）提交更新后的招股文件称，集团将以每股美国存托凭证 60 美元到 66 美元的价格挂牌上市，这将创下美国市场上有史以来按市值计算的最大 IPO 交易。阿里此次 IPO 打包上市的业务包括：淘宝、天猫、聚划算 3 大零售平台，Alibaba.com 国际批发平台，1688.com 国内批发平台，全球速卖通 AliExpress 以及阿里云服务，业务核心聚焦于电商及电商配套服务、金融支付、本地生活服务等领域。不过，支付宝所属的小微金融并不在此次阿里上市的主体范围内。

美国当地时间 2014 年 9 月 19 日 9 点 30 分，阿里正式登陆纽交所，股票代码 "BABA"。开盘价 92.7 美元，较发行价大涨 36.3%，市值 2383.3 亿美元，超过 Facebook 和亚马逊，成为中国最大互联网上市公司，市值接近百度与腾讯之和，在全球 IT 企业中仅次于苹果、谷歌、微软。

马云表示：阿里上市后的下一个目标是整合生态圈，同时布局农村、线下实体店以及国际化战略的落地。同时，阿里巴巴的下一个目标是能在接下来的 15 年内超越沃尔玛。除此之外，阿里还在多个领域进行布局，投资或收购了多家公司，此前先后以 5.86 亿美元获得新浪微博 18% 的股权，62.44 亿港币收购 "文化中国" 60% 的股份，53.7 亿港币收购银泰 25% 股份，并同云峰基金以 12.2 亿美元的价格入股优酷土豆。阿里还以分批次收购的方式并购了高德地图和 UC。

（二）事件评析

无论是早期的互联网门户网站，还是近年异军突起的电子商务企业，中国内地知名互联网公司绝大多数地选择了在海外进行上市。网易、搜狐、新浪、百度、阿里巴巴、腾讯等，都选择了在海外资本市场上市。仅阿里巴巴、京东等 5 家在海外上市的互联网企业，总市值就达到了 2.7 万亿。如此多的优质资产纷纷流失到海外市场，使得为其贡献了几乎全部利润的本土投资者，无法分享红利。

互联网对于产业发展水平提升和经济转型发展的重要推动作用得到越来越多的认可。为了加快推进我国互联网产业和企业发展，政府部门需要在加强引导、规范管理、配套服务体系建设方面采取多方面措施。

一是打造金融环境。

出台鼓励和扶持投融资发展的政策措施，吸引各类金融要素集聚，促进各类金融要素共生共荣、协同发展。创建互联网企业诚信联盟，建立和完善互联网企业信用等级制度；联合各金融、投资、担保机构和工商、税务、规划、建设、国土等部门协同工作，建立互联网企业征信系统，营造良好的信用环境。依法严厉打击各类金融欺诈等不诚信行为，规范金融市场秩序，切实维护金融、投资机构的合法权益，防范金融风险。积极培育创业文化，大力培育互联网领域企业家，积极培养金融领域的专业人才。建立科技界与企业界、金融界的沟通渠道，推动形成鼓励风险投资和互联网产业发展的投融资环境。

二是集聚金融资源。

引进金融服务机构。积极引进培育各类担保机构、贷款公司、咨询机构、天使投资、创业投资、私募股权投资、银行业金融机构、保险机构、基金公司、证券公司、信托机构、会计师事务所、律师事务所、资产评估事务所等各类金融中介服务机构，集聚各类金融资源，发挥金融集群效应。搭建投融资服务平台。采取政府投资引导、市场化等手段，建立完善的信息平台、投资平台、贷款平台、担保平台、保险平台、技术和产权交易平台等投融资服务平台。成立金融服务联盟，加强不同机构之间的业务协同与集成，通过定期组织银政企座谈会、投融资对接洽谈会、投融资项目推荐会等活动，充分发挥各类融资平台作用，畅通信息渠道，建立对接机制，增进企业与投资人、金融机构的相互了解。完善服务机制。设立互联网企业融资风险补偿基金，开展互联网企业贷款风险补偿、互联网企业担保机构风险补偿、创业投资风险补偿业务，充分发挥财政资金导向作用。鼓励

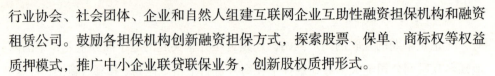

行业协会、社会团体、企业和自然人组建互联网企业互助性融资担保机构和融资租赁公司。鼓励各担保机构创新融资担保方式，探索股票、保单、商标权等权益质押模式，推广中小企业联贷联保业务，创新股权质押形式。

三是拓宽融资渠道。

加快推进企业上市融资。加大对互联网企业上市工作的指导，鼓励有一定规模、业绩良好、成长性好的企业在资本市场，包括主板、中小企业板、创业板及海外上市，拓展企业直接融资渠道。同时，鼓励上市公司通过兼并重组、定向增发等方式再融资，实现资产循环证券化，保证上市公司具有持续不断的融资资格。扶持企业进行股权融资。大力培育和引进各类基金组织及创投公司，建立企业、风险投资对接机制，撬动社会资本及境外资本参与互联网产业投资；积极探索股权质押融资方式，引导企业拓展股权质押融资业务。积极促进企业债权融资。加快引进和建立小额贷款公司，发挥小额贷款公司单笔贷款额度小、贷款担保灵活、放贷速度快等特点，扶持初创期中小企业发展。创新金融产品。引导投融资机构创新产品，为不同行业、不同性质、不同发展阶段的企业提供不同的服务，如发行企业债券、短期融资券、中期票据、集合资金信托、可转换债券等，推进经营性物业、互联网企业固定资产证券化，获取中长期发展资金。

二、中科红旗被兼并

（一）事件回顾

2014年2月，作为国产操作系统先驱的中科红旗宣布公司进入清算程序，6月27日，中科红旗宣布拟以公开竞价方式转让公司全部注册商标、软件著作权等资产，标志着历经14年发展的中科红旗就此破产倒闭。中科红旗这一国产系统先驱突然被曝破产，让信息产品国产化替代进程蒙上了阴影。

8月14日下午，五甲万京信息科技产业集团在北京召开小规模的媒体沟通会，宣布该公司以3862万元收购中科红旗。五甲万京表示，公司将继续承担红旗Linux相关产品研发、销售、技术服务支持和品牌推广等工作。

收购完成后，中科红旗品牌并不会消失，而会成为五甲万京的"平行公司"来运作。除了做好中科红旗现有客户的服务和产品推广外，五甲万京还会投入资源进行新的产品开发。未来将联合国内的软硬件企业建立中国操作系统的产业链，努力形成以北京为操作系统的研发、市场销售中心，赤峰为测试、产业化中心和孵化器园区，大连为教育学院和软件外包中心的红旗产业布局。被兼并后，中科软件继续发挥品牌优势和加强生态链配套。

（二）事件评析

中科红旗的突然倒闭无疑对我国国产软硬件发展产生了负面影响，但操作系统关系到数据安全、业务流程安全和国家信息安全。因此，政府需加大力度，改变策略，扶持国产操作系统创新突破发展。

一是加强技术和产品创新。

充分发挥科研院所和企业特点，在桌面操作系统共性基础技术、软硬件适配、基础应用适配，和客户特定需求定制等方面发挥优势，协同工作形成合力。通过"核高基"重大专项等引导和支持关键技术创新和核心产品研发，主要包括桌面操作系统的组装配置技术，内核优化技术，统一高效的图形窗口实现技术，桌面端多屏融合支持技术，基于网络的统一组件技术，集成桌面信息搜索技术，3S（安全性Security、搜索功能Search、简捷性Simplicity）融合技术，Windows兼容技术等。

结合云计算模式和移动智能终端的特点和趋势，推动桌面操作系统与云模式、移动智能终端应用的融合发展，通过云端来丰富各类应用和服务，并注重系统在云端和终端的安全技术防护。

二是发挥开源社区的力量。

参照国际中立的联盟和基金会的运作模式，整合国产操作系统厂商、科研院所的研发力量，联合建设国家主导的开源社区。积极发挥开源社区在交流培训、技术研发、人才培养等方面的作用。鼓励开源社区基于自主操作系统开发各类应用软件、开发迁移工具等开源软件，形成技术产品标准，实现与国际主流开源社区的协同发展，并符合开放源代码版权协议，增强我国对国际开源技术体系的影响力。同时，加强开源产品源代码检测分析，确保做到安全可控。建立企业应用与开源技术创新的协同发展机制。

三是加大应用推广力度。

坚持国产化替代路线。依照"成熟先用、党政军带头、逐步替代"的原则，以党政机关办公信息系统国产化替代为带动，加快党政军和重要行业的信息系统以操作系统为核心实现自主可控关键软硬件国产化替代。财政安排专项资金予以支持，在资金支持过程中预留一定资金支持面向应用的操作系统及基础软件的定制优化和集成适配。

通过商业模式创新促进应用发展。重点支持开放开源的商业模式，在面向大众消费领域采取操作系统免费推广策略，通过建立应用商店和开发者社区，快速凝聚大量用户和应用开发者，丰富应用生态，加快占领市场。加强与整机和系统集成商的合作，通过整机预装和应用集成等带动自主操作系统的应用和市场拓展。

有效落实政府采购政策。政府采购计算机及相关信息设备要求供应商必须提供基于 Linux 操作系统的驱动程序，破解国产 Linux 桌面操作系统外部设备支持不足的问题。在政府采购和重要信息系统建设中，要优先采用开放源代码软件和开放技术架构的信息系统，确保技术和安全自主可控。

加强宣贯工作。加强对国产桌面操作系统企业和产品的宣传推广，提升业界、用户等对国产桌面操作系统的认知度和接受度，增强用户使用相关系统产品的信心。

四是优化产业生态环境。

鼓励和支持企业投入更多资源促进国产桌面操作系统发展，在税收优惠、人才培育和引进、技术创新、投融资等方面，构建配套完善的公共服务体系。加强国产桌面操作系统的标准、知识产权和技术培训工作，逐步营造集政策、标准、应用推广、信息安全评价、服务支撑、教育培训等为一体的产学研用协同发展环境。

推动组建操作系统产业和应用发展联盟，组织国内信息设备制造、互联网服务、电信运营、操作系统和软件开发、系统集成等企业，科研机构、开源社区等产学研用各方力量建立优势互补、责任共担、利益共享的产业协同机制，加强技术创新和市场应用的协同发展，打造自主可控的桌面操作系统及应用生态体系。

进一步优化国产桌面操作系统生态环境。吸引更多的投资商、PC 厂商、软件企业支持桌面 Linux，加快 Linux 开源社区、应用商店、在线资源中心建设，丰富各类应用软件以及外设硬件支持的种类。

五是加强人才队伍建设。

加大对桌面操作系统专业人才培养，完善人才激励机制，实现桌面操作系统人才队伍培养的制度化、持续化和常态化，为我国桌面操作系统的可持续发展提供智力保障。高校增加相关开源操作系统的课程设置和教学内容，开展有特色的操作系统课程建设，推动校企良性互动的实习和实训，进一步扩大操作系统专业人才队伍。充分利用国家各类人才引进计划，引进操作系统和开源技术领域的海外高层次人才。

三、大数据领域成为投资并购新热点

（一）事件回顾

2014 年，我国大数据领域融资并购活动逐渐兴起，呈现持续升温的态势。据不完全统计，已披露融资并购事件 20 余起，涉及金额约为 355 亿元。

在 2014 年披露的融资并购事件中，资本更热衷于投向掌握行业应用产品和服务的企业，或具有行业应用开发潜力的公司。其中，交通、健康、金融、教育、电子商务、娱乐等领域的融资并购频繁。

表 4-1　2014 年我国大数据领域融资并购部分事件情况

企业名称	类别	事件概述	领域
阿里	收购	全资收购高德，交易金额11亿美元	交通
腾讯	投资	以10亿美元战略投资大众点评网，占股约20%。交易完成后，大众点评将继续保持独立运营	娱乐
阿里	收购	间接收购恒生电子100%股份，交易总金额约32.99亿元	金融
百度	收购	全资收购糯米网	娱乐
百度、腾讯、万达	合作投资	万达电商的首期投资额高达50亿人民币，其中万达持股70%，腾讯和百度各持股15%	电商
百分点	融资	国内大数据技术与应用服务商百分点获得C轮2500万美元融资，并发布其"践行大数据战略"	电商、媒体等
东方通	收购	东方通4.2亿收购惠捷朗，开拓大数据、云计算领域	—
腾讯	收购	以11.73亿元入股四维图新，抢占智能交通大数据市场	交通
腾讯	投资	2.14亿美元获得京东15%的股权	电商
腾讯	投资	7000万美元投资丁香园。主要向医生、医疗机构和医药从业者和大众用户提供产品和服务	医疗
启明星辰	收购	以自有资金1.78亿元收购合众信息51%的股份	—
阿里	上市	于9月19日在美国纽约证券交易所挂牌上市，以收盘价计算其市值为2314.39亿美元	电商
拓维信息	收购	8.1亿元收购3D游戏《啪啪三国》开发商火溶信息	娱乐
阿里	并购	阿里逾28亿布局OTA市场，入股石基信息15%股份，目标直指酒店信息大数据	娱乐

（续表）

企业名称	类别	事件概述	领域
朗玛信息	收购	6.5亿元全资收购39健康网运营商，进军医疗健康大数据领域	健康
电话帮	融资	电话号码数据服务商，获得数千万美元A轮融资	电信
句酷批改网	融资	获江苏高投数千万元投资，将大数据应用于英语学习	教育
逸橙科技	融资	获千万美元A轮融资，利用职场大数据提高HR工作效率	管理
永洪科技	融资	大数据可视化公司永洪科技完成5000万美元A+轮融资	—
九次方	融资	获2亿元融资，博信资本、IDG资本、德同资本、富凯投资等机构旗下基金入股	金融
点点客	融资	发行1582.2万股，涉及资金总额2.21508亿元。计划拓展大数据和互联网金融服务	金融
人人网	投资	1000万美元投资大数据创业公司FiscalNote	—
百度	投资	投资芬兰室内导航技术服务公司IndoorAtlas金额1000万美元	交通
百度	投资	E轮投资全球打车应用Uber	交通
闪银	融资	国内首家大数据信用评估公司，获IDG4000万元A轮投资，距其服务正式上线仅8个月。目前公司估值近2亿	信用
星图数据	融资	"星图数据"获百万美元A轮投资	消费品
同程旅游网	融资	获携程旅游2亿美元D轮融资	娱乐
滴滴打车	融资	获得新一轮超7亿美元融资，本轮融资由淡马锡、DST、腾讯主导投资	交通
脸谱	收购	以现金加股票的方式斥资160亿美元收购即时通讯应用WhatsApp	媒体
IBM	收购	收购NoSQL数据库初创公司Cloudant，后者主要提供分布式云文件存储服务	存储
Unified	收购	收购网络数据分析初创公司Awe.sm	分析
Cloudera	收购	收购专门研究下一代数据存储环境加密技术的初创企业Gazzang	安全
Duetto	融资	用大数据分析为酒店做定价管理的Duetto获得2100万美元B轮融资	娱乐
Salesforce	收购	Salesforce以3.9亿美元收购大数据智能关系管理初创企业RelateIQ	数据
苹果	收购	收购大数据图书分析BookLamp的员工和技术	分析

资料来源：赛迪智库整理，2015年3月。

2014 年，我国大数据初创企业获得融资机会的比率较低。原因在于我国大数据初创企业很少具备核心技术能力或累积海量数据资源，又很难在短期内开发出行业解决方案或具备成熟的行业应用。因此，无论是投资机构还是行业企业都将目光更多地聚焦在已有一定基础应用和具有发展潜力的大数据企业上，对初创企业的投资多抱以观望态度。

（二）事件评析

一是大数据创业企业数量增多，融资需求旺盛。

开源技术的发展推动以企业为核心的生态向以技术为核心的生态发展模式转变，各类型企业，甚至是竞争对手也都在为打造同一个生态而努力，竞争格局由零和博弈转向竞合互补。例如，谷歌、微软、脸谱等企业都在支持 Hadoop、Spark、Storm 等生态发展，同时也分别与众多企业合作打造大数据垂直生态。从大数据创业企业的角度来看，技术的开源极大地降低了创业的门槛，一旦企业掌握了大量的数据资源并有足够好的创新和应用模式，创业企业就可以很快地形成自己的产品和服务。但是由于商业模式还未完全成熟，绝大多数大数据创业企业还处于资本投入和市场开拓阶段，资金往往会成为他们存亡的最关键因素之一。

预计未来几年，大数据领域初创企业将如雨后春笋般大量涌现。创业企业将更专注于行业应用解决方案的开发，整合市场多种数据资源为用户提供个性化服务。同时，初创企业对融资需求越来越强烈，很多高成长的创新型企业，在技术成果产业化、应用普及和商业模式创新过程中，存在巨大的资金需求。

二是投资主体呈多元化发展态势。

2014 年，互联网龙头企业、传统 IT 巨头、云计算企业、大数据企业等都成为大数据领域的投资主体。其中，百度、阿里巴巴、腾讯等企业的投资并购行为活跃，涉及金额规模较大；用友、华为、东软等传统 IT 巨头开始在大数据资本市场有所作为；Salesforce 等云计算企业从业务延伸角度出发，积极介入大数据融资并购环节。一些大数据企业既是投资并购的对象，也是投资主体，例如，Cloudera 自身融资 9 亿美元，同时又收购专门研究下一代数据存储环境加密技术的初创企业 Gazzang。

三是拥有成熟应用或核心技术的公司备受青睐。

2014 年，国外大数据领域融资并购事件多集中在两个方面，具有成熟应用和典型行业解决方案的大数据企业较容易获得资本关注，掌握某项大数据核心技术的企业成为投资并购的另一个焦点。另外，掌握海量数据或在行业数据方面处于领先地位的企业获得融资的机会也比较多。

预计 2015 年，大数据领域继续成为资本关注的焦点和投资热点，融资、并购、合作等活动持续升温。国内互联网巨头将继续收购和投资拥有庞大数据量的公司，意在加快大数据应用领域的战略布局。从融资规模看，将有不少大数据初创公司初具规模和气候，并且获得海量融资，将有 2—3 家大数据企业成功 IPO；从收购方向看，成熟的大数据应用或掌握海量数据的公司备受青睐；从投资前景看，对于非结构化的数据进行分析和挖掘并实现其价值将是未来大数据发展的重点，人工智能将成为重要的发展和投资方向。另外，大数据行业解决方案和可视化也将成为资本追逐的热点领域。

四、由 OpenSSL 漏洞引发的信息安全事件思考

（一）事件回顾

OpenSSL 是一套开放源码的 SSL 协议实现。SSL 是安全套接层（Secure Socket Layer）协议的缩写。该协议主要位于传输层 TCP 协议、网络层 IP 协议与各种应用层 HTTP、FTP 等协议之间，能够为应用层协议提供数据封装、压缩、加密等支持，并在实际的数据传输开始前，促使通讯双方进行身份认证、协商加密算法、交换加密密钥等。对于 SSL 协议，有多种代码实现，OpenSSL 是使用量最多的一种，被广泛应用于网银、在线支付、电子邮件、电子商务等重要网站。

（二）事件评析

"心脏出血"漏洞（heartbleed bug）所以得名，是因为该漏洞对应的软件代码存在于 OpenSSL 的 Heartbleed 模块。使用该模块可以用来确定网络服务器端是否仍然工作，正常情况下，客户端发送的请求中包含什么数据，服务端就返回什么数据。但利用"心脏出血"漏洞，客户端可以构造异常的请求，诱导服务端返回服务器内存中最多高达 64K 的额外数据，而这些数据中可能包含用户在网站上的登录账号、密码等重要信息。而且，若攻击者反复提交恶意数据包，就能不断得到新的信息。

所以"心脏出血"漏洞引起广泛关注，甚至被比喻成"核弹级"漏洞，是因为国内外对 OpenSSL 的使用量很大。从全球看，主要的两大 Web 服务器 Apache 和 nginx 均使用了 OpenSSL，根据 Netcraft 公司 4 月 8 日测试，大约 17.5% 的 SSL 站点存在漏洞，即全球大约有 50 万个网站存在此漏洞。就我国看，据 Zoomeye 系统扫描，目前我国使用 443 端口 的服务器有 1601250 台，受本次安全漏洞影响的达 33303 个。可以看到，若应对不及时，其可能造成的信息安全影响非常重大。

虽然本次漏洞事件影响广泛，但 OpenSSL 开源社区项目组反应十分迅速，在漏洞曝出当天，就及时发布了新版本，修复了此问题，一定程度上使得漏洞得到有效控制。各大网站也快速应对，基本已完成更新，也有部分网站仍未修复，尚存风险。OpenSSL 是否造成了严重损失，目前难以估量。因为本次漏洞从 2012 年 OpenSSL1.0.1 版本发布以来就已经存在，故无法统计已经被攻击站点的数量和已经被泄露信息的数量。若该漏洞在公布前已被黑客或机构恶意利用，则其危害可能非常严重。若该漏洞真是于近日才发现并立即公布，则其影响相对较小。

五、互联网平台交易规模屡创新高

（一）事件回顾

2014 年 8 月，美团当月交易额突破 45 亿元，创历史新高。今年以来，美团延续良好的发展势头，每月交易额持续高速增长，业绩屡创新高；6 月，交易额 31.34，首次突破"30 亿元关口"；7 月，美团单月交易额为 39 亿元。今年以来，美团月交易额环比增长均在 15% 以上。2014 年"双十一"，天猫全天成交金额为 571 亿元，其中在移动端交易额达到 243 亿元，物流订单 2.78 亿，总共有 217 个国家和地区被点亮。

（二）事件评析

随着信息网络技术的飞速发展和互联网的应用普及，电子商务平台、金融信息平台、物流信息平台、社交网络平台、第三方支付平台等一批平台型企业迅速崛起，平台经济展现出旺盛的发展前景，将成为推动经济发展的新引擎。平台经济对经济发展起着重要作用。

一是推动产业持续创新。平台通过对产业资源、市场资源的整合，为企业提供广阔的发展空间，同时驱动企业进行持续创新，以获得及巩固竞争优势。例如，苹果应用商店模式的创新发展就引来众多企业的效仿，从而带动了硬件制造——软件开发——信息服务整条产业链的创新发展。

二是引领新兴经济增长。平台经济属于服务业范畴。实际上，各类服务业的价值链或者价值网络里都存在着搭建平台的机会。平台一旦建立，能够吸引各种资源的加入，发挥平台的集聚效应，推动整个产业的资源向平台倾斜，创造出巨大价值。平台经济作为创造和聚集价值的桥梁，正日益成为服务经济中最有活力的一部分。

三是加快制造业服务化转型。在竞争日益激烈的当下，制造业企业更加需要利用有效的中介平台打通制造和流通之间的瓶颈，实现产品制造链和商品流通链的有效衔接。例如，面对行业利润持续走低的局面，家电企业纷纷转向电子商务平台，借助其庞大的用户资源和快捷的销售渠道，创新营销模式，降低运营成本，创造新的盈利点，获得更高利润。可见，平台经济将成为加快制造业服务化转型的重要推动力。

四是变革工作生活消费方式。平台经济中所蕴含的新的交流、交易模式，正成为日常生活模式和社交结构变革的重要推动力。例如，新浪微博等社交网络平台已成为人际交往的重要渠道；淘宝网等电子商务平台已成为人们日常消费的优先选择。这种变革将成为互联网的重要发展方向和未来的重点应用，直接带来消费方式的改变，使信息消费得到迅猛发展，也使基于信息交换的商务活动、交易活动等成为未来经济活动的主要组成部分。

平台经济对于产业发展水平提升和经济转型发展的重要推动作用得到越来越多的认可。为了加快推进我国平台经济发展，政府部门需要在加强引导、规范管理、配套服务体系建设方面采取多方面措施。

支持新兴领域平台经济发展。支持有条件的区域面向重点行业领域，发展专业特色平台，不断拓宽平台经济的发展空间。一是面向新兴信息服务发展需求，推动金融信息平台、地理信息平台、电子商务平台、社交网络平台等的发展，加快推动各高端服务领域与信息技术服务、互联网服务的融合创新，充分整合各类信息资源，探索开发新型商业模式，推动建立多层次的、多元化的平台服务体系。二是面向工业转型升级与产业基地打造的需求，支持各地方瞄准龙头产业与支柱产业，打造交易与服务平台，加速对产业上下游环节和企业的整合，打造产业链条。三是培育和扶持农村信息服务平台发展，为农业发展提供高效的科技、金融、采购和销售等信息服务，提升农业信息化、现代化水平。

完善平台企业扶持政策。平台型企业是平台经济的主体，决定着平台经济的发展活力与发展前景。需要加大政策扶持力度，设计有针对性的平台型企业扶持政策，探索促进平台型企业的最佳发展路线。一是结合重点行业领域专业平台发展，积极培育一批有市场竞争力的平台企业。鼓励有条件的企业向平台化转型，围绕重点领域培育发展一批信誉好、实力强的平台企业，择优确定重点企业予以扶持。二是针对平台经济特点和平台型企业发展规律，设计有效的平台型企业扶持政策，如设立专项基金、拓宽融资渠道等。同时，帮助和指导平台型企业结合自身基础、业务特色、市场需求与竞争状况，制定和实施科学的发展战略，包括进入战略、定价与利益平衡战略、竞争优势战略等。三是建立和完善创新资金投入与退出机制，通过科学、完善的资金投入与退出机制，为平台经济发展创造宽松的环境。

优化配套发展环境。平台经济发展不仅需要强有力的信息技术服务支持，还需要第三方支付、信用、物流、检测、认证等配套服务体系的支持。为此，需要优化配套环境，以保障平台经济持续快速发展。一是加强信息基础设施建设，提高光纤宽带的覆盖率，积极推进无线城市建设，加大农村网络建设力度，建成各地、各类信息网络互联互通的骨干传输网。二是加快软件和信息技术服务业尤其是云计算、物联网、大数据等新技术的发展及其在平台经济中的应用，提升数据分析处理、数据挖掘、结算等后台信息技术服务能力，为平台运营提供更有力的信息技术支持。三是培育和引进一批与平台经济发展相配套的第三方支付、物流、信用、检测、认证等服务机构，提升配套服务能力，形成便捷高效的第三方服务体系。

加强规范引导和管理监督。针对平台经济生态环境的复杂性，及其从定价方式到垄断规制的特殊性，加快研究出台专门的管理和服务措施，加强规范引导和管理监督，引导平台型企业发展，保障平台经济健康稳定发展。一是制定、出台专门的平台经济管理规定，对平台经济生态系统中的平台运营商和平台交易、交流双方的职责和权益进行明确规定，规范平台运营，并制定具体可操作的惩罚措施，严厉打击平台上的不法行为，更好地保护平台参与者权益。二是要组织开展对平台经济反垄断和间接侵权问题的研究，明晰垄断和间接侵权的构成要件以及各侵权行为主体应承担的民事法律责任，并将其纳入管理规定。三是要积极引导各个平台间差异化发展，避免无序、低水平竞争，推进平台经济发展水平提升。

六、"开源社"（开源联盟）成立

开源已成为信息技术创新的主流模式和重要途径。近年来，整个信息技术产业正步入飞速发展阶段，在移动互联网、云计算、大数据、物联网等领域新技术不断获得突破。在技术的创新发展中，源于单一或少部分企业的力量已难以实现主导，依靠多元力量、汇集全球智慧的开源模式逐渐成为主流，开源软件开始引领全球新兴信息技术的创新。我国在基础软件技术方面一直处于被动跟随状态，通过开源社区加强基础软件研发将是摆脱受制于人困境的重要途径。

（一）事件回顾

2014年10月16日下午，由中国支持开源的企业、社区及个人所组成的开源联盟"开源社"正式成立。"开源社"旨在携手国内社区、企业、高校及政府相关机构，共同促进中国开源社区成为全球开源软件的积极参与者和贡献者，并推动开源软件生态体系的健康可持续发展。同时，开源社将致力于促进中国开源软件和开源硬件的正确使用、授权许可、社区建设及管理，并为国内广大开发者提供教育培训、知识普及、工具及相关服务，全面满足中国新兴软件行业日益增长的现实需求。开源社还将帮助国内开源社区开展国际合作，如与英国 OSS Watch 等全球知名开源组织进行紧密合作。

自成立之日起，开源社将通过两个核心项目为国内广大开源软件社区提供支持。首先，"开源之星"（Open Source Star）将免费提供开源治理工具，帮助国内的软件开发者了解他们的开发项目所使用的开源许可证是否符合 OSI 认可的开源许可证的要求。开源开发者可以通过"开源社"的在线门户网站 www.kaiyuanshe.cn 提交其项目。"开源社"的另一个核心项目是"开源大使"（Open Source Ambassadors）。该计划旨在发掘在开源社区中表现积极主动的个人和组织，对他们支持实现最佳实践与合作的努力给予充分肯定。

（二）事件评析

开源已成为当今时代的新宠，在移动互联网、云计算、大数据等新兴领域中开源软件都扮演着极其重要的角色，包括微软在内的全球各大厂商在新形势下均张开了双臂拥抱开源，积极投身于开源项目的推进中。在我国，开源社区建设的不成熟，是阻碍我国开源软件发展的一个重要因素，倪光南院士就曾经表示过，开源社区是我国发展开源软件的软肋。但随着开源中国社区和阿里云共同建立的中国源项目以及"开源社"的成立，标志着我国开源社区已步入到发展快车道，其发展思路也愈发明显，这些思路对于我国其他开源社区的建设具有重要的借鉴意义。

一是向综合化平台方向发展。开源社区最基本的功能是为开发者提供一个交流的平台，使用户能够通过互联网参与项目讨论，反馈意见。随着用户需求的增加，开源社区也开始提供发布开源资讯、代码托管、软件下载等服务。开源社区功能的不断增加和完善，不仅利于开源项目的综合管理，更有助于吸引更多的用户参与开源项目开发，而后者是开源软件发展中的最核心资源。因此，开源社区综合化水平的不断提高，对推动开源软件发展具有非常积极的作用。开源中国新上线的 Sonar 代码质量管理系统，不仅填补了我国开源代码质量管理的空白，更使开源中国社区向综合化平台的方向迈出了一大步。至此，开源中国社区已经可以提供包括资讯发布、代码托管、代码质量管理、用户论坛、软件下载、Maven 中央仓库在内的多项功能及服务。根据中国源项目的发展计划，开源中国社区还将提供 Linux 镜像服务。

二是加强同国际平台接轨。大多数开源软件开发者都依赖于代码托管平台来进行代码管理和仓储，而在当前国际最主流的代码托管平台为美国的 Github，国内的大多数开源项目都在该平台上进行代码托管。为了代码管理的安全性和便捷性，建立我国的代码托管平台是非常有必要的，同时为了更加便捷地实现代码的迁移和管理，弥补技术上和管理上的经验不足，国内的代码托管平台应该积极同国际平台接轨，使国外已有的技术和资源得到充分利用。在这方面，开源中国社区也走在了前列。为了方便国内的开发者下载国外资源，其推出了 Maven 中央仓库，而就在近期，开源中国社区代码托管平台新增加从 Github 导入项目的功能，当前已有部分项目实现了双平台托管。

三是积极拥抱移动平台。互联网向移动互联网的发展趋势已是广泛共识，截至今年 5 月，我国移动互联网用户已达 8.57 亿。随着互联网用户从 PC 平台向移动平台迁移，以开发用户为核心资源的开源软件社区也应该积极向移动平台进行战略转移，抢占先机。此外，还应该看到，移动终端带来的便捷性和及时性使得信息反馈的节奏加快，缩短了代码更新周期，提高了开发效率，对开源软件的开发起到极大的推动作用。积极拥抱移动平台是我国软件产业把握移动互联网发展机遇的重要途径。开源中国社区的发展正是沿着这个方向不断向前推进，近期开源中国的客户端加快了更新速度，而其代码托管平台的安卓客户端也已经正式发布。

通过"开源社"等开源社区的推动，我国开源软件正从量变转为质变，我国开源爱好者、参与者、应用者对开源软件的认识得到进一步提升，对开源发展模式有了更加深刻的理解。一方面是认识到开源社区是开源软件发展的主体，因此加大社区建设力度、培育社区文化成为 2014 年我国开源软件领域发展中的亮点。另一方面是认识到开源软件协议的重要性，长期以来，我国开源软件开发及应用者对于开源软件协议的认识不透彻，对协议的不遵守极大损害了我国开源参与者在国际上的声誉。2014 年，有越来越多的开源人士关注我国开源世界中的协议遵守情况，开源界对开源软件协议的认识有了较大提升，我国开源软件的生态环境得以完善。

七、中德签署推动"工业 4.0"协议

（一）事件回顾

2014 年 10 月 10 日，李克强总理在柏林同德国总理默克尔共同发表《中德合作行动纲要：共塑创新》，就中德两国间多个领域合作达成了共识，并强调两国在"工业 4.0"领域的具体合作内容。这反映了信息通信技术正在从娱乐消费、服务与流通等价值传递环节逐步走向工业制造等价值创造环节，也预示着信息生产力时代的到来。中国"工业 4.0"的推动，涉及云计算、大数据、工业软件、嵌入式软件、工控系统等多个领域，是我国软件和信息技术服务未来十年发展的重要驱动因素。

（二）事件评析

德国"工业 4.0"战略，是制造业强国对于先进制造业发展方向和升级路径的决策，目标明确、措施务实、发展路径清晰，可以看作是对我国两化深度融合、

战略性新兴产业与产业转型升级等发展战略的正面回应，为我国制造业转型升级带来启示和借鉴。

一是给我国工业化和城镇化发展带来新思路。"工业4.0"强调利用信息技术和制造技术的融合，来改变当前的工业生产与服务模式，既使生产和交付更加灵活，又同时致力于解决能源利用效率、人才结构、城镇化等挑战，对我国的产业发展有重要的借鉴意义。一是智能工厂使客户的个性化定制需求得以满足，同时发掘出创造价值的新方法和商业模型，给初创公司和小型企业带来发展机会，下游服务也能从中受益。二是CPS使从原材料变为产品的过程更加多产和高效，企业的能源利用效率得到极大改善；三是智能制造更注重工人的设计管理能力和数字化专业技能，灵活的生产组织方式可延长工人的职业生涯并使其工作和生活更加平衡。"工业4.0"从产业结构、能源利用、人才结构三方面同步优化，为我国工业化和城镇化发展提供了新思路。

二是为我国制造业转型升级注入新动力。"工业4.0"倡导围绕CPS开展技术创新，利用智能制造提升产业竞争力，带动制造服务业、生产性服务业以及一批新兴战略产业的发展，为我国制造业转型升级注入新动力。首先，以CPS为基础的智能数字生产，可以大幅缩短产品从设计到上市的时间周期，降低综合成本并快速响应市场变化，有利于我国制造企业在激烈的市场竞争中，走出差异化的自主创新之路，避免与东盟、印度、拉美等国家长时间在产业链低端血拼劳动力和资源成本。其次，"工业4.0"消除传统行业界限，重组产业链功能，可以促进我国部分上下游的企业加快向制造服务业转型升级。第三，CPS技术发展将会带动一批战略性新兴产业的发展，如工业机器人、3D打印机等新兴制造系统和生产设备产业等，连带信息产业、新材料产业以及工业设计等生产性服务业的增长。

三是应重视核心技术和大企业对产业转型升级的带动作用。德国"工业4.0"战略旨在通过发展现代装备制造业，主导新技术产品的供应，控制产业制高点，强化其在高端技术服务业的领先优势，启示我们核心技术仍然是塑造产业竞争力的关键。围绕核心技术的创新，能够以点带面，促进产业全面发展升级。在"工业4.0"战略的推进过程中，德国政府特别注意利用西门子等超大型德国企业的技术实力和市场影响力，加快推动CPS技术产品成为未来制造业的"事实标准"。大企业调动资源推动市场培育和开拓，中小企业和科研机构就更有动力参与到技术创新的队伍中来，政府负责把握好顶层规划和方向。这种用市场主导的办法推动新战略和新技术标准实施的方法，值得我们认真参考。

四是应重视适应技术产业发展趋势的制造业人才培育。德国"工业4.0"战略的核心在于人机关系的深刻变化。CPS用机器取代人执行操作性的劳动，使劳动者的主要精力转向更高附加值的方面，大大增加了对劳动者的知识和技能的要求。这提醒我们在人才培育和储备方面，应当重视与智能制造相适应的知识和技能的形成和积累，注意引导我国人才结构与时俱进，向高端发展，进一步构建知识型和专业技能型人力资源竞争力。

中国是制造业大国，在全球产业链中的地位举足轻重，而目前低资源成本、低人力成本的发展模式，正在受到诸多挑战。加快转型升级走向产业链高端，是"中国制造"必须的选择。新一轮工业革命的兴起，为我国制造业促进增长，加速转型带来重要契机。我们可以借鉴德国"工业4.0"战略，把握住产业革命带来的技术和市场机遇，用更有竞争力的产品促进产业增长，同时依靠创新形成独特的制造技术和制造业升级路径，实现产业提升的跨越式发展。

行 业 篇

第五章　基础软件产业

基础软件主要包括了操作系统、数据库、中间件、办公软件和语言处理系统。基础软件在软件产业体系中发挥着基础性、平台性的作用，是当前应用范围最广的软件类型，同时也是保障信息安全的主体。

操作系统根据硬件平台的不同可以分为桌面操作系统、服务器操作系统、智能终端操作系统、云操作系统、工控操作系统等。操作系统是信息处理领域中最为核心的软件，是信息产业的核心环节。操作系统是信息产业链围绕的中心，是信息产业生态体系构建的基石，是信息产业创新应用的平台，对信息产业的发展起到决定性作用。操作系统发展的重心已从 PC、服务器，转向智能手机和平板电脑，并正在转向可穿戴设备、智能电视、汽车控制系统、智能家电和智能家居等经济社会的方方面面。仅是 Windows XP 停服事件对我国经济社会就产生了极大的影响，从中就可以看出操作系统的重要性。

数据库是按照一定的数据结构来对数据进行组织、存储和管理的仓库，可分为层次型数据库、网络型数据库和关系型数据库。在基础软件领域，数据库系统是除操作系统以外最重要的核心软件，是信息处理领域变化最快、备受各方关注的软件，在我国信息系统建设进程中需求量极大，应用领域极为广泛。发展国产数据库，推广国产数据库的全面应用，对推动我国两化融合进程，确保国家信息安全，降低国内企业信息管理成本等方面均产生积极的作用。

中间件处于操作系统软件和应用软件之间，可分为终端仿真／屏幕转换中间件、消息中间件、远程过程调用中间件、交易中间件、数据访问中间件、对象中间件等。中间件作为基础软件具有标准化产品的特点，并具备一定的通用性。中间件在 IT 架构中处于系统软件之上和应用软件之下，对软件产业的整体发展起到"催化剂"作用。中间件产品主要应用于企业级应用系统的开发、运行于管理，存在对客户提供全方位服务的需要。中间件产品总体上不存在盗版现象，市场秩序较为规范，企业利润空间得到市场保障。国产中间件是业界公认的发展最好，最能实现突破的领域，是当前我国重点支持发展的对象。

办公软件是满足用户办公需要的软件类型，包括文字处理软件、电子表格软件、幻灯片制作和放映软件、初级图片处理软件等。办公软件（也称 Office 套件）是人们最广泛使用的软件之一，在我国它被视为同操作系统、数据库、中间件等基础软件的重要组成部分，是国家重点支持的软件。与其他基础软件不同之处在于，办公软件属于直接面向用户的应用软件，其性能直接关系到用户的使用体验。

语言处理系统是软件产品生成的基础，包括编译程序、解释程序和汇编程序。

一、发展情况

（一）操作系统领域

当前，在国内操作系统市场中，国外品牌仍然占据着绝对的主导优势。在服务器操作系统领域，Linux、Unix 和 Windows 三大体系呈三足鼎立之势，我国品牌均是基于 Linux 开发而来，市场份额逐年提升；在桌面操作系统领域，Windows 一家独大，Mac OS 和 Linux 的市场份额均比较小，国产品牌不断推新，拥有巨大的发展潜力；移动智能终端操作系统领域，Android 和 iOS 两强争霸，其他各类型紧紧跟随，国产品牌主要基于 Android 进行深度定制，存在被牵制的风险；在云操作系统、智能穿戴操作系统、嵌入式操作系统领域，市场正处在变革期，国产操作系统厂商拥有宝贵的发展机遇和广阔的市场空间。

在国家政府专项支持下，国产服务器 / 桌面操作系统完成了自主可控的相关产品的研发与技术升级，研发了中标麒麟安全操作系统、中标麒麟服务器操作系统、方德高可信服务器操作系统、红旗 Linux 桌面操作系统，并初步完成了与国产 CPU 的适配和向关键应用的迁移。在嵌入式操作系统领域中，一汽等汽车厂家完成了"汽车电子控制器嵌入式软件平台研发及产业化"课题，海尔等厂家研发了数字电视嵌入式软件平台；在移动终端领域，有五家企业根据自身技术特长和发展策略，分别研发了各自的移动智能终端产品，并根据企业定位及产业特点开展了产业化布局；新型网络操作系统研发中，无锡江南计算所研制了

vStarCloud 新型网络操作系统参考模型，包括云端操作系统 vStar 操作系统、分布式操作系统环境 vStarEnv 和云端网络服务平台 vStarService。2014 年 4 月，浪潮云海操作系统作为国内自主研发的数据中心操作系统，写入了清华大学本科计算机专业教材（第 3 版），与谷歌 Chrome 操作系统、微软的 Windows Azure 并列三大云计算中心操作系统。

在政府领域，北京市、四川阿坝、广西柳州以及山东烟台等地政府部门均已采购了国产操作系统并进行了部署应用，主要品牌涉及红旗 Linux 以及中标麒麟；在金融领域，陕西建设银行使用了中标普华 Linux 操作系统来对前台业务和前置服务器上的 Unix 操作系统进行替代；在电力领域，凝思磐石服务器操作系统凭借其安全性、实用性和可靠性，占有电力调度自动化操作系统市场份额的 70% 以上，部署操作系统总量超过 1 万套；在大众消费领域，Deepin 操作系统受到了广泛的关注，其更新换代也在加速，已成为桌面操作系统中冉冉升起的一颗新星，戴尔与中标软件签署了战略合作协议，戴尔计划在商用电脑系列产品预装中标麒麟软件操作系统。

（二）中间件领域

当前，随着各行业特别是电信、金融、政府和能源等领域信息化水平的不断提升，对中间件的需求也日益突出，我国中间件市场尚存广阔的发展空间。同时新兴行业如物联网、云计算等的额外增长需求使得国内中间件市场能保持高速增长状态，预计未来 5 年内我国中间件市场的年复合增长率达 18%，至 2016 年，国内中间件产业规模将达到 50 亿。

我国中间件厂商市场扩张不断加速，金蝶在国内已经拥有大量的分支机构，客户遍及中国大陆、中国香港和中国台湾地区。东方通中间件产品已经广泛应用于金融、电信、电子政务、交通等多个行业。在交通行业，东方通消息中间件 TongLINK/Q 就占据了高速公路信息化数据传输通道领域 80% 的份额。东方通 2014 年 1 月成功上市，上市后进一步加快了市场扩张，军工市场有望成为其未来市场的重要构成。

企业合作方面，金蝶搭建了软硬件的服务平台，有助于企业间的协同一体化发展，实现企业综合竞争力的提升。东方通通过战略合作、OEM 合作、行业合作等多种方式，与操作系统、数据库厂家构建技术融合和市场资源共享平台来增强其基础软件的整体竞争力，东方通与浪潮、中软等知名企业建立了深度合作关系，进一步提升了其为用户提供更加完善的自主一体化解决方案的能力。目前，中国中间件产业技术创新联盟已经成立，"产学研用"合作平台有望进一步推动我国中间件产业的快速健康发展。

市场开拓方面，中间件厂商普元正积极向云计算的 PaaS 服务商转变。金蝶已经发布了 Apusic 智慧云平台，并携手浪潮拓展云计算市场。东方通秉承 SOA 理念，基于物联网特点开发了新型实时消息中间件，构建出物联网支撑系统，并将其与传统消息系统进行整合，形成完整的智慧城市网络体系。此外，其还致力于在新兴云计算模式下打造有市场竞争力的云平台，实现 PaaS 的布局，积极开展云计算、大数据为主体的相关产品和解决方案的研发。

（三）数据库领域

近年来，我国数据库市场仍以国外平台为主，主要厂商包括了 Oracle、IBM、微软、SAP 等，国外品牌的市场份额一直在七成以上。在国家政策引导和支持下，国产数据库产业发展迅速，技术不断进步，应用不断扩展，竞争力不断提升。同时，大数据、云计算带来的技术变革使我国数据库厂商迎来了发展机遇。紧抓机遇，加快技术、服务创新已成为国产数据库厂商赶超国外品牌的关键。

企业发展方面，市场化手段已成为国产数据库厂商加快发展的重要抓手，部分龙头企业通过企业收购、与其他企业开展深度合作来提升其实力，南大通用等优秀企业已具备上市条件，正在积极推进上市计划。产品性能方面，部分国产数据库安全性能已达到安全四级，相当于 EAL5 级别，这比国外的主流数据库的安全级别更好。国产数据库软件产品的功能和性能进步明显，已经成功应用于政府、军工、教育等行业。特别是在电力、电信、金融等核心业务领域，国产数据库也开始占有一席之地。产品创新方面，南大通用以新型数据库研发作为其战略核心，成为第一家支持列式存储和 MPP 架构的国产数据库企业。达梦公司针对大数据的数据应用特点，自主研发了新一代关系型数据库 DM V7.0。

（四）办公软件领域

当前，由于使用习惯和操作系统的适配等原因，国内市场中办公软件领域国外巨头还是占据着大部分份额，微软 Office 是当前的主流办公软件套件，在 PDF

文件阅读中 Adobe 的份额还是居于首位。但随着我国政府采购的出台，许多国产办公软件的发展步入快车道。在 Office 领域，金山 WPS 是国产品牌的领跑者，永中和普华也占据着一定的市场。在阅读器领域，福昕在业内享有不错的声誉，一些专用的阅读软件在如文献查找等专有领域占有一席之地。

目前，国产办公软件在功能和性能等多项质量特性上已经与微软 Office 相差无几。国产办公软件的主要特点包括：支持开放文档标准 ODF 和国产文档标准 UOF；加入大量的合同范本、公文模板和中文拼写检查功能等，更符合中国人的思维和使用习惯；国产办公软件相对于微软 Office 体积小，内存占用少，运行速度快，资源消耗少。

目前，国产办公软件在政府采购中的份额较高，达到 2/3，政府的办公设备中，办公软件的国产化率亦超过 50%。金山 WPS 在我国政府、央企、金融、能源能行业大型企事业单位得到了大规模的应用，占领了 60% 的央企市场。至今，WPS 已协助国家 70 多个部委和全国各省区市完成了办公应用软件的正版化工作。2005 年获得政府采购青睐至今，金山办公在我国已拥有 200 余万企业用户数，其中与中国农业银行等金融机构的合作已经拥有近 10 年的历史，其当前在金融领域拥有 24% 的市场份额。福昕和普华也在积极进行市场运作，扩大市场份额。

加强与互联网或移动互联网元素的有效融合成为发展国产办公软件的重要途径。以国产办公软件金山 WPS 为例，为了帮助求职者找到理想的工作，金山推出了"在线简历模板"，其受到了用户的广泛欢迎，下载简历模板和实时网络互传让办公软件人气激增。金山 WPS 的移动版仅仅用了两年时间就在全球累计超过 8000 万用户，并以日新增 30 万用户的数量递增，46 种语言的安卓版 WPS，Google play 下载使用率排名第一。目前在 Windows、Linux、Android、iOS 等众多主流操作平台上，全球范围内已经有超过 4 亿用户在使用金山办公软件进行日常学习和工作。

海外市场开拓方面，金山在全世界各国都拥有较高的知名度，曾在日本周期销售排行榜中荣登榜首。永中办公软件的质量得到国家认可，已被商务部指定为援外项目办公软件。福昕软件深受欧洲和北美以及日本等地用户的喜爱，赢得了谷歌、亚马逊、印象笔记、纳斯达克、摩根大通等一大批国际知名的客户。

二、发展特点

操作系统领域：一是国家政府专项成为促进产业发展的助推器。一直以来，我国高度重视对国产操作系统的研发，通过 863、发展基金对操作系统研发进行支持。仅"核高基"专项在操作系统方面共支持了 26 个相关课题，方向包括服务器/桌面操作系统、嵌入式操作系统、国产操作系统参考实现、Linux 内核分析及新型网络化操作系统等，共涉及资金 60.7 亿元。二是企业参与积极性持续提高。目前，在国家倡导和企业自身发展需求推动下，众多企业纷纷加入到操作系统研发的队伍，例如在桌面服务器领域，中标软件、中科方德、广西一铭、武汉深之度等公司都开发了自己的操作系统，在移动终端领域，基于 Android 系统，联想、华为、阿里、小米等各个手机厂商都定制了自己的手机操作系统，在云计算领域，华为、浪潮、中标软件等公司都开发了自己的云操作系统。三是国产化替代促进产品应用扩张。近年来，国产操作系统在电子政务及国民经济要害部门得到了一定的应用和推广，产品替代作用日趋明显。国产服务器操作系统的市场不断扩大，桌面操作系统推广缓慢、移动智能终端操作系统应用凸显。

中间件领域：一是国内市场扩张进程明显提速。在"核高基"等政府项目的支持下，国产中间件产品的性能不断提升，形成了以东方通为龙头，金蝶、中创、普元等企业为主体的产业格局。市场扩张加快了各行业中间件国产化替代的步伐，早在 2012 年国产中间件品牌市场占有率就已经突破 20%，并保持持续增长势头。二是企业联动合作机制不断深化。为了弥补由于起步晚带来的产品、技术、品牌效应等方面的劣势，我国中间件厂商在加快"国产化"进程中，进一步加强了与其他企业的联动合作。同时，当前国家在项目支持上也更加侧重协同发展，各企业根据自身情况开创了各种合作模式。三是新兴领域试水步伐加快。我国中间件厂家借助云计算、物联网等新型技术和智能家居、大数据、智慧城市等创新业务，不断开拓市场"蓝海"。

数据库领域：一是以市场化为抓手促进产品市场份额提升。近年来，我国数据库产业发展速度较快，市场份额逐步提升，已形成以南大通用、神州通用、达梦和人大金仓构成的国产核心四大数据库厂商为主，山东瀚高等中小型数据库厂商为辅的产业格局。二是以安全性为核心加快应用推广。近年来，安全性高已成为国产数据库发展的重要特色，在扩展应用的同时对保障国家信息安全起到积极作用。三是以大数据为方向加快产品创新。大数据带来的技术变革为我国数据库企业创造了赶超国外品牌的机遇，国产数据库企业也在积极布局，依靠科技创新开发新的产品。

办公软件领域：一是政府采购牵引国产品牌市场扩张。随着国产软硬件的逐步推进，政府采购成为了国产软硬件打开市场大门的第一把钥匙。由于我国办公软件的性能较高，在政府采购的牵引带动之下，国产办公软件在其他市场扩张中步伐也在逐步加快。二是面向移动办公积极开展产品和业务创新。一方面，利用互联网思维拓展思路，促进企业发展。另一方面，积极研发移动平台办公软件，抢占市场"蓝海"。三是海外市场开拓步伐不断加快。在国内取得一定成绩的基础上，国产办公软件也在积极寻求更大的突破，海外市场成为了国产办公软件提高影响力和获取收益的重要疆场。

第六章　工业软件产业

工业软件（Industrial Software）概念的广义范畴，可泛指在工业领域里应用的各种软件，具体有根据软件功能和根据软件形态两种分类方法。根据软件功能的不同，工业软件一般可以划分为编程语言、系统软件、应用软件和中间件。其中系统软件主要提供基本功能，属于通用型产品，一般不针对特定应用领域。而应用软件则具有明显的应用导向特征，其功能设计主要满足用户和所在行业领域的实际需求。中间件介于操作系统和应用软件之间，提供一些应用所需的通用功能支持。根据软件的运行方式不同，工业软件可分为嵌入式工业软件和非嵌入式工业软件。嵌入式工业软件指嵌入在控制器、通信、传感等装置设备中的软件，一般负责数据采集、控制、通信等与硬件集成非常紧密的功能，非嵌入式工业软件是安装并运行在通用计算机或者工业控制计算机上的软件。

在我国，根据国家统计局 2011 年修订发布的《国民经济行业分类》规定，系统软件、中间件、语言处理系统（包括编译程序、解释程序和汇编程序）、办公软件合称为基础软件。因此，本章所讨论的工业软件，主要指用于工业领域，以非嵌入式形态存在的应用软件。嵌入式软件发展另设单独章节描述。

工业软件一般按照应用分为研发设计类、生产调度和过程控制类、业务管理类三大领域。研发设计类主要包括计算机辅助设计（CAD）、辅助分析（CAE）、辅助制造（CAM）、辅助工艺规划（CAPP）、产品数据管理（PDM）。产品全生命周期管理（PLM）等工具软件，用于提升企业在产品研发工作领域的能力和效率。生产调度和过程控制类主要包括制造执行系统（MES）、工业自动化系统、物联网控制与应用系统等，用于提高制造过程的管控水平，改善生产设备的效率和利用率。业务管理类主要包括企业资源计划（ERP）、供应链管理（SCM）、客户关系管理（CRM）、人力资源管理（HRM）、企业资产管理（EAM）等，也包括定制化的企业应用集成平台系统、协同办公系统等，用于提升企业的管理治理水平和运营效率。

一、发展情况

（一）市场规模

据初步测算，2014年我国工业软件市场规模约为1000亿元，比2013年增长16.9%，增速比上年回落0.6个百分点。2013年初，多家研究机构预测中国工业软件市场将保持约19%的复合增长率直到2015，从2014年数据情况看远不及预期。

表6-1　2012—2014年中国工业软件市场规模（单位：亿元）

	2012	2013	2014
市场规模	723	855	1000
同比上一年增长	17.3%	17.5%	16.9%

数据来源：赛迪智库整理，2015年3月。

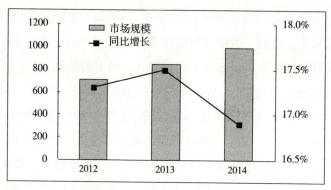

图6-1　2012—2014年中国工业软件市场规模（单位：亿元）

数据来源：赛迪智库整理，2015年3月。

（二）市场结构

2014年，我国工业软件市场仍以业务管理和市场营销分析类软件为主体。与上一年相比，生产调度和过程控制软件市场规模出现明显扩大，同比增长超过

50%，增长主要来自轨道交通、能源、电力等重点行业的应用发展。

（三）产业创新

1. 技术产品创新

公有云成为管理软件的主要载体。2014 年，企业逐渐对建设私有云的技术和成本开销有了更加清晰的认识，开始愿意花费精力把自己的业务根据安全敏感性做剥离，除了把敏感数据相关的业务保持私有之外，其他 IT 需求转向使用公有云。用户的这一重大态度转变，促使大量软件厂商必须认真考虑从传统架构转向适合在公有云部署、便于移动化访问的架构。大量的集成商、应用开发商的业务因此遭受了明显的冲击，销售模式和业务单价也大幅度改变，引发了 2014 年管理软件市场最大的浪潮——面向公有云计算的转型。

工业互联网和企业互联网改造提升传统产业。GE 所发明的工业互联网概念，是物联网的一种应用形式，通过在云端集合、处理、分析来自分布式传感器网络的各种数据，可以优化设备的运行和维护，从而提升企业资产管理的绩效。在GE 公司的示范作用下，我国海尔集团、徐工集团等大型工业制造业企业，也纷纷部署建设了基于工业互联网的设备监控和远程维护平台，利用工业云监控提升资产运营效益。企业互联网将互联网的理念应用于包括工业在内的众多行业，以数据为驱动，对企业业务、人力、财务、生产运营进行智能动态管理，推动企业商业模式变革，全面激发企业创新力。

企业级安全创新发展进入新阶段。公有云、多云、多设备，应用环境和信息交互方式的复杂和多样正带给企业级安全前所未有的挑战。企业需要全新的安全策略、产品和服务，使用更加复杂的安全规则，不仅要做好安全防护和权限管理，还需要准备好应对攻击发生后的应急和恢复措施。要完整覆盖上述需求，需要信息服务全产业链环节都加强安全设计。国际领先的云计算企业和安全厂商已经开始建立合作关系，共同应对日益严峻的挑战。

人工智能技术引起广泛关注。机器学习算法给人工智能的发展带来重大突破，为工业软件打开了全新的业务领域，产生了智能制造等新模式。以百度、科大讯飞等为代表的我国信息技术公司在人工智能算法方面进行了深入的研究，并在图像识别、智能语音等方面取得了突出的进展，人工智能技术在无人驾驶汽车、工业机器人等领域已获得实际应用。

2. 发展模式创新

开源发展成为重要的技术研发模式。随着习惯开源文化，并大量使用开源软件构建业务的互联网公司在整个软件产业中影响力的不断扩大，其"开源＋自研"相结合的技术研发模式，逐渐被越来越多的软件企业认识和接受，开源社区已经成为工业软件企业创新最重要的资源池之一。软件研发人员会在开源社区中跟踪并试验新技术，提供反馈，最终将其应用于产品设计之中。开源社区还同时扮演了生态系统孕育平台的角色，热门项目能在短时间内聚集大量的开发者，快速形成生态系统。

平台化和众包研发成为首选的产品发展模式。2014 年，企业的互联网化进一步深入发展，企业用户不仅是软件产品的购买者，还是产品构成的参与者、产品需求的设计者。为应对这种变化，越来越多的软件厂商利用已有的用户群基础，借鉴互联网公司"用户为先"、"快速迭代"的产品发展思路，将软件产品向模块化、平台化发展，推出简单易用的开发工具，上线支持社区和讨论社区，邀请用户并聚集第三方开发者共同参与产品定制和二次开发，通过众包研发加快产品迭代和发展。

订阅式 SaaS 成为管理软件主流商业模式。2014 年，微软推出跨平台的 Office 365 订阅服务，并在移动端免费，全面启动向 SaaS 服务的商业模式转变的进程。甲骨文和 SAP 的经营年报也显示出各自 SaaS 业务的收入在 2014 年实现了高速的增长。在国外企业的带动下，我国管理相关软件市场全面走向 SaaS 已是不可逆转的趋势，其按需付费的商业模式赋予用户极大的选择权和自由。用友、金蝶等软件企业为增强用户黏性，在不断提升服务体验的同时，也在努力增强各自产品体系之间的协同性和互动性，通过整合和集成为用户创造更大的价值。

技术增值服务成为研发和过程控制软件新兴商业模式。研发设计、生产调度和过程控制软件的突出特征之一，在于软件本身的价值体现与应用场景的结合特别紧密，软件在企业中实现应用，往往需要经过长时间的深度磨合，所以替换成本相对较高。这使得此类软件面对云计算带来的商业模式变革时，所受冲击较小。但是，软件向服务化发展是大势所趋，随着厂商间的竞争日益激烈，越来越多的工业设计和仿真软件厂商，开始提供基于自己产品的技术咨询服务，承担具体的工业设计或工程咨询项目，提供过程控制解决方案的厂商，也逐渐向提供数字工厂一体化咨询和解决方案的服务商角色转变。软件厂商希望通过此类技术增值服务为用户创造更多价值。

二、发展特点

（一）规模特点

2014 年，我国工业发展进入转型升级的阵痛期，工业企业平均利润增长同比下滑，拖累企业的总体 IT 支出增长停滞。但随着国家加大对两化深度融合的推进力度，轨道交通、航空航天、能源电力、装备制造等重点领域加快发展智能制造，对工业软件市场规模的增长形成了有力带动。

（二）结构特点

业务管理和市场分析类 SaaS 产品市场快速增长。经济形势低迷以及电子商务的兴起催生了企业利用信息技术提升市场营销能力的需求，同时云服务交付灵活、按需付费的优势降低了企业的一次性支付压力，得到更多企业的青睐。2014 年，用友、金蝶等业务管理和市场分析类软件厂商纷纷加快了向互联网和云计算转型的速度，而传统的信息系统集成厂商的业务遭遇显著冲击。

生产调度和过程控制软件市场快速升温。2014 年，国家做出以智能制造为切入点推进两化深度融合的重要部署，陆续出台了多项措施，促进工业和制造企业在生产过程应用软件和信息技术，改善生产效率，降低能耗。受此利好带动，生产调度和过程控制软件市场的规模和关注度均迅速提升。

（三）市场特点

市场规模在重点行业带动下持续快速增长。两化深度融合的推进以及国际经济形势的低迷，从正反两个方面加大了我国工业企业转型升级的主动性，带动工业软件的市场实现了持续的快速增长。我国装备机械、钢铁、船舶、汽车、石油石化、能源电力、航空航天等工业支柱行业同时也是目前工业软件的主要消费群。

市场营销管理等 SaaS 云服务快速兴起。SaaS 通过网络提供软件服务，以成本低、部署迅速、定价灵活及满足移动办公而颇受企业欢迎，被普遍认为是移动互联网环境中运营效益最高的软件应用模式。采用 SaaS 模式的用户在硬件、软件、人员方面的成本大幅度压缩，其 IT 支出只需考虑通过互联网租赁硬件、软件和维护服务的费用即可。SaaS 模式在全球范围内引起广泛关注，与 Salesforce 的成功有很大关系。Salesforce 率先使用 SaaS 模式提供 CRM（客户关系管理）服务，打破了原有竞争格局，短短几年在市场方面收获颇丰，随后通过开放 API 走平台化发展的道路，使得用户黏性进一步增强。Salesforce 的成功吸引了众多的模仿者，也给其他行业领域的软件发展带来了启发——像客户关系管理这样通用性较强、功能特征较容易模块化的软件应用，都可以借助 SaaS 模式按需付费、快速定制、网络交付的特点实现快速推广。2014 年，除了财务管理、人力资源管理、办公软件和协同等通用服务全面走向云端之外，在垂直行业中通用性较强的云服务也得到了快速发展，比如酒店管理、旅游服务管理、物流系统调度、专用设备监控和管理等。

ERP 加快向混合云架构迁移。定制化是 ERP 系统最突出的特征，高度定制化的 ERP 系统帮助企业整合商业应用和流程，实现了巨大的商业价值。经过多年的发展，企业中部署的 ERP 系统已经实现了企业需求的高度集成，通常已经十分庞大。面对云计算时代，企业陷入两难境地：一方面，企业在深度定制的 ERP 系统上已经沉淀了一大笔资本，每年的升级维护和继续定制也是很大的开销，云服务按需付费、维护简便的优点确实非常诱人。而另一方面，ERP 系统已与企业的业务和数据紧密集成，把它们整体迁移到云端也是一项耗时耗资十分巨大的工程，而且存在相当大的风险。Gartner 曾宣称，对于大多数企业来说，要想完成 ERP 向云端迁移，可能要花上 10 年或是更多的时间。多数企业把这种两难境地戏称为"云计算是 ERP 系统的大灾难"。2014 年，越来越多的中小企业率先使用上新兴的、可以按需灵活定制的云解决方案。同时，部分大型企业开始把一些专业服务向云端 ERP 迁移，而把制造、财务等与企业的数据资产紧密关联的功能继续留在本地。越来越多的供应商和用户逐渐达成共识，面对私有云的成本压力，ERP 系统终将不可避免地走向云端，但是由于现实可操作性的限制，以及用户企业对数据安全等方面的顾虑，基于混合云的 ERP 应该是现在以至于未来几年内最主流的应用形态。

面向全价值链可定制的 PLM、MOM 集成服务迅速发展。PLM（产品生命周期管理）概念最早由 UG 公司（被西门子收购）提出，其狭义范畴指产品研发相关领域的应用集合，表示数字化产品的全生命周期管理，与 ERP 有严格的区分。传统 PLM 系统的核心是 PDM（实验数据管理），在此基础上附加了需求管理、设计管理、数据发布，质量反馈等相关业务功能。随着数字化技术对制造业的渗透逐渐加深，产品研发过程中用到的设计和仿真验证等工具（CAX），逐渐也被囊括到 PLM 产品集合，市场上开始出现面向企业研发业务全功能集成的 PLM 平台。MOM（制造运营管理）的概念最初由 Gartner 在 2007 年提出，是 MES（执行制造系统）系统的进化。MES 系统是应用在车间层级的生产调度工具，而 MOM 则在更高的工厂层级实现统筹和协调。MOM 概念的诞生，从某种程度上顺应了 MES 和 PLM 交叉融合发展的趋势。2014 年，西门子公司在经过一系列并购之后，实现了 PLM、MOM 和工业自动化技术的整合，借助中德深化战略合作发展"工业 4.0"的契机，在我国积极发展合作伙伴，力推行业集成数字化解决方案定制服务。按照西门子的产品计划，MES 和 PLM 形成统一的数据库平台，实现 PLM 产品的设计信息与 MES 系统的实时互动，打通从设计到制造执行的信息共享。同时，MES 系统向 MOM 升级扩展，增加能源管理、安全管理、环境管理、仓库管理等工厂管理功能模块。

（四）技术特点

在云计算技术飞速发展的推动之下，越来越多的企业级软件厂商推出在公有云平台上部署的 SaaS 服务，这些服务逐渐集成，形成面向具体行业的工业云服务平台。

物联网的发展催生了一种面向工业领域的新型云服务——泛在传感信息的数据集成和分析，海尔、徐工集团等控工业企业均已在内部资产管理实践中，部署了基于工业互联网的新型工业云监控平台。

第七章　信息技术服务产业

一、发展情况

信息技术服务产业是软件产业和高技术服务业的重要组成部分，可分为信息系统集成服务、信息技术咨询服务、数据处理和运营服务、集成电路设计服务等。

（一）产业规模

2014 年，在国家政策、社会需求和产业资金不断改善和发展的驱动下，国内信息技术服务业保持平稳较快发展，增速高于软件产业整体增速。根据工业和信息化部数据，我国信息技术服务业实现业务收入 1.9 万亿元，占软件产业比重达到 51.4%。

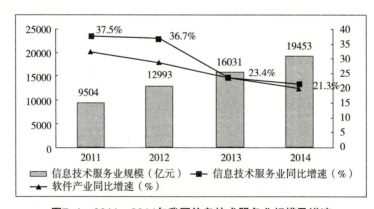

图7-1　2011—2014年我国信息技术服务业规模及增速

数据来源：工业和信息化部运行局，2015 年 3 月。

（二）产业结构

在保持产业规模持续快速增长的同时，国内信息技术服务业产业结构不断优化，产业链向高端不断延伸。成熟的系统集成业务仍占主体，但占比从上一年的40.9%下降到39.5%，延续了自2012年以来的缓慢下降趋势。随着云计算产业服务化和网络化发展加速，以及信息和内容消费的快速增长，数据处理和运营服务业务连同信息技术咨询类收入增长突出，比重明显上升。信息技术咨询业务占比从上一年的18.8%提升为20.2%，数据处理和运营业务占比从上一年的34.2%提升为36.0%。

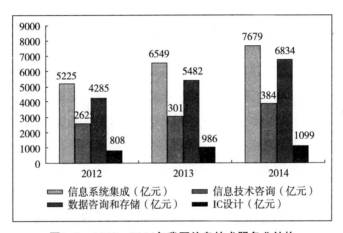

图7-2　2012—2014年我国信息技术服务业结构

数据来源：工业和信息化部运行局，2015年3月。

市场结构。从2014年中国信息技术服务骨干上市公司的主要业务领域分布情况看，信息技术服务市场主要分布在政府、教育等机构和银行、保险、证券、电信、石化等行业领域。随着云计算服务和信息消费化趋势的加速推广，中小企业信息化市场和个人信息消费市场虽然占比较低，但成长迅速。

（三）产业创新

新兴领域技术创新不断，信息安全需求加大云计算、分析技术、移动技术、数字化和安全技术成为企业技术研发重点。云计算方面，虚拟技术、分布式计算、海量数据存储、低功耗芯片、新型嵌入式软件系统等技术加快产业化。大数据方面，库内分析、内存计算、连续计算、实时流处理等实时处理技术、并行处理技术等大数据分析技术取得突破。根据中国科学技术法学会和北京大学法学院互联网法律中心联合发布数据显示，至 2014 年 11 月，云计算技术领域共检索出中国公开专利 10929 件，微软和 IBM 专利的数量具有较明显优势，分别为 440 件和 306 件；搜索引擎领域公开专利共 453 件，主要专利权人为奇虎和微软，专利数量分别为 284 件及 273 件；互联网支付领域公开专利共 3721 件，主要的权利人是华为与中兴，两家公司的专利数量分别为 189 件与 129 件，在该领域具有明显的优势。

表 7-1　2014 年信息技术服务领域主要技术与产品创新

序号	企业	主要技术/服务创新	涉及领域	主要特点
1	阿里巴巴	ODPS在线服务	云计算大数据	通过该在线服务，小型公司可以实现低价分析海量数据
2	中软	Jointforce平台	云计算	该平台基于云服务和互联网社交实现IT解决方案研发、实施和集成
3	腾讯	"追风"	移动加速云计算	提供智能域名解析服务，可以实现终端地域、运营商的精准识别，测算出最优访问路径，从而大幅提升访问速度和成功率
4	微软、百度	Windows XP联合防护方案	信息安全	为国内XP用户提供过渡期间的安全防护服务，推出以阵列云技术为基础的联合防护方案
5	神州泰岳	融云即时通讯云	移动互联云计算	具备先进通讯协议、无限扩展、定制化组件和快速开发等优势，为移动IM云服务提供强力技术支持
6	东软	升级版SaCa和UniEAP	移动互联	该平台产品支撑企业互联网应用的快速构建，帮助企业部署移动互联应用，提高效率、扩大客户范围
7	神州数码	移动开发平台zBuilder	移动互联	该平台继承HTML5等移动中间件产品跨平台的优点，一次开发，可实现多平台同时运行
8	东软	NeuViz 64恒睿CT解决方案	智慧医疗	在临床实用型CT领域为不同用户提供不同的解决方案
9	中国电信	健康医疗云	智慧医疗云计算	通过建设医疗云计算、存储和网络资源池搭建起完整的云平台体系架构，同时提供舆情监控、数据灾备等功能
10	百度	百度预测"疾病预测"	智慧医疗大数据	利用用户的搜索数据，并结合气温变化、环境指数、人口流动等因素建立预测模型，实时提供几种流行病的发病指数

资料来源：赛迪智库整理，2015 年 3 月。

应用发展空间不断扩展，行业融合快速深化。新兴技术不断延展信息技术创新发展空间，促进信息技术服务业和行业深度融合。云计算、移动互联网、大数据等新技术、新模式得到越来越多用户的认可，应用领域不断拓展，成为产业的新增长点。随着云模式逐渐在市场中占据主导地位，基于云计算的服务模式和商业模式创新持续不断涌现在政务、医疗、金融、交通、能源等领域，云计算的运用可以满足数据共享、在线服务等需求，提高社会管理水平，推动传统行业转型升级。大数据方面，拥有大数据资源的机构开始拓展大数据挖掘分析，并探索交通、医疗等方面的数据存储、数据挖掘、辅助决策等大数据服务。

表 7-2　2014 年信息技术服务领域重要应用情况

序号	重要应用	涉及领域	主要内容
1	济南政务云平台	政府管理	济南市政府与浪潮集团合作共建政务云计算中心，市政府已将52个部门300多项应用纳入该平台，建成后主要业务信息化支撑率将达到85%，主要业务信息共享利用率达70%以上，各项信息系统软硬件及运维费用每年节省30%以上
2	北京健康云	医疗健康	由北京市政府倡导、百度牵头，与智能设备厂商和服务商联手，借助强大的云计算和大数据处理能力、先进的可穿戴设备和高水平的专家服务团队组成"监测-分析-建议"的完整机制，提供个性化的健康服务
3	中国药品电子监管网	医疗健康	作为全国首例部署在"云端"的部委级应用系统，正式通过国家信息安全等级保护三级测评
4	民生银行"阿拉丁"数据平台	金融	该平台整合民生银行100多个业务系统源数据（包括柜员系统、实物黄金、ATM、手机银行等），在云端提供各类数据、指标和工具
5	证监会大数据分析系统	金融	证监会自开发启用大数据分析系统以来，已立案调查利用未公开信息交易案件41起
6	点餐数据分析平台"RezGuru"	生活消费	为餐厅提供动态定价服务，解决供需失衡矛盾

资料来源：赛迪智库整理，2015 年 3 月。

二、发展特点

（一）规模特点

产业规模保持高速增长。2014 年，我国信息系统集成服务、信息技术咨询服务、数据处理和维护服务，以及 IC 设计服务共实现收入 1.9 万亿元，同比增长 21.3%，增速比软件与信息技术服务业整体高出约 1 个百分点，带动了产业的整体增长。

中心城市持续领先发展。2014 年 1—11 月，全国 15 个中心城市（副省级城市）共实现信息技术服务业务收入 9777 亿元，占全国比重为 51.5%，产业集聚效应明显。中心城市的软件产业构成中，信息系统集成服务、数据处理和运营服务、信息技术咨询服务收入分别增长 19.2%、21.8% 和 29.7%。

（二）结构特点

2014 年，成熟的系统集成业务仍占主体，但占比从上一年的 21.0% 下降到 20.6%，延续了自 2012 年以来的缓慢下降趋势。随着云计算产业服务化和网络化发展加速，以及信息和内容消费的快速增长，数据处理和运营服务业务，连同信息技术咨询类收入增长突出，比重明显上升。信息技术咨询业务占比从上一年的 10.1% 提升为 10.3%，数据处理和运营业务占比从上一年的 18.1% 提升为 18.4%。这表明我国信息技术服务产业的层级正在不断提升，产业结构不断优化，产业链向高端延伸。外国软件企业长期垄断产业链中高端市场的格局逐渐被打破。

服务外包产业转型升级取得成效。2014 年，IT 服务外包市场呈现复苏势头，大额合同保持快速增长，影响力不断扩大。1—6 月我国 IT 服务外包大额合同签约金额共 121.4 亿美元，同比增长 29%。受世界经济不确定性、国外新兴地区竞争加剧等影响，外包服务出口保持低增长态势，1—11 月同比增长 15.9%，增速较去年同期下降 1.7 个百分点。本土市场逐渐取代海外市场成为业务不断增长的主要驱动力，智慧城市、互联网金融以及商业智能等领域发展迅速。上半年 IT 服务外包大额合同在岸同比增长 32.7%，超出离岸同比增长。骨干企业业务规模进一步扩大，不断巩固市场优势地位。国际方面，文思海辉入选国际外包专业协会（IAOP）发布的 2014 全球外包 100 强，名列第 8 位，这是中国本土外包服务企业首次进入 IAOP 全球外包前 10 位。国内桌面 IT 外包市场方面，2014 年上半年联想首度超越惠普，营收达 1.43 亿元，占全国首位。

（三）市场特点

国内智慧城市即将进入建设高峰期。新一代信息技术在城市主体范围内的创新应用对于我国城市化进程尤为重要。经过 2013 年的大范围试点，2014 年智慧城市进入大力推广阶段。党中央、国务院批准实施《国家新型城镇化规划》，明确提出推进智慧城市建设及发展方向，为我国智慧城市建设提供更大发展动力。截至 2014 年 5 月，全国共有 155 个城市开展智慧城市建设，智慧城市建设需求十分旺盛。比如智能交通，据 Tranbbs 数据显示，2014 年前三季智能交通合计市场规模保持与 2013 年全年 20% 左右的增长率，智能交通项目数量为 2262 项，同比增长率达到 74%。其中北京、安徽、河北、湖北、湖南、江西、辽宁、青海、宁夏、上海、云南、重庆等地区项目数量翻倍增长，湖南、青海、上海三个区域更达到了 300% 以上的项目数量增长。在政策利好和市场需求加大的推动下，智慧城市业务迎来快速发展。神州数码、东软等信息技术服务企业与各地政府签署众多智慧城市战略合作框架协议，主要围绕争政务、交通、医疗等方面，并逐步由小部分项目开始实质性落地。

医疗 IT 企业并购势头强劲。当前我国医疗 IT 领域公司众多，区域性特征十分明显，具有"大行业小公司"的极度分散格局。随着信息技术带动智慧医疗不断创新，网络医院和移动医疗等新领域发展势必改变医疗 IT 市场格局，企业通过并购整合走向集中的趋势逐渐呈现。2014 年 6 月，医疗 IT 企业卫宁软件拟出资 3600 万元收购北京宇信网景，后者专注公共卫生及医疗 IT 系统服务，能够与卫宁在北京的医院客户形成良好互补。12 月，卫宁以 2000 万元收购从事医疗信息系统开发的上海天健源达，进一步提升公司在医疗卫生信息化行业的市场份额。同年 7 月，智慧城市 IT 服务企业万达信息以 6 亿元收购医疗 IT 企业上海复高，以此推动公司业务拓展至医院信息以及社区卫生化领域，增加新的业绩增长点。随后 8 月，万达信息又以 4.5 亿元收购医疗 IT 企业宁波金唐，积极整合行业资源。

（四）企业特点

开放平台建设推进产业协同发展。随着以云计算、大数据、移动为标志的新兴信息技术保持迅速发展，信息技术服务业由传统 PC 时代向新兴技术转移的节奏开始加速。企业专注自身优势领域的同时，亟需结合新兴技术支撑自身业务发展，开放合作成为产业主要趋势。与此同时，信息技术产业的竞争正从单一企业竞争演进到以聚合生态圈协同效应的全产业链竞争，生态圈建设的重要性凸显。企业纷纷发力开放平台，构建自己的生态圈。2014 年，阿里云宣布启动"云合计划"，拟招募万家云服务商打造开放式云服务生态，并为合作伙伴提供资源共享；

中软国际发布 Jointforce 平台，即面向行业开放的整合解决方案研发实施、组织社交、需求发布的 IT 服务众包平台。开放平台建设推进形成以某家企业为主导的产业生态圈，同时有助于营造高效率、低成本的产业创新创业环境。

IT 服务企业转型互联网模式面临历史性机遇。在智能终端渗透率、带宽迅速提升及网络基础设施日益完善的背景下，云计算、物联网、大数据等技术具备了应用的基础，以此为铺垫，IT 服务业发展模式已发生变化，企业服务业务由线下转为线上势不可挡。IT 服务提供商在此次互联网浪潮中面临重大历史性机遇，在过往行业沉淀中，企业获得百度、腾讯以及阿里巴巴等大型互联网厂商所缺乏的企业级用户和行业经验，这恰恰是其转型互联网的天然优势，从而衍生出软件转型互联网的两种商业模式：一是利用自身庞大的用户基础，将其转化为线上挖掘用户新的价值如金融、广告、撮合交易等，如文思海辉、同方股份等传统信息技术企业积极开拓各类增值服务；二是与腾讯、阿里巴巴等大型互联网公司合作，利用互联网公司的用户渠道，IT 服务企业提供产品和服务搭建互联网平台，如中软分别与阿里云、支付宝达成合作共同搭建基于移动互联网的平台及产品，在这种商业模式下，大型互联网公司和 IT 服务公司实现互联网渠道与企业级资源的双赢发展。

BAT 加快 IT 服务领域布局。2014 年，国内互联网巨头百度、腾讯和阿里巴巴投资并购活动频繁，以完善企业自身的互联网生态圈。信息技术服务成为 BAT 投资并购的重要领域，2014 年信息技术服务领域 BAT 主要达成对 9 家公司的投资并购。由于企业战略定位与优势资源的差异，BAT 的投资活动显示出不同的投资偏好。但总体来看，移动互联网、消费生活、金融服务等领域成为投资热点。

表 7-3　2014 年信息技术服务领域 BAT 投资情况

序号	企业	并购/投资金额	并购/投资企业	并购/投资细节及可能的战略目的
1	百度	1000万美元	IndoorAtlas	投资该芬兰室内导航技术服务公司，以强化百度在室内导航方面的技术
2		300万美元	Pixellot	投资该以色列视频捕捉技术公司，其无人摄像系统有望推动国内互联网视频内容制作
3	阿里巴巴	32.99亿元	恒生电子	马云控股的浙江融信收购金融软件和网络服务提供商恒生电子，旨在借助恒生的全牌照金融IT资源优势，扩大自身在金融入口方面的布局

（续表）

序号	企业	并购/投资金额	并购/投资企业	并购/投资细节及可能的战略目的
4	阿里巴巴	28.1亿元	石基信息	收购酒店信息管理系统解决方案提供商石基信息15%股份作价28.1亿元，以后者细分领域资源优势拓展酒店、餐饮O2O市场
5		2.94亿美元	高德导航	收购高德28%股权作价2.94亿美元，旨在借助高德在电子地图领域的高市场占有率，占据互联网O2O地图的流量入口
6		未披露	优视科技	兼并优视科技并以此成立移动事业群组，有利于阿里整合移动资源，实现与阿里核心业务电商进行有序协同
7		1200万美元	V–Key	联合投资新加坡移动安全供应商V–Key，以加强自身产品安全性
8	腾讯	11.73亿元	四维图新	以11.73亿元入股四维图新。通过四维的数据支持其主要地图业务（搜搜地图和搜狗地图），以抗衡高德、百度在地图领域的占有率
9		3500万美元	Weebly	联合投资自助建站服务提供商Weebly。该公司通过集成简易操作平台帮助中小企业向互联网转型，并发展以移动为驱动力的电商业务

资料来源：赛迪智库整理，2015年3月。

第八章　嵌入式软件产业

一、发展情况

（一）产业规模

2014年，受益于智能手机、物联网、可穿戴设备等新兴领域的崛起，根据工业和信息化部发布的统计数据，我国嵌入式系统软件实现收入6457亿元，同

表8-1　2012—2014年中国嵌入式软件市场规模（单位：亿元）

	2012	2013	2014
市场规模	3973	4680	6457
同比上一年增长	31.2%	17.2%	24.3%

数据来源：赛迪智库整理，2015年3月。

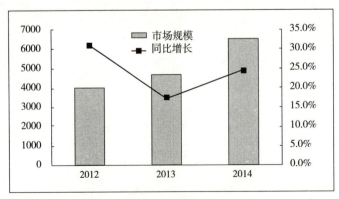

图8-1　2012—2014年中国嵌入式软件市场规模（单位：亿元）

数据来源：赛迪智库整理，2015年1月。

比增长 24.3%，增速高出全行业平均水平 4.1 个百分点，嵌入式系统软件出口增长 11.1%。与去年同期相比，嵌入式软件收入的增速大幅回升了 7.1 个百分点，嵌入式软件占软件产业总收入的比例升至 17.3%，比去年同期提升 0.5 个百分点。

（二）产业创新

1. 技术产品创新

移动智能终端领域，嵌入式操作系统创新迭代加快。2014 年，谷歌推出了 Android 5.0、苹果推出 iOS 8.0、微软推出 Windows Phone 8.1。我国在自主操作系统方面也取得了阶段性成就，先后推出了 960 和 COS。借助于 Android 和 Linux 的开源特征，阿里巴巴、百度、小米、魅族、华为、锤子、创新工场、盛大等国产厂商纷纷推出基于 Android 或 Linux 深度优化后的系统平台。

医疗电子领域，嵌入式软件助力实现智慧医疗和移动医疗。互联网企业大举进军医疗电子行业，给传统医疗行业带来巨大变革，移动医疗与可穿戴设备结合发展进入实质阶段，结合方式以 "App+ 传感器" 为主，即通过便携设备来进行数据采集，在 App 应用中进行汇总、分析、呈现及分享，以构建个人健康管理追踪的软件平台。

物联网领域，嵌入式软件驱动价值从硬件转向数据分析。物联网是硬件、云端存储和数据分析处理的结合，涵盖各种应用领域。物联网的价值链表现为：通过传感模块采集数据，通过网络传输到云端，再将数据加工处理，使其增值后出售给第三方。早期的物联网价值反映在硬件设备上，如元器件、RF 协议、功耗、成本等，随着应用落地、数据的积累以及市场环境的成熟，2014 年开始，物联网的价值重心逐渐转向对数据的挖掘，且其市场潜力巨大。

智能电视领域，互联网变革提升嵌入式软件价值。随着以乐视、小米为代表的互联网企业进军智能电视领域，原有的电视产业的管理模式及盈利模式加速变革，由制造业向 "制造业 + 服务业" 演进，强调增值服务的价值，大幅度提高了电视产品中嵌入式软件的重要性。在新的商业模式和盈利模式下，软件已经几乎彻底重新定义了电视的价值，并深刻影响了电视产业的市场格局。

工业控制领域，自主嵌入式软件系统在局部应用领域实现了规模化应用。工业控制嵌入式软件主要随设备一起销售，基本没有独立成套销售的产品。在产品选型方面，以使用国外的产品为主，但为了满足应用的需要，我国企业也自主开发了一批自用的产品，比如和利时自主开发的分布式控制系统、可编程控制器、运动控制单元、远程采集单元、继电保护装置等各类工业控制系统已经在部分行业实现了规模化应用。

汽车电子领域，嵌入式软件已经遍布汽车各个部件。车控应用软件方面，动力总成、底盘、安全相关核心控制软件主要被几大巨头垄断。国内有多家一级供应商和整车厂也已经取得一些突破，比如一汽高压共轨应用软件已经投产并获得巨大经济效益，后续自主 DCT、AMT、GDI 等核心控制软件将逐步获得产业化应用。车控软件平台方面，我国已拥有符合 OSEK/VDX 和 AUTOSAR 国际标准、面向 ECU 的操作系统产品，如 CASA 联盟普华基础软件公司已可提供相关解决方案。多所高校可提供 AUTOSAR 相关的技术培训和技术支持，多数车厂和一级供应商的软件平台为 OSEK 标准。车载应用软件方面，我国应用软件模块二级供应商实力较强，如高德、科大讯飞、东软、四维、阿里巴巴、腾讯、百度等。专业车载人机交互设计供应商以国外厂商为主，东软等软件公司可提供一些车载人机交互设计服务。车载软件平台方面，以使用国外产品为主，我国也出现了一些车载终端供应商，如阿里云操作系统等。

网络通信设备领域，自主嵌入式系统已实现规模化应用。华为、中兴已经实现嵌入式软件系统的规模化应用，包括无线基站设备、路由交换设备、无线终端等。中兴通讯从 2003 年开始自主嵌入式系统的研发工作，产品包括电信级嵌入式 Linux 操作系统、高安全性微操作系统及配套的开发、调试、调优工具等，提供涵盖安全可信操作系统、嵌入式微操作系统、嵌入式通用操作系统、嵌入式虚拟化系统、嵌入式图形系统等领域的全方位解决方案，先后承担 10 余项国家级科研项目，申请中国发明专利 102 项，授权发明专利 64 项，国际发明专利 16 项，申请软件著作权 9 项，2012 年通过 OSL 电信级操作系统 CGL 5.0 认证和国家安全三级认证。从 2012 年开始，中兴通讯的嵌入式操作系统开始对外经营，客户范围包括军工院所、通信、电力、铁路、汽车、医疗等多个行业。

2. 发展模式创新

嵌入式系统开源化发展成为主流产品开发模式。从市场份额看，开源嵌入式操作系统的占比已经全面超过商用 OS。根据美国媒体的调查，商用嵌入式操作系统在整体系统中的占比约为 33%，而使用开源操作系统的系统约占 36%。开源嵌入式软件的源代码越完整，越受到工程师的青睐，更有软件彻底免除使用版权费，并在开源社区提供部分技术支持服务。开发平台的开源化发展，带动整个嵌入式系统开源化发展已经成为主流的产品开发模式。

嵌入式软件系统随硬件系统打包出售是主要的商业模式。独立成套销售的嵌入式软件系统越来越难以为继，微软也已经将手机操作系统平台免费开放，以吸引更多应用开发者。嵌入式软件系统的商业模式，几乎全面转向随硬件系统打包一体出售。

二、发展特点

（一）规模特点

随着信息消费需求的不断释放，电子信息制造业尤其是移动通信、消费电子等快速发展，嵌入式软件作为核心系统软件，伴随着电子信息制造业生产的增长而实现了产值的递增。另一方面，随着两化深度融合的持续推进，工业企业的自动化和信息化已经从企业管理层面发展到工厂生产层面，带动工业控制相关市场快速增长，成为嵌入式软件系统的新增长点。在上述两方面因素作用下，嵌入式软件已成为中国软件产业发展的重要部分，近年来一直保持持续快速发展的态势，尤其是 2014 年在整个工业产值和利润率不佳的情况下，仍然实现了产业规模的高速增长。

（二）结构特点

在移动通信终端领域，Android 占据市场绝大部分的份额，苹果 iOS 其次。根据 Strategy Analytics 发布的最新数据，截止到 2014 年三季度，Android 系统的市场份额为 83.6%；苹果 iOS 的市场份额为 12.3%，微软 Windows Phone 市场份额为 3.3%，黑莓市场份额为 0.7%，其他不到 0.1%。特别是我国自主品牌手机基于 Android 操作系统深度定制的 UI 已经打开了市场，赢得了广大用户的喜爱。阿里云操作系统的激活量超过 1000 万，华为操作系统的激活量 7500 万，中兴操作系统激活量约 5000 万，小米 UI 操作系统的激活量约 1 亿。市场上也有我国完全自主开发的移动操作系统，但还谈不上市场份额。

工业控制领域，国外嵌入式软件系统产品占据市场主要份额。风河公司产品占比 40% 以上，市场份额占有率第一，QNX、GreenHill 排第二和第三。国内自主的嵌入式软件产品主要随设备出售，没有独立成套销售的软件产品。但在一些具体行业的应用系统中，有些企业为了满足应用的需要，也自主开发了一批自用的嵌入式软件系统，但这些产品大多与硬件设备紧密集成。华为和中兴的嵌入式软件系统随各自基站设备出售，二者设备在我国基站市场份额超过 50%。

汽车电子领域，车辆底层与关键零部件紧密集成的车控嵌入式软件系统方面，基本上以国外产品为主。欧美日企业在车控应用软件领域具有深厚的技术积累和应用经验，动力总成、底盘、安全相关控制软件主要掌握在核心的几家一级供应商，如 Bosch、大陆、马瑞利、德尔福等。关键的执行器和传感器也大多被几家一级供应商垄断。车控软件平台方面，我国的普华软件已经能够提供符合 OSEK/VDX 和 AUTOSAR 国际标准的操作系统产品，但仅在个别自主品牌车型上实现量产，其 VectorOS 在我国汽车领域占有量超过 50%。

嵌入式应用软件方面，我国应用软件供应商实力较强。如高德、科大讯飞、东软、四维、阿里巴巴、腾讯、百度等，均可在移动终端、车载终端等平台上提供各类应用服务。

网络通信设备领域，嵌入式软件系统基本具备实现国产化替代能力。华为、中兴已经实现嵌入式软件系统的规模化应用，包括无线基站设备、路由交换设备、无线终端等。华为设备中自主软件系统的替代率达到 30%，中兴则已实现嵌入式软件系统 100% 全国产。

（三）市场特点

嵌入式软件市场越来越倾向于隐形化。几乎所有的嵌入式软件产品都不再单独计价或者直接免费，其价值转而成为软硬一体化系统的价值的重要组成部分，随系统一并出售。

嵌入式软件市场更加泛在化。虽然嵌入式软件系统逐渐隐形化，但是随着各行业产品、设备的互联化和智能化发展，嵌入式软件市场所涉及的行业领域不断丰富，甚至达到泛在化的水平，比如智能家居、可穿戴设备、医疗设备、智能交通设施、智能装备等。随着全社会的信息化程度不断提高，嵌入式软件系统基本上已无处不在。

（四）技术特点

通信技术以 Wi-Fi 为主，蓝牙也广受青睐。嵌入式系统首选的通信方案是 Wi-Fi 技术，使用蓝牙系统，特别是蓝牙 4.0/LE/Smart 技术的系统也越来越多。与之形成对比的是，使用移动通信技术，比如蜂窝网络技术的系统越来越少。

双核 32 位处理器技术成为主流。嵌入式系统设计普遍使用一个以上的微处理器，最典型的是双核。根据美国媒体的在线调查，平均每项现有设计所使用的微处理器数目为 2.4。调查还显示，8 位微处理器应用正缓步而稳定地下滑，取而代之的是 32 位微处理器持续稳定成长。

微内核结构被嵌入式操作系统广泛采用。嵌入式操作系统普遍采用只具备任务调度、时钟管理、内存管理、任务间通信与同步等基本功能的微内核，而其他如文件系统、网络功能、GUI 系统等应用组件，均以系统进程或函数调用的方式允许用户根据实际需求裁剪定制。在各种内核技术中，Linux 内核因为其可信性高，自适应性好，构件组件化且集成支撑开发环境的自动化、人性化程度较好，成为最受欢迎的内核技术。

嵌入式软件技术与人工智能、模式识别技术深度结合。随着嵌入式平台计算性能的提升，机器视觉、智能语音等人工智能和模式识别算法逐渐移植到嵌入式平台上，产生出芯片级的解决方案，在手机、可穿戴设备、机器人、智能家居产品、智能网联汽车等众多领域实现应用，推动了多领域的互联智能发展。

第九章 云计算产业

云计算对于扩大内需、培育壮大战略性新兴产业、促进经济结构战略性调整具有重要的现实意义，已经成为信息产业发展的重要领域。2014年，我国云计算产业继续保持快速发展的态势，云计算应用不断深入。

一、发展情况

（一）产业规模

2014年，我国公有云市场规模达到68亿元。同时，云计算的发展也带动和促进了上下游电子产品制造业、软件和信息服务业的快速发展，预计到2015年，我国云计算上下游产业规模将超过3500亿元。

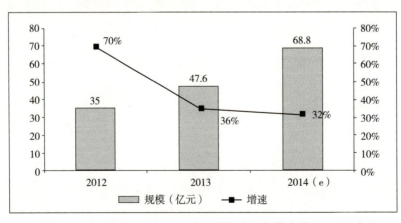

图9-1　2012—2014年我国公有云服务市场规模（单位：亿元）

数据来源：赛迪智库，2015年2月。

（二）产业结构

据工业和信息化部数据，从公有云服务的三个类别来看，我国软件即服务（SaaS）市场规模最大，占比约为 70%；基础设施即服务（IaaS）规模占比约为 20%，但年增速在 100% 左右，是目前我国云计算市场中增速最快的细分领域；平台即服务（PaaS）市场规模占比最小，约为 10%。

（三）产业创新

健康、教育等民生服务创新成为热点。2014 年，个人领域的 SaaS 服务成为云计算创新的热点，大型互联网企业在健康、教育、交通等领域不断创新，推出个人服务产品。电信运营商基于数据优势，在全国各城市布局教育、健康等领域的信息服务。云计算中小创业公司则将教育作为创业首选领域，51talk、91 外教、云校等一批创业公司都进入教育云领域。

IaaS 服务仍是创新重点。节省高昂的 IT 投入费用、提高 IT 设施的利用率、降低企业信息化成本，进而提升企业的智能化程度，提升生产效率、提高产品附加值是企业使用云计算的主要目的，也是近两年云服务厂商提供企业级云服务的方向。目前，受限于市场普及程度和企业信息程度，企业级 SaaS 服务进展缓慢。2014 年，企业级云服务的多数进展依然集中在云主机、云存储、网络服务等 IaaS 层服务。

二、发展特点

（一）市场特点

云服务企业积极开展全国布局。2014 年，包括阿里、京东等互联网企业，以及移动、联通、电信等电信运营商在内的大型云计算企业非常重视云计算服务发展，通过在全国各地建设数据中心加快布局，意图在云服务大范围普及的时候能够拥有最全面的基础设施，掌握未来云服务发展的主动权。

表 9-1　云计算企业全国布局情况

企业	地点	布局
中国移动	呼和浩特、北京、广州、苏州、哈尔滨、贵州、南宁	已经在全国部署超过15000台服务器和50000个虚拟机，位于北京、广州的云计算基地已经陆续投入运行，哈尔滨、贵州、苏州等地的项目也进入规划建设阶段
中国联通	呼和浩特、哈尔滨、重庆、廊坊、东莞、香港	在全国部署了十大云数据中心，十大数据中心总机架数超过20万架，总带宽超过20T，网络骨干节点小于5毫米，端到端的网络时延小于5毫秒，所有数据中心的PUE都小于1.5
中国电信	呼和浩特、贵州、北京、上海、广州、成都、西咸新区	中国电信以全网"4+2"的方式在全国进行布局，云计算数据中心布局的北方核心在内蒙古，南方核心则在贵州，除此之外，还有北京、上海、广州、成都四个云资源池
浪潮	山东、浙江、江苏、安徽、甘肃、内蒙古、黑龙江、海南、山西、贵州、云南	浪潮目前已与全国34个地市和行业签订了云计算战略合作协议，覆盖山东、浙江、江苏、安徽、甘肃、内蒙古、黑龙江、海南、山西、贵州、云南等省，涉及卫生、广电、政务、水利、电力、公安等行业
联想	贵州、香港	联想将在中国兴建50个云计算中心，培训超过1000个云计算基础架构专家。云计算中心将采用企业与地方政府合作共建的模式，目前首个已在贵州建成。同时联想计划招募100个以云计算方案为业务重心的方案型渠道，并通过多种方式支持现有渠道转型
阿里巴巴	海南、浙江、贵州、广西、宁夏、新疆、甘肃、陕西、广东、吉林	阿里巴巴同海南、浙江、贵州、广西、河南、河北、宁夏、新疆、甘肃、广东、吉林、天津等12个省份达成战略合作，利用阿里云"飞天"云计算核心自主技术，搭建政务、民生、公共服务领域的数字化服务平台，推动政府公共服务的电商化、无线化和智慧化

资料来源：赛迪智库整理，2015 年 2 月。

　　公有云服务市场竞争日趋激烈。随着国内公有云服务开始进入落地阶段，中国已经成为全球竞争最为激烈的云计算市场之一。国内企业新晋参与者层出不穷，国外企业继续通过与国内企业合作等方式，加速进入国内市场。2014 年，国内公有云服务的先行者阿里云、百度、腾讯、中国电信等企业继续发力，传统数据中心服务商如世纪互联、万国数据和首都在线等企业纷纷推出公有云产品，京东、乐视等互联网企业也进入这一领域，微软、IBM 等国外企业的公有云服务陆续开始商用，国内市场竞争愈加激烈。

　　国内企业开始探索进入海外市场。我国大型云服务企业正在吹响进军海外市场的号角。阿里云继杭州、青岛、北京之后，在香港部署了其全球第四个数据中心，使用国际带宽，覆盖港台、日韩、东南亚等多个地区。目前，阿里云的香港数据中心正式进入大规模商用阶段，可以为中国香港、东南亚乃至全球用户提供云计算服务，意图同亚马逊、微软正面竞争。腾讯积极同和记电讯、IBM 等企业合作，面向亚洲等海外市场提供银行、医疗和零售等领域的云服务，以实现国际业务的扩张。百度积极布局巴西、日本以及东南亚等市场，云计算将成为其海外业务的强力支撑和重要方向。东软公司的云服务已拥有很多来自美国、欧洲、东南亚等地的海外客户。

各环节企业加速生态圈建设。信息技术产业的竞争正从单一企业竞争演进到以聚合生态圈协同效应的全产业链竞争，云计算领域尤为突出，各环节企业纷纷开放平台或者战略合作，构建自己的生态圈。

表 9-2 2014 年产业链各环节企业生态圈布局情况

合作企业	合作事件	描述及影响
高德新浪	在位置服务领域达成战略合作	新浪SAE用户和开发者可使用高德LBS开放平台的地图搜索、路径规划等5种功能服务。新浪SAE与高德LBS的合作，将促进LBS应用生态链及商业模式的深度探索，从位置数据存储、计算到应用推广、变现形成一个完备的LBS云生态圈
阿里云东软	在全球范围内就政府与公共事业、企业、IT运营等领域展开合作	东软旗下SaCa、UniEAP系列家族产品将支持基于阿里云平台的部署与运维，成为阿里云重点推荐的云应用支撑服务；阿里云将成为东软面向云业务领域的重点合作伙伴。东软与阿里云将共同推进与合作领域相关的产品认证培训、生态系统建设、市场联合营销与拓展等工作
华为中国电信	在云计算相关产品开发、技术创新、集成服务、运营管理、新商业模式探索、业务应用创新等重点领域展开广泛合作	基于华为的研发能力及高质量的云计算产品解决方案，结合中国电信在网络、云IDC领域资源优势及丰富运营服务经验，携手打造云产品和应用，为客户提供高品质的云服务
阿里云新奥特华通云	联手打造中国最大的全媒体云计算平台	阿里云将为全国广播电视媒体提供超级计算、高速存储和网络连接能力，满足其海量视频内容的处理和传播需求。合作伙伴新奥特则负责开发基于云平台的全媒体播控系统
阿里云易华录	达成战略合作，共同推进智慧城市建设	双方将在智慧城市、政府、企业等领域进行全方位合作，共同发展业务
阿里云	启动"云合计划"	阿里云启动"云合计划"，拟招募1万家云服务商，基于阿里云计算平台，为企业和政府等客户提供云服务。目前，东软、中软、浪潮、东华软件等国内主流的大型IT服务商相继成为阿里云合作伙伴

（续表）

合作企业	合作事件	描述及影响
浪潮 金蝶	联手拓展云计算市场，将在产品研发、方案融合、市场、营销等领域开展全面合作	双方将联手促成浪潮政务云、国产关键主机系统与金蝶中间件Apusic系列产品的技术融合与市场协作，从而实现合作共赢
联想 微软 英特尔 思杰 阿里云	联想将与微软、英特尔、思杰、阿里云等厂商开展一系列合作	合作包括共建大规模数据中心、开拓云服务市场、垂直行业市场解决方案、技术人才培养和技术交流等，帮助联想正式开拓云计算市场
腾讯 IBM	联手进军云计算	双方将共同研发基于云技术的产品，并由腾讯提供给银行、零售和医疗等行业，包括管理工具和分析等服务
小米 金山 世纪互联	小米、金山向世纪互联注资，三家达成合作	世纪互联获得金山软件和小米的2.32亿美元投资，三家在云计算领域达成合作，小米云负责应用层，金山云负责中间层，而世纪互联负责基础设施运营

资料来源：赛迪智库整理，2015年2月。

市场发展应用前景广阔。当前，我国正处于转变经济发展方式的攻坚期，经济社会发展对云计算需求旺盛。特别是，1000多万中小微企业的信息化建设普遍面临着资金不足、人才缺乏、技术落后的困境，云计算低成本、高效率、高弹性的服务方式可以很好地解决中小微企业面临的问题。同时，云计算的应用还能大幅提升大型企业、政府机构的系统资源利用效率，节约能源和人力投入，解决长期存在的信息共享和业务协同困难的问题，是推动社会资源优化配置、服务型政府建设的有效手段。因此，云计算在中小微企业、大型企业和政府机构中都拥有很大的发展潜力和市场需求。另外，前期通过云计算试点示范工作的实施，云计算在各领域的应用效果显著，进一步激发和放大了经济社会各领域对云计算的应用需求，未来，云计算并与生产制造和服务创新紧密结合，将实现更广泛的应用和更大发展。

（二）应用特点

政务应用有力推动政府管理模式改革

2014年，云计算在电子政务公共服务、民生保障等领域得到广泛应用，有力地促进了政府管理模式创新和社会治理体系建设。

以济南政务云计算应用为例。长期以来，济南市政府各部门应用系统软硬件采购都是单列预算、独立建设、自我使用，不能有效实现资源共享，特别是法人、人口、空间地理等基础信息资源共建共享的长效机制尚未形成，造成了数据重复采集，无法协同办公。据不完全统计，从"十一五"到 2012 年，济南市公用信息平台托管的部门服务器、网络、存储、安全设备近 1000 台，很多部门服务器 CPU 利用率仅为 5%—10%。为有效解决系统重复建设、信息分散等问题，济南市与浪潮集团合作启动了济南政务云计算中心建设和应用工作，采用电子政务集约化建设和整体服务外包模式，实现了全市非涉密电子政务平台的集约化应用。2014 年，济南市 52 个政府部门、300 多项业务应用采用云服务。基于政务云模式，济南市政府信息化资源的共享率远远高于过去。过去的 CPU 利用率基本上低于 10%，在政务云平台里，CPU 的利用率在 60%—80% 之间。与之前整体信息化设备相比，政务云节约 15%—20% 的建设成本。目前，非涉密电子政务系统在政务云中心建设和运行的比率达 80% 以上，市级部门主要业务信息化支撑程度达 85% 以上，主要业务信息共享率达到 70% 以上。

行业应用加快推动产业转型升级

2014 年，云计算相关新技术、新业态、新模式在重要行业领域的应用愈加深化，有效帮助传统企业提升产品附加值、提高生产效率、创新商业模式。

小米利用云计算实现业务质量精细管控就是行业应用的典型案例。随着小米业务量持续上升，其 IT 系统需要时刻保持在可靠状态，以保障在线高峰期最佳的客户体验，对 IT 系统性能的监控、维护和优化工作提出了极高的要求。为解决这一问题，2014 年，应用性能管理运营商云智慧利用端到端 APM 云服务，帮助小米在 IT 基础设施实现一体化性能监控和管理，全面提升 IT 支撑能力与业务服务质量的精细管控。依托 APM 云服务，小米实时监测每一个关键服务页面的运行状况，实现从用户登录、挑选商品、订单结算和支付交易等全部业务过程的监控，秒级告警通知，主动发现和定位故障源头，大大缩短了人工对出错问题的排查时间，帮助运维工程师快速解决问题，保证业务成功率，同时更提高了系统可用性，从 IT 运维到业务层提供了高可靠的保障。

创新创业应用成为亮点

2014 年，云计算在降低创新创业门槛方面取得众多成绩，为大众创业和万众创新提供了良好条件。云计算已成为我国互联网创新创业的基础平台。

诞生于 2012 年的移动音乐创业应用"唱吧"，抓住了年轻一族娱乐歌唱的需要，发布 10 天用户量便达到 100 万，每天都有数百万的活跃用户对音频、视频和图片发起大量请求，接收数十万个歌曲和图片的上传，高峰时期歌曲和图片浏览流量需要消耗上百 G 的带宽。这需要"唱吧"具有强大的 IT 系统，才能支持海量用户的访问，但作为一只创业团队的创新产品，其 IT 建设很难跟上访问量的迅速增长。阿里云为"唱吧"提供了方便快捷的云服务，技术支持响应迅速，不但保障了"唱吧"数据的快速可靠访问，还节省了"唱吧"团队大量 IT 开支。在阿里云帮助下，"唱吧"应用得以快速成长。2014 年，其下载量超过 2 亿次，日活跃用户数超过 3000 万。

（三）投融资特点

产业整体融资规模庞大。2014 年，国内云计算市场规模继续保持高速增长，吸引众多投资公司关注，多家云计算厂商获得大额产业投融资。据不完全统计，2014 年国内云计算市场投资额已经超过 22 亿美元。

在线教育服务融资进入爆发期。个人领域的 SaaS 服务正成为云计算创新的热点。其中，教育和健康领域的 SaaS 服务最受青睐，众多创业公司将教育作为首选领域。得益于创业者对在线教育庞大市场容量的预期，以及资本市场对互联网颠覆传统行业的乐观态度，2014 年，在线教育融资迎来大爆发。据不完全统计，2014 年国内在线教育领域投融资涉及到外语教育、K12 教育、早期教育、IT 教育、出国留学、职业教育、平台类等七类，合计投融资金额超过 44 亿元。

生态圈建设成为投融资布局重点。生态圈建设是 2014 年大型云计算企业战略布局的重点，投融资也成为云计算不同环节的企业互相合作、共同打造产业生态的重要手段。12 月，小米、金山和淡马锡联合向世纪互联投资 2.96 亿美元，共同打造云服务。为了满足金山和其他第三方合作伙伴对于下一代互联网基础设施的需求，世纪互联将在全国范围内新建最数据中心，并提供运维和支持。未来三年，世纪互联计划向金山软件和其指定第三方出租至少 5000 个机柜，三家共同打造形成小米负责应用层云服务提供、金山云负责中间层供应商、世纪互联负责底层基础设施服务的合作体系。

第十章 大数据产业

一、发展情况

（一）产业规模

2014年，我国大数据仍处于起步发展阶段，各地发展大数据积极性较高，行业应用得到快速推广，市场规模增速明显。易观国际数据显示，2014年，我国大数据市场规模达到75.7亿元，同比增长28.4%。

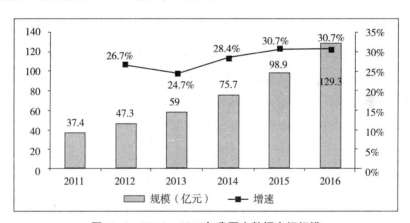

图10-1　2011—2016年我国大数据市场规模

数据来源：易观国际数据，2015年1月。

（二）产业发展态势

1. 规模增速略有提高，与全球增速差距仍较大

数据显示，2014年我国大数据市场规模同比增长28.4%，比2013年24.7%

的增速回升3.7个百分点，但与全球53.2%的增速仍有不小的差距。值得关注的是，全球大数据市场规模增速在未来几年呈现持续缓慢下降的趋势，而我国大数据市场规模增长速度在逐步提升。随着我国大数据快速发展，我国大数据市场规模在全球大数据市场规模中的比重将越来越大，并最终与全球增速保持同步。

2. 互联网企业表现强势，国外企业进入我国市场

2014年，百度、阿里巴巴、腾讯、京东等互联网企业抓紧布局大数据领域，纷纷推出大数据产品和服务，抢占数据资源。传统IT企业开始尝试涉足大数据领域，其产品和服务多是基于原有业务开展，未能撼动互联网公司的领先地位。初创企业受限于数据资源和商业模式，还要面对互联网企业的并购行为，竞争实力尚显不足。由于我国大数据领域的产业供给远小于市场需求，且已经出现的产品和服务在思路、内容、应用、效果等方面差异化程度不高，加之缺乏成熟的商业模式，导致大数据市场竞争不够充分。在国内企业考虑如何提升服务能力的时候，国外企业已经在2014年悄然进入我国市场，未来，国内大数据市场竞争格局将会发生重大转变。

3. 区域产业聚集现雏形，合作协同发展成常态

2014年，我国大数据产业集聚发展效应开始显现，出现京津冀区域、长三角地区、珠三角地区和中西部四个集聚发展区，各具发展特色。北京依托中关村在信息产业的领先优势，快速集聚和培养了一批大数据企业，继而迅速将集聚势能扩散到津冀地区，形成京津冀大数据走廊格局。长三角地区城市将大数据与当地智慧城市、云计算发展紧密结合，使大数据既有支撑又有的放矢，吸引了大批大数据企业。珠三角地区在产业管理和应用发展等方面率先垂范，对企业扶持力度大，集聚效应明显。大数据产业链上下游企业合作意愿强烈，各集聚区间的合作步伐加快，产学研协同创新发展初见成效。

4. 大数据基础研究受到重视，专业人才培养加速

2014年，越来越多的高校成立大数据研究所、研究中心或实验室，不断加强大数据基础研究，并设立大数据专业，积极培养大数据相关人才。4月26日，清华成立数据科学研究院，并宣布将推出多学科交叉培养的大数据硕士项目，9月，第一批大数据硕士学位研究生将正式开始培养。北京航空航天大学成立大数据科学与工程国际研究中心，作为布局大数据战略方向的另一重要举措，并创办

了国内第一个"大数据科学与应用"软件工程硕士专业。华东师范大学成立云计算与大数据研究中心、厦门大学成立大数据挖掘研究中心并出版《大数据技术基础》教材、广西大学成立复杂性科学与大数据技术研究所等。

二、发展特点

（一）结构特点

1. 初步形成三角形供给结构

2014 年我国大数据市场的供给结构初步形成，并与全球市场相似，呈现三角形结构，即以百度、阿里、腾讯为代表的互联网企业，以华为、联想、浪潮、曙光、用友等为代表的传统 IT 厂商，以亿赞普、拓尔思、海量数据、九次方等为代表的大数据企业。

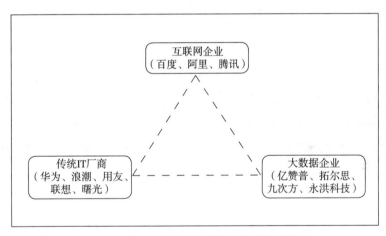

图10-2　2014年我国大数据市场供给结构图

资料来源：赛迪智库，2015 年 3 月。

2. 产业链结构发展不均衡

我国在大数据产业链高端环节缺少成熟的产品和服务。面向海量数据的存储和计算服务较多，而前端环节数据采集和预处理，后端环节数据挖掘分析和可视化，及大数据整体解决方案等产品和服务匮乏。

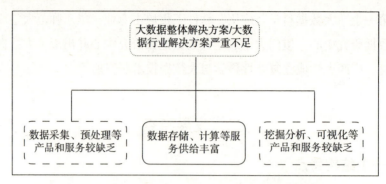

图10-3　2014年我国大数据产业链结构发展情况图

资料来源：赛迪智库，2015年3月。

（二）布局特点

1. 京津冀：产业链条初步健全，集聚效应开始显现

2014年，京津冀地区在数据获取、数据存储、数据分析、数据应用、数据安全等产业环节涌现出一批领先企业和初创企业，通过技术研发不断地推出大数据相关产品，实现了从硬件到软件、从产品到服务的产业链覆盖，协同效应初步显现。年初，北京牵头打造京津冀地区大数据走廊，区域协同发展格局和产业集聚效应开始显现。北航、清华和中科院等高校已成立大数据研究中心，设立大数据相关专业，加速大数据人才培养。在高校、科研机构和企业、专业机构通过联盟等多种方式加强联合，产业协同创新氛围初步形成。

2. 长三角：开展布局城市增多，智慧城市、云计算成重要支撑

2014年，随着数据资源的丰富，大数据应用需求的不断提升，基础设施的不断完善，以及大数据与各行业的融合发展，上海市在大数据技术研发和应用推广方面取得了一定的成果。同年，南京依托智慧城市建设，与百度、阿里等企业深入合作，推动大数据在城市管理和民生服务领域应用发展。杭州利用较完善的基础设施优势、龙头企业带动和数据开放的扶持政策，使大数据发展与云计算有机结合，成为当地信息经济发展的新增力量。

3. 珠三角：政策扶持持续给力，产业发展进入良性循环

广东省在2014年2月成立全国第一个大数据管理机构——广东省大数据管理局，在年中确定了大数据应用示范工作，公布推荐示范项目名单，12月发布

了《广东省大数据发展规划（2015—2020 年）》征求意见稿。广东省依托"天河二号"超级计算机建设国家大数据研究中心，研发突破大数据关键核心技术；发挥腾讯等公司的带动作用推动互联网大数据应用；广东省地税局用大数据推动管理现代化转型，检察院依靠大数据捕捉线索，交通部门应用大数据进行交通管理。广东省大数据的政策环境、技术研发、龙头企业引领、行业应用等协同发展、互为支撑，推动产业进入良性循环。

4. 中西部：鼎足之势初现端倪，渐成产业发展新增长极

2014 年初，贵州省出台了《贵州省大数据产业发展应用规划纲要（2014—2020 年）》和《关于加快大数据产业发展应用若干政策的意见》，明确提出将大数据作为重点扶持的新支柱产业。贵阳市和贵安新区也出台了大数据相关政策措施。贵州省通过与国内其他园区、企业开展战略合作，积极引进大数据企业、互联网龙头、软件服务商，2014 年签约大数据及关联重点项目 150 余个，签约金额超过 1400 亿元，京东、中兴、华为、惠普、富士康、世纪互联等数据基地及相关项目已启动建设，新增注册大数据及关联企业（注册资金 100 万元以上）227 家。三大运营商各自的数据中心建设一期工程在年底交工使用，大幅提升贵州省大数据基础设施建设和使用能力。

2014 年，重庆已在中上游打下坚实基础，大数据产业呈现出了良好的发展势头。2014 年，重庆市先后与阿里巴巴、九次方大数据、华硕云端和东华软件等公司开展战略合作，积极引进中兴、惠普、法国源讯、日本 NEC 跨国企业等国内外行业巨头数十余家。亿赞普、苏宁、方欣科技等 10 多家公司与仙桃数据谷签署了入驻协议。重庆市在民生服务、城市管理、行业应用及外包服务等重点领域开展大数据示范应用，以示范应用引领产业快速发展。

2014 年，武汉市政府出台《武汉市大数据产业发展行动计划（2014—2018）》。光谷云村和左岭大数据产业园完成规划设计及主要招商引资工作，并启动相关基础设施建设，吸引一批企业入驻。武汉政府开放数据平台在年内建成，首批 33 部门 520 个数据集向公众开放，2015 年实现公众查询、下载等服务功能。武汉大学成立大数据工程硕士专业，加速大数据人才培养。

（三）投融资特点

1. 融资并购活动初步兴起

2014 年，我国大数据领域融资并购活动逐渐兴起，呈现持续升温的态势。据不完全统计，已披露融资并购事件 20 余起，涉及金额约为 355 亿元。

2. 行业应用成为投融资热点

在 2014 年披露的融资并购事件中，资本更热衷于投向掌握行业应用产品和服务的企业，或具有行业应用开发潜力的公司。其中，交通、健康、金融、教育、电子商务、娱乐等领域的融资并购频繁。

表 10-1 2014 年我国大数据领域融资并购部分事件情况

企业名称	类别	事件概述	领域
阿里	收购	全资收购高德，交易金额11亿美元	交通
腾讯	投资	以10亿美元战略投资大众点评网，占股约20%。交易完成后，大众点评将继续保持独立运营	娱乐
阿里	收购	间接收购恒生电子100%股份，交易总金额约32.99亿元	金融
百度	收购	全资收购糯米网	娱乐
百度、腾讯、万达	合作投资	万达电商的首期投资额高达50亿人民币，其中万达持股70%，腾讯和百度各持股15%	电商
百分点	融资	国内大数据技术与应用服务商百分点获得C轮2500万美元融资，并发布其"践行大数据战略"	电商、媒体等
东方通	收购	东方通4.2亿收购惠捷朗，开拓大数据、云计算领域	—
腾讯	收购	以11.73亿元入股四维图新，抢占智能交通大数据市场	交通
腾讯	投资	2.14亿美元获得京东15%的股权	电商
腾讯	投资	7000万美元投资丁香园。主要向医生、医疗机构和医药从业者和大众用户提供产品和服务	医疗
启明星辰	收购	以自有资金1.78亿元收购合众信息51%的股份	—
阿里	上市	于9月19日在美国纽约证券交易所挂牌上市，以收盘价计算其市值为2314.39亿美元	电商
拓维信息	收购	8.1亿元收购3D游戏《啪啪三国》开发商火溶信息	娱乐
阿里	并购	阿里逾28亿布局OTA市场，入股石基信息15%股份，目标直指酒店信息大数据	娱乐

（续表）

企业名称	类别	事件概述	领域
朗玛信息	收购	6.5亿元全资收购39健康网运营商，进军医疗健康大数据领域	健康
电话帮	融资	电话号码数据服务商，获得数千万美元A轮融资	电信
句酷批改网	融资	获江苏高投数千万元投资，将大数据应用于英语学习	教育
逸橙科技	融资	获千万美元A轮融资，利用职场大数据提高HR工作效率	管理
永洪科技	融资	大数据可视化公司永洪科技完成5000万美元A+轮融资	—
九次方	融资	获2亿元融资，博信资本、IDG资本、德同资本、富凯投资等机构旗下基金入股	金融
点点客	融资	发行1582.2万股，涉及资金总额2.21508亿元。计划拓展大数据和互联网金融服务	金融
人人网	投资	1000万美元投资大数据创业公司FiscalNote	—
百度	投资	投资芬兰室内导航技术服务公司IndoorAtlas金额1000万美元	交通
百度	投资	E轮投资全球打车应用Uber	交通
闪银	融资	国内首家大数据信用评估公司，获IDG4000万元A轮投资，距其服务正式上线仅8个月。目前公司估值近2亿	信用
星图数据	融资	"星图数据"获百万美元A轮投资	消费品
同程旅游网	融资	获携程旅游2亿美元D轮融资	娱乐
滴滴打车	融资	获得新一轮超7亿美元融资，本轮融资由淡马锡、DST、腾讯主导投资	交通

资料来源：赛迪智库整理，2015年3月。

3. 初创企业融资相对较难

2014年，与国外大数据融资并购市场相比，我国大数据初创企业获得融资机会的比率较低。原因在于我国大数据初创企业很少具备核心技术能力或累积海量数据资源，又很难在短期内开发出行业解决方案或具备成熟的行业应用。因此，无论是投资机构还是行业企业都将目光更多地聚焦在已有一定基础应用和具有发展潜力的大数据企业上，对初创企业的投资多抱以观望态度。

（四）政策环境特点

2014年，我国大数据相关政策、项目、技术和应用等逐步进入实际落地阶段。各有关部门和地方政府的重视程度逐步升级，相关的政策措施和规划方案处于高密度发布时期。

1. 相关领域政策频繁涉及大数据

2014年，国务院出台的《国家新型城镇化规划（2014—2020年）》中，强调重点扶持大数据等新一代信息技术创新应用。工业和信息化部提出了支持大数据关键技术产品的研发和产业化等具体举措。国家发展和改革委员会开展"信息化（大数据）提升政府治理能力"课题研究，并与工信部联合起草了关于促进大数据发展和应用的意见等；全国信息技术标准化技术委员会、数据中心联盟等行业机构在大数据标准和服务基础测试方面取得一定成果。

表 10-2　2014 年我国部分部委大数据发展支持情况

部门	具体举措
国务院	印发《国家新型城镇化规划（2014—2020年）》：统筹城市发展的物质资源、信息资源和智力资源利用，推动物联网、云计算、大数据等新一代信息技术创新应用； 发布《国务院关于促进云计算创新发展　培育信息产业新业态的意见》：加强大数据开发与利用，实现数据资源的融合共享，推动大数据挖掘、分析、应用和服务
工信部	利用项目资金等手段进行前沿部署，支持大数据关键技术产品的研发和产业化
	推动全国信息技术标准化技术委员会开展大数据标准化的需求分析、标准体系框架研究及相关标准研制工作，并向相关国际标准化组织提交大数据研究提案
国家发改委	"信息化（大数据）提升政府治理能力"课题研究； 大数据国家战略及发展纲要
国家统计局	国家统计局与浪潮、腾讯等6家企业合作，共同研究探讨建立大数据应用技术标准和统计标准，研究利用大数据完善补充政府统计数据，并共同开发大数据采集、处理、分析、挖掘、发布技术
信标委	成立全国信息技术标准化技术委员会大数据标准工作组

资料来源：赛迪智库整理，2015 年 3 月。

2. 国家重点科技项目均有支持

工信部、发改委、科技部、财政部等通过电子信息产业发展基金、云计算工程、

863 计划、973 计划和国家科技支撑计划等对大数据技术研发、应用示范、服务推广进行支持。

表 10-3　2014 年我国部分部委大数据支撑项目

部门	政策名称	具体内容
国家发改委、工信部、财政部、科技部	云计算工程	基于云计算平台的大数据服务
		大数据解决方案研发及推广
		数据中心关键设备研发及推广
工信部	电子信息产业发展基金	终端与数据安全防护产品的研发和产业化
		基于安全可靠架构的数据中心运营管理系统研发
		智能语音与大数据
科技部	国家高技术研究发展计划（863 计划）	面向大数据的内存计算关键技术与系统
		基于大数据的类人智能关键技术与系统
	国家重点基础研究发展计划和重大科学研究计划（973 计划）	城市大数据的计算理论和方法
	国家科技支撑计划	基于大数据应用的综合健康服务平台研发及应用示范
		口腔健康服务网络平台关键技术研发与应用示范
		基于移动互联网的大学生创新创业网络平台关键技术研发及应用示范
		数字文化旅游共性支撑技术集成开发与应用示范

资料来源：赛迪智库整理，2015 年 3 月。

3. 地方政策结合各自需求特色发展

2014 年初，贵州省出台《贵州省大数据产业发展与应用规划纲要（2014—2020 年）》和《关于加快大数据产业发展应用若干政策的意见》，并将国家级新区贵安新区确立为大数据产业基地，将大数据产业作为支柱产业重点扶持。

广东省成立大数据管理局，发布《广东省大数据发展规划（2015—2020 年）》征求意见稿，并确定 2014 年首批推荐大数据应用示范项目。

北京、上海等地率先建立了政府数据资源开放平台，推动数据的开放和共享。中关村牵头建立京津冀"大数据走廊"，启动全国首个大数据交易平台。

表10-4 2014年我国地方政府大数据发展支持情况

地方	政策名称/措施
贵州	贵州省出台《关于加快大数据产业发展应用若干政策的意见》、《贵州省大数据产业发展应用规划纲要（2014—2020年）》。贵州省高校招生将优先考虑"大数据"专业
	贵阳市发布《贵阳大数据产业行动计划》、《贵阳市关于加快推进大数据产业发展的若干意见》
	贵安新区出台《贵安大数据产业基地发展规划》
杭州	发布《杭州市政务数据共享开放指导意见》
上海	发布《关于促进本市互联网金融产业健康发展的若干意见》，促进公共信用信息、金融信用信息、社会信用信息互动共用
	经信委印发《2014年度上海市政府数据资源向社会开放工作计划》
武汉	《武汉市大数据产业发展行动计划（2014—2018）》
	为鼓励企业使用大数据、从事相关开发研究，武汉出台"一揽子"扶持政策，每年投入2亿元，对重点项目进行补贴
	打造云计算、大数据产业领域完整生态环境。在武汉未来科技城建设武汉大数据研究院、华中大数据交易市场
广东	2014年2月广东省政府印发《广东省经济和信息化委员会主要职责内设机构和人员编制规定》，广东省大数据管理局为广东省经济和信息化委员会的21个内设机构之一
	《广东省大数据发展规划（2015—2020年）》征求意见稿
	广东省公布2014年首批推荐大数据应用示范项目名单
中关村	中关村启动全国首个大数据交易平台
	打造京津冀大数据走廊
洛阳	出台《洛阳市电子信息产业行动计划》，建设国内一流大数据中心
湘潭	发布《关于建立数据资源管理制度的通知》，加强数据资源建设
湖北	发布《湖北省北斗卫星导航应用产业发展规划（2014—2020）》，推动大数据在交通领域应用发展

资料来源：赛迪智库整理，2015年3月。

第十一章　信息安全产业

信息安全是指保护信息、信息系统和网络的安全以避免未授权的访问、使用、泄漏、破坏、修改或者销毁，以确保信息与信息系统的完整性、保密性和可用性。信息安全技术是指用以保障信息、信息系统和网络安全的技术，包括密码技术、数据安全技术、系统安全和防护技术、网络安全技术等。信息安全产品是保障信息安全的软件、固件或硬件及其组合体，它提供信息安全相关功能且可用于或组合到多种系统中。信息安全服务是指为保障信息安全所需要的服务，包括信息系统安全分析评估、规划设计、测试、实施、运行和维护，以及相关的测评、预防、监测、响应、恢复、咨询和培训等服务内容。信息安全产业是指从事信息安全技术研究开发、产品生产经营以及提供相关服务的产业，涵盖了信息收集、处理、存储、传输和使用等信息生命周期的各个环节。

一、发展情况

（一）产业规模

信息安全产业是保障国家信息安全的战略性核心产业，肩负着为国家信息化基础设施和信息系统安全保障提供信息安全产品及服务的战略任务。自"十二五"以来，在国家的高度重视和大力扶持下，我国信息安全产业规模保持快速增长，2014年，我国信息安全产业业务收入为739.8亿元，是2012年313.8亿元的2.4倍，近三年来，我国信息安全产业规模年均增长率超过了40%。

表 11-1　2012—2014 年我国信息安全产业业务收入及增长情况

年份	2012	2013	2014
业务收入（亿元）	313.8	486.7	739.8
增速（%）	22%	55.1%	52%

数据来源：赛迪智库整理，2015 年 3 月。

（二）产业结构

信息安全产业结构趋于完善。2014 年，我国信息安全产品门类不断健全，进一步完善了涵盖数据传输安全、网络安全、数据安全、应用安全、计算机安全、安全管理中心（SOC）以及云安全等领域的产品体系。我国信息安全企业市场竞争力进一步增强，防火墙、防病毒、入侵检测、漏洞扫描等传统安全产品具备替代能力，网络与边界安全类、专用安全类等相关产品的功能、性能基本满足国内需求。从安全芯片、网络与边界安全产品、数据安全产品、应用安全产品到安全服务的信息安全产业链不断趋于完善。

（三）产业创新

国家加大了对信息安全技术创新的扶持力度，并鼓励企业加大对技术和产品创新的研发投入，通过专项资金和政策支持等手段，在工控安全、云计算安全、电子政务系统安全等领域投资建设了一批国家级信息安全研发中心，支持研发了一大批应用于云计算、物联网、移动互联网、下一代互联网等新兴领域的高性能安全网关、UTM、SOC 等安全产品和服务，有效保障了电子政务、电信、金融、交通等重要领域信息系统的信息安全，保障国家信息安全的技术支撑能力进一步增强。目前，政府及国家重要信息系统安全防护产品总体国产化率达 60%，在手机、PC 等个人安全应用市场，国产杀毒和安全管理软件占据 80% 以上市场。

（四）产业组织

产业组织不断优化。传统信息安全企业通过云计算、移动互联网等新业务安全应用模式创新快速成长，国内互联网企业则通过并购重组和加强信息安全技术研发进军信息安全领域。信息安全骨干企业的竞争实力和创新能力逐步提升，在国内信息安全产品和服务市场的竞争力明显增强。涌现出了一批特色相对突出、专业水平较高、创新能力较强的信息安全中小企业。骨干企业在国家基础信息网络和重要信息系统安全保障领域，中小企业在定制化产品、专业化服务、个人信息保护等方面，互补协同发展的局面正逐步显现。

2014年，国内信息安全企业已经接近600家，信息安全业务收入过亿元的企业已经超过20家。信息安全产业集聚效应进一步显现，中国软件名城及创建城市集聚了90%以上的信息安全骨干企业，占全国产业规模的80%左右。其中，我国信息安全软件收入排名前六的北京、浙江、四川、江苏、山东、广东占据了全国将近90%的份额。

部分信息安全产业发达省市已经率先加强信息安全产业专业园区建设，实现产业集聚发展，不断提升产业竞争力。2014年底，杭州市在青山湖科技城设立网络和信息安全科技园，将致力于打造产业孵化与集聚的平台，吸引入驻一批高端创新人才和产业链项目。成都市与中国电子科技集团公司签署战略合作框架协议，在成都双流县建设国家示范网络信息安全产业园，将重点打造覆盖基础理论、高端芯片、基础软件、整机装备、系统集成、检测评估、营运服务的网络信息安全核心产业链，力争形成千亿级的网络信息安全产业集群。

（五）公共服务

当前我国不断强化信息安全公共服务平台作用，推动国家级以及地方的信息安全公共服务平台基础设施建设。国家信息安全专项在各地支持建设了多个信息安全专业化服务平台，以提供信息安全咨询、安全测评与风险评估，信息系统的安全监控以及关键数据的容灾备份，网络服务软件安全性的评测服务，支撑了国家信息系统安全的整体建设。以移动互联网安全领域为例，工信部电子信息产业发展基金支持了智能移动终端软件质量及安全测评公共服务平台建设，建立了智能移动终端软件测评技术与规范体系，提高了测评服务能力，项目支持的公共服务平台已经投入使用，促进了我国移动终端软件产业的安全健康发展。

在标准制定方面，我国信息安全标准化工作有序推进，初步建立了信息安全标准体系框架，形成了覆盖信息安全基础、技术、管理、测评等领域一批支撑国家信息安全保障体系建设的国家标准，信息安全产品认证认可体系逐步完善。截至2014年11月底，全国信息安全标准化委员会共组织申报信息安全国家标准290余项，其中249项已获批立项，正式发布国家标准149项。这些标准主要涉及信息安全基础、安全技术与机制、安全管理、安全评估以及保密、密码和通信安全等领域，为政府信息系统安全检查、信息系统安全等级保护、信息安全产品检测与认证及市场准入、信息安全风险评估、信息系统灾难恢复、网络信任体系建设、《电子签名法》实施、涉密信息系统安全分级保护和保密安全检查等各项涉及国家的信息安全保障工作，提供了有力的技术支撑和参考依据。

二、发展特点

（一）规模特点

当前我国信息安全产业规模增长快速，总体呈现信息安全产品和服务并驾齐驱、共同增长的发展局面。然而，在信息安全产业发展环境不断优化，信息安全形势日益复杂的形势下，信息安全服务的后发优势明显，未来将迎来持续增长的良好局面。

（二）结构特点

随着信息安全产业发展进程不断加速，在信息安全技术和产品不断取得突破的前提下，信息安全服务也呈现出高速发展的态势。当前我国信息化的快速推进和信息安全形势的日益严峻，用户IT系统环境愈发复杂，被攻击的脆弱点与日俱增，安全产品简单累加起到的防护效果有限，安全服务在构建有效、全面、纵深的安全防护体系方面的地位和作用更加显著。信息安全服务需求量大幅提升，尤其是对信息安全测评、风险评估以及信息安全咨询、集成、运维等方面的服务需求日益增长。

在信息安全咨询、集成和运维服务方面，信息系统建设、安全管理、等级保护等方面的信息安全咨询及集成服务专业化程度不断提高。安全运维管理服务已逐渐将应急响应和系统维护、安全加固、安全检查等融为一体，并保持快速增长的发展态势。驻地安全运维服务、周期性巡检服务、渗透评估服务、安全加固服务等已成为安全运维管理服务的主要形式和重点方向。国内骨干信息安全企业已经建立了信息安全在线运维服务平台，具备了一定的网络化安全服务能力。

在信息安全测评和风险评估服务方面，公安部在全国范围内授权成立了100余家信息安全等级保护测评机构，信息安全等级保护建设、测评及整改服务工作不断取得进展。信息安全测评和风险评估能力建设取得了明显成效，测评机构数量和人员稳步增加、机构能力和水平显著提高。在移动互联网、工业控制系统等新兴领域的信息安全测评服务发展迅速，测评能力日益提高。

在信息安全培训服务方面，随着政府、企业等机构信息安全意识不断提高，加强对信息系统及网络运维服务人员的安全技术培训，信息安全培训服务快速发展。越来越多的企业将信息安全培训服务的费用纳入企业的信息化成本支出，并列为企业信息化建设的重点工作。当前针对用户需求，提供个性化、特色化以及模块化的专业安全服务培训已逐渐成为信息安全培训服务的重要发展方向。

（三）市场特点

我国信息消费保持高速发展态势，以家庭宽带接入、网络视频、网络购物、新媒体、手机支付等为依托的新兴消费对经济增长的拉动作用将持续增强。然而，伴随着信息消费的高速增长，安全问题也日益凸显。据相关调查显示，2013年有超过60%的被访者遭遇过个人信息被盗用，并且这一数字仍处于增长之中，对于个人信息的安全防护已迫在眉睫，亟需提升相关安全技术和产品的功能和性能，来满足人们日常消费的安全需求。随着个人信息消费领域安全问题日趋复杂，以及面向云计算、移动互联网等新兴领域安全需求不断提升和安全应用不断深化，以基于生物识别的身份认证、移动支付等代表的面向个人信息消费领域的安全产品和服务将不断涌现，并随着应用的深化更加成熟，将成为我国信息安全市场新的增长点。

企业级安全市场保持快速增长。2014年，随着国内携程、京东、如家等知名企业核心数据泄露以及安全漏洞被曝光等事件频频发生，进一步引发企业对信息安全的关注，与此同时国内企业级的信息安全市场迎来高速增长。金山、瑞星等传统信息安全厂商纷纷布局企业级安全市场；奇虎360、网秦等移动安全企业也先后推出各自的企业级安全产品。据普华永道统计显示，国内多数企业表示将采取积极主动措施，提升IT安全投入比例，2014年企业信息安全平均预算2666万元，同比提高了51%。

（四）技术特点

随着云计算、大数据、移动互联网等新兴领域技术的不断创新和发展，应用的不断深入，传统的信息安全技术和手段已经无法满足其基本的信息安全防护需求，如高级持续性威胁（APT）可以通过移动智能终端、社交工程的恶意邮件、系统漏洞等，绕过防病毒软件、防火墙、入侵检测等传统的基于代码的信息安全产品，并长期潜伏在系统中，从而产生更大危害。面向新兴领域的信息安全技术、产品和服务将进入加速创新阶段，一些基于虚拟安全、移动安全等新兴领域典型的信息安全技术、产品和服务模式都将涌现。

防火墙、防病毒、入侵检测等传统的信息安全技术和产品将与移动安全防护、虚拟化安全、云安全、大数据安全等新兴安全技术加速融合，信息安全系统集成商、应用开发商和技术服务商将不断加快协同创新发展的步伐，提升满足信息化高端需求的安全可靠关键软硬件支撑能力。在移动安全领域，随着用户对移动安全及移动信息化管理的需求不断提高，将会由传统的设备管理（MDM）和移动安全接入（VPN）等单一的产品技术向快速部署、统一管理的融合化移动安全整体解决方案转型。在大数据安全领域，实时大数据安全分析技术将成为发展热点，基于对数据包、网络流量以及元数据的持续处理，将会提升对安全事件的快速侦测能力。

区域篇

第十二章　环渤海地区软件产业发展状况

环渤海地区包括北京、天津、河北、山西、内蒙古自治区和山东，拥有北京、济南两座软件名城，聚集了全国数量最多的软件百强企业、规划布局内重点软件企业和计算机信息系统集成资质企业，囊括中关村软件园、齐鲁软件园、青岛软件园等重要软件产业基地，科技资源和综合配套能力得天独厚，驱动软件产业强劲发展。

一、整体发展情况

（一）产业收入

2014年1—11月，环渤海地区软件业务收入达到7842亿元，同比增长18.2%，保持缓中趋稳的增长态势，占全国软件业务收入的比例为23.8%。

从各省市情况看，2014年1—11月，北京市实现软件业务收入为4085亿元，同比增长12.8%；山东省实现软件业务收入2761亿元，同比增长33.6%；天津市实现软件业务收入833亿元，同比增长21.5%。这三个省市软件业务收入占环渤海地区软件业务收入的97.9%。河北省实现软件业务收入118亿元，同比增长14.2%；山西省实现软件业务收入16亿元，同比降低24.9%；内蒙古实现软件业务收入29亿元，同比增长25%。在2014年1—11月全国软件产业前十位省市中，环渤海地区占了两个席位，北京和山东，分别位居第三和第五。

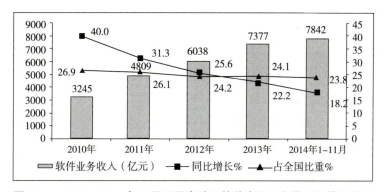

图12-1　2010—2014年11月环渤海地区软件产业业务收入规模及增速

数据来源：工业和信息化部运行局，2014年12月。

（二）产业结构

2014年1—11月，环渤海地区新兴信息技术服务增势突出。数据处理和运营服务业务收入为1726亿元，占区域收入总额的22%，同比增长25.3%，为增速最高的细分领域。IC设计业务实现收入195亿元，占比2.5%，同比增长25.2%。软件产品、信息系统集成服务、信息技术咨询服务和嵌入式系统软件业务增长较为平稳，分别实现收入2492亿、1683亿、960亿、和785亿元，占比31.8%、21.5%、12.2%和10%。其中，软件产品、信息系统集成服务、信息技术咨询服务以及数据处理和运营服务均占据全国各分类的25%以上。

总体来看，信息技术服务业务收入增长快速，信息技术服务业务（含数据处理和运营服务、信息技术咨询服务和IC设计业务）收入占收入总额的58.2%，与去年比重上升超过10个百分点。

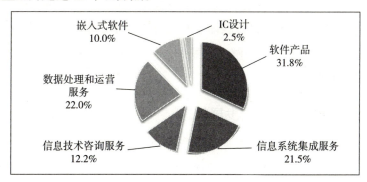

图12-2　2014年1—11月环渤海地区软件业务收入结构

数据来源：工业和信息化部运行局，2014年12月。

（三）企业情况

截止到 2014 年 11 月，环渤海地区共聚集 6566 家软件企业，占全国软件企业总数的 18%。近几年，环渤海地区软件企业实力逐渐增强，企业单体规模从 2012 年的 1.07 亿元 / 家提高至 2014 年的 1.19 亿元 / 家，比全国 9050 万元的平均水平高出 13.2%。环渤海地区共有 38 家企业入选 2014 年（第十三届）中国软件业务收入前百家企业，较上一届增加了 3 家，居全国首位。38 家企业的软件业务收入合计 1509.2 亿元，占前百家企业软件业务收入总额的 35.8%。其中，北京市 32 家，济南市 2 家，青岛市 2 家，天津市、烟台市各 1 家。海尔集团、北大方正、浪潮集团、海信集团 4 家企业名列前 10 强。环渤海地区仍然是全国计算机信息系统集成资质企业数量最多的地区之一。截止到 2014 年 12 月，共有 1600 家企业获得计算机信息系统集成资质，占全国总数的 30.6%，其中一级资质企业 98 家。

二、产业发展特点

（一）创新驱动产业转型升级

环渤海地区强调创新驱动，软件产业自主创新受到高度重视。2014 年区域产业不仅在规模上得到增长，更获得产业结构、产品服务质量的提升优化。企业对研发投入不断增加，凸显"高精尖"的特点，产品质量、应用水平和服务能力均获得较大提升。很多企业在自有领域取得丰硕的成果。如中创公司国产中间件、浪潮集团云计算基础软件平台等一批关键技术实现了重大突破；天津讯飞依托全球首个"语音云"计算平台提供的智能语音技术，先后推出了讯飞输入法、灵犀语音助手、酷音铃声、讯飞语音翻译等手机应用程序；北京君正面向物联网和可穿戴设备领域，规划了一系列解决方案 Mirage M 系列芯片，将可穿戴设备低功耗的优势发挥到极致。

（二）京津冀区域协同发展加速

北京市、天津市和河北省根据自身产业特点，发挥区域协同优势，形成优势互补的良好发展局面。北京市充分发挥在创新环境、科研资源、国际交流等方面的优势，推动产业创新发展。天津市和河北省则借力发展，承载企业技术转移和产业化的任务，提供基础设施、政策配套等支撑，积极建设差异化的协同发展模式。在园区合作方面，中关村软件园作为中关村的代表园区积极落实企业与北京周边地区的合作，中科曙光、汉王科技等公司分别在天津合作建立制造基地；百度在北京、天津、河北开展翔计划，助推三地中小企业信息化；软通动力、华力创通、华胜天成等公司在天津、河北成立分公司，积极开展人才培训交流合作。园区企业积极推进京津冀一体化协同发展。在项目布局上，京津冀优先选择对周边地区辐射带动效应强的项目工程，2014年京津冀范围内已有多个重大项目进行对接，强化区域产业链布局。

（三）新兴产业集聚效应显现

环渤海地区在云计算、大数据、移动互联网为代表的新兴产业发展方面拥有区位、经济、信息产业基础、科技人才等优势。云计算方面，以北京、天津和济南为代表，集聚众多云平台软件和应用软件龙头企业。随着云计算服务平台陆续建立、数据中心资源整合集中、龙头企业云平台稳步推进、投融资体系加快跟进，以技术、服务和模式创新为特征的云计算产业基础持续夯实。大数据方面，环渤海地区涌现出一批领先企业和初创企业，区域协同发展格局和产业集聚效应开始显现。2014年初，北京牵头打造京津冀地区大数据走廊。北航、清华和中科院等高校已成立大数据研究中心，设立大数据相关专业，加速大数据人才培养。山东大数据产业技术创新战略联盟2014年在关键理论探索、应用技术研究方面取得了一系列标志性的成果，产生了较高的经济效益和社会影响。10月，惠普软件全球大数据应用研究及产业示范基地落户青岛，助力大数据智慧产业发展，加速整个产业升级。移动互联网方面，截至2014年10月，移动互联网产业作为中关村的优势产业实现总收入超5242亿元，同比增长39.4%。

三、主要行业发展情况

（一）基础软件

环渤海地区是全国基础软件的发源地，聚集了中标软件、东方通、人大金仓、中和威、南大通用、神舟通用、中创软件等在国内有广泛知名度的基础软件企业，涉及操作系统、数据库、中间件等领域。近年来，旺盛的需求和国家的重视，为国产基础软件的发展营造良好环境。中标麒麟、中科方德等越来越多的国产操作系统进入国家正版软件采购目录。2014 年，中科方德、友友天宇等自主研发的操作系统推广取得进展，东方通的中间件广泛应用于金融、通信、政府等行业。

（二）行业应用软件

环渤海地区软件产业在行业应用软件方面集聚了一批龙头知名企业，具有扎实的产品实力，应用于国民经济各行各业，助力企业信息化，促进两化融合。企业方面，一大批中国软件企业跻身国际，超图软件已成为亚洲最大的地理信息系统平台软件厂商，启明星辰是国内领先的网络安全产品提供商。应用方面，企业加大对智能工业、智慧农业、智能交通等关键技术研发力度，提升行业智能管理和民生智能化水平。威海北洋电气"面向智慧城市建设的公共环境监测服务平台"项目，已成功应用于智能电网、数字化港口、数字化矿山、智能油田以及工业、民用消防等众多领域。易构软件研发的智能交通软件平台在全国十几个省份得到应用，为广大居民出行提供了高效便捷服务。

（三）信息技术服务

环渤海地区良好的产业环境和旺盛的行业客户需求为信息技术服务业提供了巨大的市场空间，尤其是近年来随着云计算、大数据兴起，数据处理和运营服务继续保持突出增势。2014 年 1—11 月，环渤海地区信息技术服务业业务收入达到 4565 亿元，占全国收入的 24.0%。信息技术服务业务收入增长快速，业务收入占地区软件业务收入总额的 58.2%，与去年比重上升超过 10 个百分点。同时，在智慧城市、智能交通、医疗、金融等行业培育一批龙头骨干企业，截至 2014 年 12 月，全国 229 家计算机信息系统集成一级资质企业，有 98 家来自环渤海地区。特别是北京市，作为环渤海区域信息技术服务业的龙头，在云计算、大数据方面，集聚了众多龙头企业，新兴领域平台化效应逐步凸显。

四、重点省市发展情况

（一）北京

1. 总体情况

作为环渤海地区第一大软件产业主导城市，北京软件产业业务收入规模位居全国第三，具备丰富的科研教育机构和高端人才资源，集聚了众多国内外软件企业总部及核心研发机构，形成了产业各环节协同发展的全产业链式发展模式。近年来，北京软件和信息技术服务业逐步向产业链高端延伸拓展，呈现增长稳中趋缓的态势。

2014年1—11月，北京市软件产业业务收入达到4085亿元，同比增长12.8%。数据处理和运营服务收入呈现突出增势，业务收入达到1240亿元，同比增长24%，占全市软件业务比重为30.4%。IC设计业务收入达到26亿元，同比增长13%。软件业务和嵌入式系统软件收入分别是1460亿元和80亿元，同比增长8.6%和5%。信息系统集成服务和信息技术咨询服务收入达到931亿元和348亿元，同比增长8.2%和9.8%。

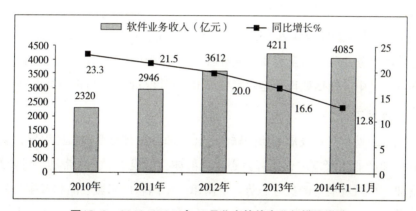

图12-3　2010—2014年11月北京软件产业规模及增速

数据来源：赛迪智库整理，2015年3月。

2. 发展特点

立足科研资源、产业环境等优势，北京市一直高度重视软件产业，尤其是云计算、大数据以及新一代互联网的发展。2014年，北京发布实施促进信息消费扩大内需、促进软件产业和集成电路产业发展等系列政策，积极引导软件和信息技术服务业向总部经济、服务经济、平台经济发展。产品和服务创新方面，建成北京健康云服务平台，已服务市民约5万人；启动智慧交通公共云及国家北斗卫星导航区域应用等示范项目建设，已完成1.7万套北斗终端的安装应用；国内首款自主桌面云平台及首款采用自主操作系统的可穿戴智能手表正式发布。企业方面，32家企业入选"2014年中国软件业务收入百强"企业，数量连续13年居全国首位；全市首家软件企业创业孵化基地同方科技园正式挂牌；"中关村创新云"已完成一期建设。

（二）山东

1. 总体情况

2014年，山东省软件产业继续保持快速发展态势，重点城市、园区和企业支撑带动能力显著，1—11月完成软件业务收入2761亿元，同比增长33.6%，以全国软件产业收入第五的体量位居全国增速第四位。

2014年1—11月，山东省软件产品完成业务收入772亿元，占全省软件业务比重为28%。嵌入式软件完成业务收入510亿元，占比18.5%。软件产品和嵌入式软件总共占比46.5%。系统集成服务、信息技术咨询服务、数据处理和运营服务和IC设计分别完成收入552亿元、511亿元、378亿元和37亿元，四者组成信息技术服务业收入占全省软件业务收入的比例达到53.5%，比上一年提高1.6个百分点。其中，数据处理和运营服务和IC设计保持高于45%的突出增势。

2. 发展特点

依托重点城市产业发展和协同联动，山东省积极加强政策扶持引导，促进产业链延伸和产业集聚发展，培育核心企业群体，形成了"龙头带动、骨干跟进、涉软增加、小微发展"的良好态势。济南市"中国软件名城"品牌效应凸显，软件业务收入占全省软件业的57.5%。截至2014年11月，青岛市软件业务收入950亿元，同比增长47%，高于全国增速20多个百分点，增速由去年副省级城市第5位提升到第1位，全年涉软企业达到945家，数量同比翻倍，累计认定软件企业548家，登记软件产品2112个。山东省龙头企业带动效应显著，省内海尔、海信企业分列2014中国软件百强企业第三、七名。同时，中小企业呈现出井喷式发展势头，截至2014年11月，省内软件企业2797家，同比增长30.4%，其中大多数是中小企业，中小企业逐渐成为全省软件与信息技术服务业的主体。

第十三章　长江三角洲地区软件产业发展状况

长江三角洲整体经济社会的发展势头迅猛，软件产业在近年来也获得了快速的发展。长江三角洲与珠江三角洲、环渤海湾地区一直以来都是我国三大软件产业区域基地。作为我国最具经济活力的长三角地区，该地区科技资源和综合配套能力极强，在区位、资本、教育等多个领域具备强竞争力，成为推动软件产业强劲发展的核心驱动力。包括上海、江苏和浙江的长江三角洲地区是中国重要的软件产品和信息服务基地，软件产业建设已经进入快车道。

一、整体发展情况

总体来看，长三角地区软件和信息服务业发展平稳，软件和信息服务业总收入不断提升。随着软件和信息服务业在长三角地区走向成熟，产业格局不断完善，企业业务实现互补发展。在龙头企业的带动下，大量的中小型企业不断成长，成为产业发展的长尾。

（一）产业收入

2014 年 1—11 月，上海市、江苏省、浙江省软件和信息服务业收入之和达到 1.028 万亿元，同比增长 22%，长三角地区软件业务总收入占全国软件和信息技术服务业收入的 31.2%，与上一年度基本持平。在长三角地区，南京市和上海市软件和信息技术服务业最为发达，引领整个区域产业的不断进步，杭州、宁波、苏州等城市的软件产业正在实现快速崛起，无锡、常州、扬州等城市的不断跟进，

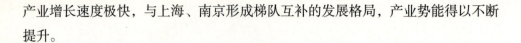

产业增长速度极快，与上海、南京形成梯队互补的发展格局，产业势能得以不断提升。

（二）产业结构

2014年1—11月，上海、江苏、浙江的软件产品收入之和为3010亿元，同比增长22%，占全国软件产品收入总和的29.7%，与上一年度基本持平；信息系统集成业务收入为1725亿元，同比增长20%，占全国信息系统集成业务收入总和的25.6%，与上一年度基本持平；信息技术咨询业务收入为751亿元，同比增长20%，占全国信息技术咨询业务收入总和的21.3%，较上一年度略有回落；数据处理和运营业务收入为1799亿元，同比增长24%，占全国数据处理和运营业务收入总和的30%，与上一年度基本持平；嵌入式软件收入为2523亿元，同比增长19%，占全国嵌入式软件收入总和的44.7%，较上一年度提高了1个百分点；IC设计业务收入474亿元，同比增长21%，占全国IC设计业务收入总和的50%，较上一年度略有回落。

（三）企业情况

2014年1—11月，上海、江苏、浙江三地，软件和信息服务业企业数量达到10457家，较上一年度同期的8432家增加了2025家，同比增长24%，占全国软件和信息技术服务业企业总量的28.7%，较上一年度提高了2个百分点。平均单个企业创造的软件与信息技术服务业务收入为9830万元，比全国平均9050万元的水平高出8.6%。

二、产业发展特点

（一）产业聚集程度高，集群效应明显

长江三角洲地区软件和信息服务业产业集聚度高，重点城市、园区成为产业发展的主力军，在龙头企业、重点区域的带动下，产业集群效应逐步凸显，产业体系更加完整，产业生态更加健全。从江苏省来看，苏南五市软件产业的收入总和占到全省产业总收入的九成以上。从浙江省看，2014年1—11月，仅杭州市完成软件业务收入就占到全省软件业务收入总和的86%，除杭州市之外，宁波市是浙江省软件产业发展的第二龙头，宁波市软件业务收入占到全省软件业务收入

总和的 11%。由此可见，在浙江省仅杭州市和宁波市软件产业总收入就占到了全省软件收入总和的 97%，反映出该地区软件产业的高集中度。从上海市看，4 个国家级软件产业基地，6 个市级软件产业基地，以及一批特色产业基地，集聚了全市 70% 的软件企业，形成了"4+6+X"的产业布局。

（二）智力资源丰富，创新能力突出

软件产业是典型的智力密集型产业，人才在产业创新发展中的作用非常突出。在长三角地区，产业的聚集也带来了智力资源的汇聚，为本地区产业快速发展带来极大的助推力。江苏省以南京大学、东南大学等高等院校为主，各大企业研究院为辅，构成了一整套人才培养体系。在浙江省，浙江大学培养了大量的产业人才，随着龙头企业的不断发展，企业提供的优厚待遇也吸引了大批科技人才汇集浙江。在上海，不仅有复旦大学、上海交通大学、同济大学等优秀高等院校，成熟的国际化人才交流体系也为上海产业发展注入大量活力。

（三）产业基础雄厚，服务特征明显

从全球软件产业发展来看，软件的基本属性正从产品走向服务，基于软件平台的服务是未来软件产业发展的重要趋势和必然选择。经过多年的发展，长三角地区软件产业规模不断增大，产业格局不断完善，模式演进持续进行，服务化、融合化趋势愈加明显。2014 年 1—11 月，上海市信息技术服务收入占该市软件与信息技术服务业总收入的比重达到 60%，远高出全国平均水平。上海市、江苏省、浙江省三地在嵌入式和 IC 设计服务方面占比分别接近和超过全国产业的一半。软件服务化和软硬结合的趋势日趋明显，新的业态和商业模式不断涌现。

（四）应用需求旺盛，协同作用凸显

长三角地区是我国最早发展的重点区域，江苏省、浙江省和上海市等地的总产值占到全国总产值的四分之一，有望成为世界第一超级经济区。各产业的不断进步使得该地区软件的应用需求也非常旺盛，在江苏省，汽车、机械、电力等行业为软件产业的发展带来巨大的市场，工业软件、嵌入式软件成为产业发展的重点。在浙江省，快速成长的互联网企业和文创企业促进了软件产业的创新发展，产业发展蕴含巨大的潜力。在上海市，金融业等行业创造出大量的应用需求，大数据等新兴技术的发展推动着传统软件产业的转型加速。同时，上海市、江苏省、

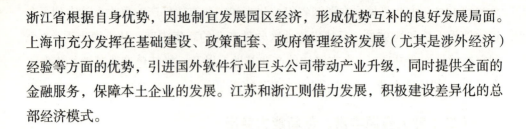

浙江省根据自身优势，因地制宜发展园区经济，形成优势互补的良好发展局面。上海市充分发挥在基础建设、政策配套、政府管理经济发展（尤其是涉外经济）经验等方面的优势，引进国外软件行业巨头公司带动产业升级，同时提供全面的金融服务，保障本土企业的发展。江苏和浙江则借力发展，积极建设差异化的总部经济模式。

三、主要行业发展情况

（一）嵌入式系统软件

嵌入式系统软件是长三角地区软件产业发展的优势领域，主要集中在江苏省。2014年1—11月，长三角地区嵌入式软件收入为2523亿元，同比增长19%，占全国嵌入式软件收入总和的44.7%，较上一年度提高了1个百分点。其中，江苏是全国嵌入式系统软件业务收入规模第一大省，业务收入达到1925亿元。面向电力、通信、交通、金融、网络、工程及制造等领域，培育了一批嵌入式系统软件骨干龙头企业。在江苏省南京市，南瑞集团公司面向电力、水利、交通等重点行业，嵌入式软件发展迅猛。在2014年第十三届中国软件业务收入前百家企业目录中，南京南瑞以100.3亿元的总收入位列全国第六名。

（二）IC设计

2014年1—11月，长三角地区IC设计业务收入474亿元，同比增长21%，占全国IC设计业务收入总和的50%，领跑我国IC设计产业。其中江苏和上海两地，分别实现收入249亿元和198亿元，包揽全国IC设计业务收入规模前两名。在江苏和上海的带动下，长三角地区围绕集成电路产业，形成了较为完备的产业链，覆盖IC设计、晶圆制造、IC封测。以集成电路设计业为例，无锡华润矽科微电子有限公司、杭州士兰微电子股份有限公司、上海华虹集成电路有限公司分别位居全国的第六、七、八位；集成电路封测业，江苏的智瑞达科技有限公司位于全国第一位，上海松下半导体有限公司、无锡英飞凌科技有限公司等6家企业占据了全国集成电路封测前十强的大多数席位。

（三）工业软件

长三角地区也是我国工业软件产业发展的聚集区域，尤其是在行业自动化和智能控制领域。面向电力、钢铁等行业领域，集聚了一大批品牌企业。典型骨干企业如上海宝信，面向钢铁行业提供信息化和生产过程管理解决方案；南瑞、南自、金智、科远、方天等企业充分发挥在电力自动化和智能电网领域的优势，在发电、输电、变电、配电、用电和调度等产业链的各个环节形成自主知识产权的产品群，占据国内市场一半以上的份额，帮助国家电网实现了安全可控的智能化。浙江中控软件技术有限公司被评为 2014 年我国工业软件领域的杰出服务商。

（四）信息安全软件

当前全球信息安全形势不断严峻，安全防护软件具有很大的市场发展空间，长三角地区作为我国软件产业发展的核心区域，在产业布局上处于全国前列，信息安全软件产业发展迅速。在浙江省，杭州海康威视和大华技术公司构成了全省信息安全软件的两大巨头，引领着整个产业的发展。在 2014 年全国软件业务收入千百家企业名单中，海康威视和大华技术分别位于全国的第 11 位和第 19 位，在信息安全领域处于全国领先地位。杭州华途软件有限公司被评为 2014 年中国数据防泄漏行业标杆企业。

四、重点省市发展情况

（一）上海市

2014 年 1—11 月，上海市软件和信息技术服务业实现收入 2399.1 亿元，同比增长 15.5%，在全国范围内处于较为领先的地位，产业基础雄厚扎实，创新实力较强。其中，软件产品实现收入 857.9 亿元，同比增长 15.6%；信息系统集成服务实现收入 510.6 亿元，同比增长 14.5%；信息技术咨询服务实现收入 299.7 亿元，同比增长 17.1%；数据处理和运营服务实现收入 432.9 亿元，同比增长 16.7%；嵌入式系统软件实现收入 100.1 亿元，同比增长 11.2%；IC 设计实现收入 198 亿元，同比增长 15.1%。截至 2014 年 11 月，上海市共有软件和信息技术服务业企业 2500 家。

上海浦东软件园作为国家部委和上海市人民政府合作的共建项目，10 多年

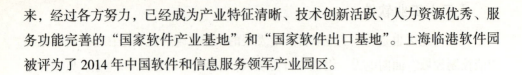

来，经过各方努力，已经成为产业特征清晰、技术创新活跃、人力资源优秀、服务功能完善的"国家软件产业基地"和"国家软件出口基地"。上海临港软件园被评为了2014年中国软件和信息服务领军产业园区。

（二）江苏省

2014年1—11月，江苏省软件和信息技术服务业保持较快增长，实现收入5802.3亿元，同比增长21.3%，产业收入总和保持全国第一，比位于第二名的广东省高出665亿元。

产业结构方面不断趋于优化。2014年1—11月，软件产品收入稳定增长，软件产业服务化趋势日益突出，软件与信息服务业对"两化融合"的推动作用显著增强。软件产品实现收入1623.9亿元，同比增长22.8%；信息系统集成服务实现收入968亿元，同比增长21.9%；信息技术咨询服务实现收入406.1亿元，同比增长22.1%；数据处理和运营服务实现收入629.5亿元，同比增长21.4%；嵌入式系统软件实现收入1925.5亿元，同比增长19.1%；IC设计实现收入249.4亿元，同比增长25%。

截至2014年11月，江苏省共有软件和信息技术服务业企业5925家。其中，南京南瑞集团公司是全省软件产业收入规模最高的企业，还荣获了2014年中国软件和信息服务十大领军企业，集团总经理肖世杰荣获了2014年中国软件和信息服务十大领军人物称号。江苏润和软件股份有限公司获得了2014年中国软件和信息服务风云企业称号。南京软件园和江苏软件园成为2014年中国软件和信息服务领军产业园区。无锡中关村科技创新园荣膺2014年中国软件和信息服务特色产业园区。

2014年1—11月，南京市软件和信息技术服务业实现收入2403.7亿元，同比增长15.7%。其中，软件产品实现收入812.5亿元，同比增长15.1%；信息系统集成服务实现收入668.2亿元，同比增长14.6%；信息技术咨询服务实现收入233.2亿元，同比增长14.1%；数据处理和运营服务实现收入290.9亿元，同比增长30.8%；嵌入式系统软件实现收入370.2亿元，同比增长10.3%；IC设计实现收入28.8亿元，同比增长10.3%。截至2014年11月，南京市共有软件和信息技术服务业企业1552家。

（三）浙江省

2014 年 1—11 月，浙江省软件和信息技术服务业延续了快速健康发展的良好态势，实现收入 2079 亿元，同比增长 28.4%。其中，软件产品实现收入 528.4 亿元，同比增长 27.3%；信息系统集成服务实现收入 245.7 亿元，同比增长 21.2%；信息技术咨询服务实现收入 45.1 亿元，同比增长 39.2%；数据处理和运营服务实现收入 736.2 亿元，同比增长 38.5%；嵌入式系统软件实现收入 497.2 亿元，同比增长 20.3%；IC 设计实现收入 26.4 亿元，同比增长 8.7%。截至 2014 年 11 月，浙江省共有软件和信息技术服务业企业 2032 家。

2014 年 1—11 月，杭州市软件和信息技术服务业实现收入 1780.4 亿元，同比增长 28.9%。其中，软件产品实现收入 482.6 亿元，同比增长 27.8%；信息系统集成服务实现收入 200.5 亿元，同比增长 20.8%；信息技术咨询服务实现收入 28.8 亿元，同比增长 35.7%；数据处理和运营服务实现收入 688.2 亿元，同比增长 39.8%；嵌入式系统软件实现收入 362.5 亿元，同比增长 17.5%；IC 设计实现收入 17.7 亿元，同比增长 10.6%。截至 2014 年 11 月，杭州市共有软件和信息技术服务业企业 865 家。

2014 年 1—11 月，宁波市软件和信息技术服务业实现收入 237.6 亿元，同比增长 29%。其中，软件产品实现收入 29.3 亿元，同比增长 34.6%；信息系统集成服务实现收入 40.1 亿元，同比增长 24.9%；信息技术咨询服务实现收入 11.1 亿元，同比增长 39%；数据处理和运营服务实现收入 35.1 亿元，同比增长 23.9%；嵌入式系统软件实现收入 115.5 亿元，同比增长 31%；IC 设计实现收入 6.5 亿元，同比增长 10.8%。截至 2014 年 11 月，宁波市共有软件和信息技术服务业企业 782 家。

第十四章　珠江三角洲地区软件产业发展状况

珠三角地区是中国最重要的软件产业基地之一，产业集聚度较高，产业布局一体化趋势明显，以广州、深圳、珠海为中心辐射区，以国家级和省级软件和信息服务业园区为重要载体的产业布局逐步形成，促进了大型软件和信息服务企业以及高端人才的集聚，为产业的集群化、规模化发展奠定了重要基础。

一、整体发展情况

（一）产业收入

近年来，珠三角地区的软件业务收入一直保持稳定、高速增长的态势，在国内软件产业中所占比重逐年上升。2014年1—11月，广东省软件产业业务收入5137.7亿元，占全国软件业务收入的比例为15.6%。以广州、深圳、珠海为中心辐射区引领珠三角地区软件产业发展，其中仅广州、深圳两市即占全省收入的97%。珠三角地区通过云计算、物联网、大数据等新兴领域为突破口，积极抢占软件和信息技术服务业的制高点。2014年，《广东省云计算发展规划（2014—2020年）》的发布将引导地区云计算产业集聚发展，支持信息服务企业开展云计算专业服务和增值服务。东莞市随后发布《东莞市国家级两化深度融合暨智能制造试验区三年行动计划（2014—2016）》，计划培育发展30家产值超亿元的智能装备辅助产品制造骨干企业和系统集成企业。

（二）产业结构

珠三角区位优势突出，产业发展环境良好，先进的电子政务水平、智慧城市的高水平发展及旺盛的企业用户需求为软件企业的发展提供了广阔的市场空间，行业应用软件和解决方案实力较为突出，具备良好的软件和信息技术服务业发展后劲，同时，珠三角地区强大的电子信息制造业基础也为嵌入式软件的发展提供了重要保障。此外，珠三角作为国家级"两化融合"试验区，其集成电路设计（IC）、嵌入式软件、行业应用软件等领域发展水平均居全国领先水平，信息技术服务能够对传统产业实现融合和渗透，推动通信设备、汽车制造、机械装备、家用电器等优势传统制造业的核心竞争力快速提升。面向行业的产业公共技术开发平台如数字家庭公共服务技术支持中心、Linux 公共服务技术支持中心、嵌入式软件技术支持中心等的建设为软件产业发展提供了良好的公共服务环境。以深圳、广州、珠海为代表的软件产业发达城市龙头作用凸显，对整个珠三角地区软件产业发展提升的拉动效应也愈发明显。

（三）企业情况

在软件企业方面，2014 年，共有 14 家企业入选中国软件百家企业名单，较上一届减少了 2 家，仅次于北京，居全国第二位。其中，深圳市 8 家，广州市和珠海市各 3 家，其中华为公司连续 12 年名列榜首。

表 14-1　2014 年珠三角地区入选全国软件业务收入前百家企业情况

排名	企业名称	软件业务收入（万元）	所在地
1	华为技术有限公司	12162721	深圳
2	中兴通讯股份有限公司	4628000	深圳
44	珠海金山软件有限公司	217326	珠海
45	广州广电运通金融电子股份有限公司	215169	广州
49	深圳市金证科技股份有限公司	199732	深圳
53	深圳创维数字技术股份有限公司	179122	深圳
55	深圳市华讯方舟科技有限公司	175886	深圳
66	深圳市大族激光科技股份有限公司	150157	深圳
71	珠海全志科技股份有限公司	135676	珠海
80	深圳怡化电脑股份有限公司	123036	深圳
82	北明软件股份有限公司	117910	广州
86	深圳市紫金支点技术股份有限公司	112435	深圳
92	广州海格通信集团股份有限公司	107736	广州
93	东信和平科技股份有限公司	106729	珠海

数据来源：赛迪智库整理，2015 年 3 月。

二、产业发展特点

（一）产业环境不断改善，产业基础逐步夯实

近年来广东省出台一系列政策措施，为软件和信息技术服务业发展创造了良好的政策环境。紧密围绕壮大产业规模和提升自主创新能力两大发展方向，突出抓好专项资金，着力优化产业园区载体布局，提升发展嵌入式软件和集成电路设计等优势领域，培育发展云计算、物联网、移动互联网等新兴软件服务业，从而带动产业整体发展。从产业基础设施来看，珠三角信息基础设施已经达到先进国家水平，第三代移动通信＋无线局域网（3G+WLAN）的无线宽带基本实现对热点地区的全覆盖。

（二）产业特色优势领域进一步突出

从当前珠三角地区软件产业发展情况来看，整体软件产业优势地位突出，在嵌入式软件、行业应用软件、云计算、IC 设计等领域优势更为明显，发展实力和速度均处于国内领先水平，涌现出了腾讯、迅雷、金蝶、金山等一大批知名软件企业和龙头品牌，软件产品性能和系统能力不断提升。在云计算发展方面，区域规划布局有序开展，广州正在加快实施"天云计划"，抢位发展云计算产业，从而增强广州国家中心城市的集聚辐射效应。深圳作为国家级云计算应用示范城市，信息产业发达、产业高端集聚，拥有良好的互联网、软件、电子信息产品制造业基础，成为云计算平台和软件、云设备制造布局的重点区域。

（三）云计算、大数据等新兴领域快速有序推进

近年来，珠三角地区通过云计算、大数据等新兴领域为突破口，积极抢占软件和信息技术服务业的制高点。在云计算方面，2014 年，广东省印发《广东省云计算发展规划（2014—2020 年）》，明确提出在 2020 年将广东省建设成为国际绿色云计算数据中心、全球云基础设备和云终端核心制造基地、全国云计算技术创新高地、云服务应用先行区、云平台和软件集聚区。规划提出，加快建设粤东西北地区云计算创新成长型基地，重点培育发展云基础设备制造业和云计算数据中心应用服务；加快推进深圳、广州超级计算中心建设，实现规模化运营服务；

加快建设东莞、佛山、珠海、惠州等市面向政府和公共服务的云计算数据中心；加快茂名、梅州等粤东西北地区远程备份和灾备云计算数据中心建设，支持汕头大数据协同创新产业园等数据园区建设。在大数据方面，广东省在2014年2月成立全国第一个大数据管理机构——广东省大数据管理局，在年中确定了大数据应用示范工作，公布推荐示范项目名单，12月发布了《广东省大数据发展规划（2015—2020年）》征求意见稿。广东省依托"天河二号"超级计算机建设国家大数据研究中心，研发突破大数据关键核心技术；发挥腾讯等公司的带动作用推动互联网大数据应用；广东省地税局用大数据推动管理现代化转型，检察院依靠大数据捕捉线索，交通部门应用大数据进行交通管理。广东省大数据的政策环境、技术研发、龙头企业引领、行业应用等协同发展、互为支撑，推动产业进入良性循环。

三、主要行业发展情况

（一）嵌入式软件

2014年1—11月，广东省嵌入式系统软件收入为1436.9亿元，同比增长16.8%，位居全国第二位。在嵌入式软件领域，珠三角地区已经逐步形成以通信设备、医疗设备、工业控制、消费电子、数字电视等为代表的嵌入式系统软件集群，并建立了配套完善的面向全省的嵌入式软件公共技术中心，已经建立了信息家电、汽车电子、数控机床和移动通信等领域的科研实验室，能够为各企业机构提供完备的解决方案和先进的技术支持，以及开展系统移植、嵌入式软件评测、培训、外包、咨询和现场支持等相关服务。

（二）行业应用软件

珠三角地区软件产业以其特有的渗透力和影响力，应用于国民经济各行各业，助力企业信息化，促进两化融合。广州在电信服务、机床数控、汽车电子等领域，深圳在通信系统、集成电路设计等领域，珠海在电力、数字娱乐等领域形成具有特色优势的软件服务业，有力支持传统产业融合发展。同时，各地积极通过园区孵化行业应用软件发展。如深圳软件园通过园区配套政策，推动金融、电子商务、电信管理、物流管理、互动游戏娱乐等行业应用软件企业走向国际市场，引领国内主流市场。华为、中兴网络通信的整体解决方案，金蝶的企业管理软件，金证、奥尊的金融软件，腾讯的网上即时通讯软件，现代的地铁综合管理系统，科陆的电力调度管理软件以及海云天的教育软件等产品均在国内具有较高的知名度和市场占有率。

（三）移动互联网

珠三角地区培育了一批龙头知名企业，主要包括腾讯、迅雷、UC 等著名品牌，在全国率先形成包括手机浏览器、手机网站和移动互联网的完整产业链条，同时带动形成了数百亿元的消费市场。

四、重点省市发展情况

（一）广州

一是产业规模继续稳步提升。广州市作为中国软件名城，同时又是国家级软件产业基地和国家级软件出口创新基地，软件产业具有良好的发展基础和核心竞争力。据统计，2014 年 1—10 月广州市软件和信息服务产业产值为 2014 亿元，其中软件业务收入 1515 亿元，同比增长 17.89%，全市新增认定软件企业 94 家，全市共有软件企业 781 家。1—10 月著作权大概数量是 6500 多件，同比 2013 年同期增长 15%。

二是注重提升自主创新能力，加强企业软件关键技术研发。2014 年，为进一步提升广州市软件产业自主创新能力，继续巩固和发挥广州市软件产业的先发优势，重点围绕移动互联网、云计算、大数据等新兴业态，以及工业软件、行业解决方案等优势产业，广州市政府组织实施了一批创新性强、研发基础扎实以及具有较好市场前景的重大科技专项，共安排财政支持经费 2500 多万元，支持软件和信息技术服务业领域重大专项 40 多项，有力地扶持了企业的技术研发。同时，积极组织企业申报广东省信息产业专项资金，经市政府审定同意，向省经信委推荐了"基于北斗的智慧物流云综合服务平台研发及应用示范"等 14 个项目，以及"全国企业大数据公共服务平台"等 5 个备选项目。

三是注重对软件产业优惠政策的宣贯和落实。一方面，为充分展示中国软件名城风采，体现广州软件和信息技术服务业整体实力和最新成果，积极发挥中国软件名城的标杆示范效应，广州市经过精心挑选，选择了天河软件园、黄花岗科技园、广州科学城3家重点软件园区，以及15家国家规划布局内重点软件企业和2家优势领域企业参加北京软博会。另一方面，认真做好对产业优惠政策的贯彻落实工作，截至2014年9月，帮助软件企业进行技术合同登记超过100件，软件开发合同近600份，涉及金额约13亿元，为企业免税约7000万元。同时，协助企业开展研发费用加计扣除，支持软件企业申报珠江新星等人才项目。

（二）深圳

2014年，深圳市1—10月软件产业保持快速增长，累计实现软件业务收入3230亿元，同比增长17.5%；利润总额744亿元，同比增长19%；税金总额为394亿元，同比增长27.2%；软件业务出口171亿美元，同比增长10.2%。截止到2014年10月底，2014年共受理双软认定9批，其中，累计新认定软件企业471家，新登记软件产品3156件。

注重财政资金扶持产业发展。深圳市继续加快实施《关于进一步加快软件产业和集成电路设计产业发展的若干措施》（深府〔2013〕99号），《若干措施》提出每年投入不少于5亿元支持软件和集成电路设计产业。5亿元资金由两部分组成：一是现行科技研发、互联网、新一代信息技术等战略性新兴产业专项资金中，每年对软件和集成电路设计产业的支持金额在4.5亿元左右（涵盖关键技术攻关、研发机构设立、产品应用示范、企业品牌培育等）。二是按照《若干措施》确定的新增财政支持方式，市财政计划每年再安排5000万元，用于落实现行其他相关资金未覆盖的政策，主要是首套件产品示范应用、企业入驻原特区外园区租金补贴、公共技术服务平台投资补贴三方面。

第十五章　东北地区软件产业发展状况

东北地区包括辽宁、吉林和黑龙江，是中国传统工业的聚集区。东北地区软件和信息服务业本身具有一定的基础，随着传统行业对软件和信息服务的应用越来越深入，东北地区软件产业得到进一步发展，尤其在工业软件、嵌入式软件和服务外包等领域，走出了独具特色的发展道路。

一、整体发展情况

2014年，东北地区软件与信息服务业运行平稳，继续保持健康、快速的发展势头。

（一）产业收入

2014年1—11月，东北三省实现软件和信息技术服务业务收入3245亿元，同比增长了11%。总体来看，东北地区增长速度略有下降，但依然保持快速良好的发展趋势。

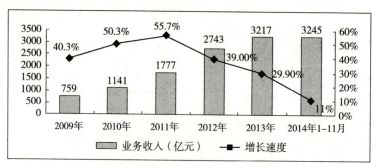

图15-1　2009—2014年东北地区软件产业业务收入规模及增速

数据来源：赛迪智库，2015年2月。

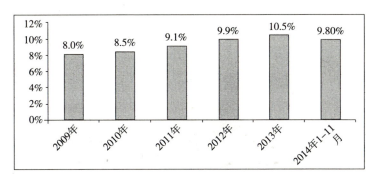

图15-2　2009—2014年东北地区软件产业业务收入占全国比重

数据来源：赛迪智库，2015 年 2 月。

　　从各省情况来看，2014 年 1—11 月，辽宁省软件和信息技术服务业务收入为 2813 亿元，同比增长 10%；吉林省软件和信息技术服务业务收入为 316 亿元，同比增长 20%；黑龙江省软件和信息技术服务业务收入为 116 亿元，同比增长 12.6%；全国软件产业前十位省市中，辽宁省排在第四位，仅次于江苏、广东和北京，处于我国软件产业发达省市的行列。

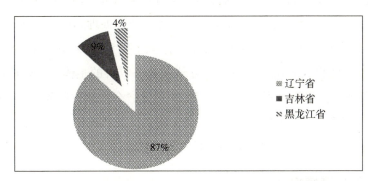

图15-3　2014年1—11月东北地区软件产业区域结构图

数据来源：赛迪智库，2015 年 2 月。

（二）产业结构

　　2014 年 1—11 月，东北地区软件产业收入 3245 亿元中，软件产品收入达 1085 亿元，占软件产业收入比重为 33%；信息系统集成服务收入达 738 亿元，占比为 23%；信息技术咨询服务收入达 519 亿元，占比为 16%；数据处理和运营服务收入为 500 亿元，占比为 15%；嵌入式系统软件收入为 376 亿元，占比为

12% ; IC 设计收入为 25 亿元，占比为 1%。

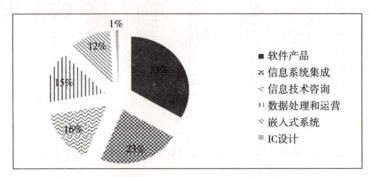

图15-4　2014年1—11月东北地区软件产业结构图

数据来源：赛迪智库，2015 年 2 月。

从各省情况来看，吉林省软件业务收入主体是软件产品、信息系统集成和嵌入式软件，销售额分别为 71 亿元、80 亿元和 69 亿元，三项业务合占业务总收入的 70%。辽宁省软件产品收入在 2014 年软件各项业务收入中占比最高，约为软件业务总收入的三分之一，其次为信息系统集成服务，销售额为 631 亿元，占软件业务总收入的 22.4%；信息技术咨询服务、数据处理和运营服务、嵌入式服务以及 IC 设计的业务收入分别为 438 亿元、451 亿元、294 亿元和 25 亿元，合计占软件业务总收入的 42%。黑龙江省软件业务收入的主体是软件产品及信息系统集成服务，销售额分别为 40 亿元和 27 亿元，合占软件业务总收入的 58%；信息技术咨询服务、数据处理和运营服务、嵌入式软件的销售额分别为 21 亿元、14 亿元、13 亿元，合计占软件业务总收入的 42%。

（三）政策情况

2014 年 8 月，国务院印发了《关于近期支持东北振兴若干重大政策举措的意见》。《意见》提出要加快培育新兴产业，推进工业化和信息化融合发展，对东北地区软件和信息服务产业将起到重要的推动作用。

加快培育新兴产业方面，《意见》提出支持战略性新兴产业加快发展，对东北地区具有发展条件和比较优势的领域，国家优先布局安排。积极推动设立战略性新兴产业创业投资基金。推进工业化与信息化融合发展方面，《意见》提出加快信息化与工业化深度融合，适度超前建设智能化、大容量骨干传输网络，加快沈阳互联网骨干直联点建设，依托哈尔滨区域性国际通信业务出入口局，扩容中俄、中蒙跨境信息通道。支持东北地区开展工业化与信息化融合发展试点，用信息技术改造提升制造业。培育发展新一代信息技术、云计算、物联网等产业。

二、产业发展特点

（一）产业整体增速放缓

2014 年 1—11 月，东北三省实现软件和信息技术服务业务收入 3245 亿元，同比增长了 11%，这一增速低于 2013 年的 30%。从各省情况来看，吉林省和黑龙江省增速分别为 20% 和 12.6%，与前几年相差不大。东北三省增速放缓的主要原因在于辽宁省软件和信息技术服务业增速仅为 10%，远低于 2013 年。

（二）新兴产业成为发展重点

2014 年，哈尔滨市被国家发改委联合工信部批复为新增两个国家云计算创新服务试点示范城市之一，成为东北地区唯一的云计算试点城市，也表明新兴产业正在成为东北地区软件与信息服务产业发展的重点。哈尔滨市政府高度重视云计算产业发展，以数据中心为核心打造云计算产业集群，力争成为全国领先的云计算重点发展城市。哈尔滨市"中国云谷"江南基地园区总规划面积 16 平方公里，规划建设云计算数据中心基地、应用创新研发基地、企业孵化基地和产业发展基地；"中国云谷"江北基地规划建设总面积 2.5 平方公里，重点构建由公共技术测试平台、人才培训平台、云孵化平台、投融资平台、技术交流平台组成的五位一体的云计算配套服务平台。目前，哈尔滨已吸引了包括中国移动、浪潮、曙光、国裕等一批云计算知名企业前来投资发展，云计算产业快速发展的态势初步形成。

（三）重点领域优势突出

东北是传统老工业基地，依托传统行业的市场需求带动和两化融合的推进，东北地区重点培养嵌入式软件、服务外包等特色领域，并形成了明显的领域优势。在嵌入式软件方面，东北地区软件企业将自主创新与传统产业改造相结合，形成强大的品牌优势，在数控机床、工业机器人、数字医疗设备、电力自控系统、石油石化、汽车电子等嵌入式系统产品在国内市场占有主导地位。如沈阳新松机器人自动化股份有限公司完成的"恶劣环境车载式双重载机器人系统"填补了国内外空白，系统指标达到国际先进水平。在服务外包领域，大连市服务外包收入位居全国第一，已成为名副其实的全国软件出口基地，并涌现出华信、海辉等在国内外拥有一定知名度、整体发展水平和交付能力在全国处于领先地位的品牌企业。

三、主要行业发展情况

（一）工业软件与行业解决方案

东北是传统老工业基地，雄厚的工业基础和众多大型工业企业对工业软件和行业解决方案有着广泛需求，促进了东北地区工业软件的快速发展。例如，吉林省长春泰坦斯科技有限公司提供智能工厂、智能车间、智能生产线的总体设计、总包管理、工程实施和维保服务，2014年营业收入超过6000万元；启明信息技术股份有限公司在汽车管理软件和车载信息系统两个领域的市场份额占据国内第一的领先地位，2014年营业收入超过13亿元。辽宁省沈阳市蓝光自动化技术有限公司从事电梯控制系统、驱动装置、永磁同步曳引机及抽油机专用的永磁同步电动机等产品开发和管理，2014年营业收入超过1亿元；沈阳新松机器人自动化公司、鞍钢自动化、中冶焦耐等企业则面向工业控制、采矿、冶金、数控等领域开发工业软件。

（二）嵌入式软件

东北嵌入式软件发展同样依托传统领域需求，将自主创新与传统产业改造相结合。吉林省，大陆汽车电子有限公司和一汽光洋转向装置有限公司面向汽车领域开发嵌入式软件，2014年营业收入分别超过11亿元和8亿元。辽宁省，东软医疗自主研发的CardioCAD 2.0（心脏计算机辅助检测系统）、新型的16层CT NeuViz16 Plus通过SFDA（国家食品药品监督管理局）认证；推出了最新型的Flying全数字彩色多普勒超声诊断系统。大森数控公司研发的数控机系统在机床上实现五轴联动、纳米插补、高速高精加工、伺服在线调整等功能，技术达到国内领先。大连环宇移动科技有限公司经营移动通信系统设备等产品，2014年营业收入接近7亿元。

（三）云计算

东北高度重视新一代信息产业发展。尤其在云计算领域，哈尔滨市于2014

年被国家发改委联合工信部批复为新增两个国家云计算创新服务试点示范城市之一，表明其云计算发展已经走在全国前列。目前，哈尔滨市云计算产业链已经初步形成，覆盖了除电子元器件之外云计算的各产业环节，聚集了包括云计算、物联网、软件服务外包、新媒体等企业近300家，初步形成以基础云为核心，物联云、政务云、媒体云、公共云、医疗云、游戏云、互联云等齐聚的产业发展架构。

四、重点省市

（一）哈尔滨

一是产业发展基础良好。哈尔滨市拥有中国云谷江南基地和江北基地两块云计算产业发展基地，是我国东北地区重要的云计算产业聚集区。短短几年内，哈尔滨市云计算产业链已经初步形成，覆盖了除电子元器件之外云计算的各产业环节，目前聚集了包括云计算、物联网、软件服务外包、新媒体等企业近300家，初步形成以基础云为核心，物联云、政务云、媒体云、公共云、医疗云、游戏云、互联云等齐聚的产业发展架构。

二是业务领域较为集中。依托独特的地理区位优势以及政府的大力扶持，哈尔滨软件与信息服务业务目前多集中于以数据中心为核心的云基础设施领域、以行业云为核心的云应用领域以及云计算集成服务等领域，企业数量也以这些领域居多。例如，在云基础设施领域，7个省级云计算重点项目已经开工建设。在政务云领域，哈尔滨市从电子政务应用中划分出宏观经济信息、人口基础信息共享、行政联合审批、医疗健康服务等9个云应用示范工程项目，全市40多家云计算企业组成了18个组合参与并提出了初步设计方案。

三是数据中心初具规模。中国云谷江南基地（哈南国际数据城）已建成数据中心50万平方米，主要业务领域涉及金融、医疗、电信、影视、网络、游戏等行业。到2013年末，哈尔滨国际数据城已建成百万平方米规模的云计算中心集群，在电子政务、电子商务、三网融合、云呼叫中心、电信增值服务、网络运营、软件研发、服务外包、物联网、动漫、新媒体等领域实施20个以上的云计算示范应用。

四是产业聚集初步形成。哈尔滨企业分布主要集中在中国云谷江南和江北两个基地，以促进产业集聚发展。江南基地积极建设工业制造、通信、金融、动漫

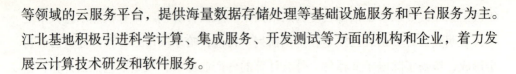

等领域的云服务平台，提供海量数据存储处理等基础设施服务和平台服务为主。江北基地积极引进科学计算、集成服务、开发测试等方面的机构和企业，着力发展云计算技术研发和软件服务。

（二）大连

通过积极的政策措施、特色的发展模式、优秀的人才培养环境，大连市软件和信息服务业迅速发展，成为东北地区软件产业最发达的城市之一，先后被授予"国家软件产业基地"、"国家软件出口基地"、"中国服务外包示范城市"、"国家软件版权保护示范城市"、"信息技术服务外包行业个人信息保护试点城市"等称号。

1.总体情况

2014 年 1—11 月，大连市实现软件和信息技术服务业务收入 1376 亿元，同比增长了 10%，占东北地区软件产业收入比重达 42.4%。至 2014 年末，大连市软件企业数量超过 1896 家，软件产业从业人员超过 14 万人。

图15-5　2009年—2014年11月大连市软件产业业务收入规模及增速

数据来源：赛迪智库，2015 年 2 月。

2.发展特点

大连市是东北地区软件产业发展最快的城市。在工业软件领域，四达高技术公司的飞机数字化装配系统软件，美恒时代公司研发的矿山重型机械变频控制产品在国内同行业市场中占有 65% 的市场。在信息安全领域，大连宇光虚拟网络技术股份有限公司利用终端虚拟技术，实现不同于操作系统的虚拟技术应用，达到可信、可控、可管理的虚拟操作，亿达信息技术公司的手机支付插件获得中国银联测试认证，国内处于领先地位。目前，大连市行业软件应用范围已经扩大到全国各地。现代高技术公司研发出的轨道交通信号控制系统等软件成功应用到大连、沈阳、哈尔滨、成都、烟台、淄博、克拉玛依等国内近30座城市的交通系统。贝斯特公司研发的领航系列产品占据国内市场份额的超过一半。大连市重视产业载体建设，大连软件园、七贤岭产业基地、腾飞软件园、天地软件园、东软软件园等多个软件园区，聚集了全市80%的企业。未来，大连将形成若干个软件与服务业千亿产业集群。

第十六章　中西部地区软件产业发展状况

一、整体发展情况

中西部地区包括河南、湖南、湖北、陕西、山西、江西、四川、重庆、云南、贵州、广西、宁夏、甘肃、青海、内蒙古、西藏、新疆在内的 17 个省市，是目前我国覆盖面积最大，包含省市最多的区域。中西部地区的软件产业发展相对其他地区基础较为薄弱，在产业发展规模和层次上同东部地区的差异依然较大。但是，武汉、西安、重庆、成都等区域中心城市经济发展辐射性和带动力强，相对东部沿海地区普遍具有生产要素低成本优势，科技、人才、资金等资源较为密集，地域和文化优势明显，对软件产业发展要素的吸引能力逐渐增强，为软件产业的快速发展提供了有力的支撑。

（一）产业收入

截至 2014 年底，中、西部地区分别完成软件业务收入 1713 亿元和 3927 亿元，

图16-1　2009—2014年中西部地区软件产业业务收入规模及增速

数据来源：工业和信息化部运行局，2015 年 1 月。

同比增长 26.7% 和 23.5%，增速高出全国平均水平 6.5 和 3.3 个百分点，在全国所占比重为 4.6% 和 10.6%，分别比 2013 年提高 0.2 和 0.3 个百分点。

（二）产业结构

2014 年 1—11 月，中西部地区软件与信息服务业增速出现明显的下降趋势，甚至个别领域出现负增长情况。增速在 30% 以上的细分领域只有一个，软件产品依然是占比最大的细分领域，实现收入 1727 亿元，同比增长 31%，占比 34.6%；信息技术咨询服务增速平稳，实现业务收入 681 亿元，同比增长 24.3%，占比小幅提升达到 13.5%；信息系统集成服务实现业务收入 1285 亿元，同比增长 19.6%，占比略有降低为 25.7%；数据处理和运营服务业务收入为 783.5 亿元，同比增长 21.5%，增速出现大幅下降，比去年同期下降近 50 个百分点，占收入总额的 15.5%；IC 设计业务实现收入 120.2 亿元，同比增长 16.4%，占比 2.4%；嵌入式系统软件业务出现负增长，实现收入 353.6 亿元，增速同比下降 11.5%，比去年同期低 88.3 个百分点，在所有细分领域中增长下降最明显，占比 8.3%。总体来看，软件产品业务和信息技术服务业务收入结构保持不变，软件产品（含嵌入式系统软件）业务收入占收入总额的 42.9%，与去年比重基本持平。

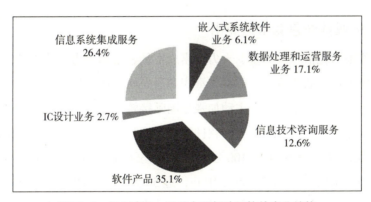

图16-2　2014年1—11月中西部地区软件产业结构

数据来源：工业和信息化部运行局，2015 年 1 月。

二、产业发展特点

（一）中心城市带动作用明显

中心城市带动软件产业发展的特点在中西部地区表现尤为明显，成都、西安、武汉三个城市软件业务收入占中西部地区的60%。据工信部运行局数据显示：截至2014年11月，成都市软件和信息技术服务业实现主营业务收入3171亿元，同比增长20.1%。其中，软件业务收入1585亿元，同比增长20%，占中西部地区软件业务收入的28.1%，产业规模居15个副省级城市第5位，中西部之首。在中心城市的带动下，中西部地区的软件产业持续快速增长，并且在信息安全和数字新媒体等领域处于全国领先地位，涌现出一大批优秀企业。

（二）后发优势强劲，产业承接能力强

中西部地区极具发展软件产业的天然优势和后发优势，凭借丰富的人才资源、突出的创新能力和低成本的劳动力，中西部地区将成为我国软件产业的新增长极。目前，中西部地区凭借低成本的竞争优势，已经吸引了众多的跨国企业在该区成立分公司和建设研发中心，开展软件与服务外包业务。同时，中西部地区以成本优势打造自身竞争力，通过不断聚集创新要素、人才、资金等，充分借鉴国内外软件产业发展经验，为本地区软件产业持续自主创新夯实基础，不断提升竞争实力，逐步摆脱低端锁定，向产业链的重要角色转变。从满足低端市场到参与国际软件产业大分工的发展历程，积极融入到全球化的竞争大潮中。

（三）服务外包竞争力突出

中西部地区凭借资源丰富、人力要素成本低、市场潜力大的优势，在服务外包领域呈现出强大的竞争力。成都、重庆和西安均被评为软件产品出口基地和服务外包示范城市。其中，成都主动加强与国际接轨，不断提升承接能力，服务外包业务持续增长。成都高新区天府软件园再次蝉联中国服务外包园区榜首，截至2014年年底，全球服务外包前100强已有20余家在成都落户，其中IBM、埃森哲、维普罗等公司都已在成都设立研发中心，近50家跨国集团企业在成都设立了全球交付中心、共享服务中心或研发中心。中国服务外包10大领军企业中的6家在成都设立分支机构。基本形成了涵盖信息技术、研发外包、工业设计、市场营销、人力资源、财务会计、法律咨询等业务在内的服务外包产业体系。

三、主要行业发展情况

（一）信息安全

信息安全一直都是中西部地区软件产业发展的优势领域。西安拥有全国最大的信息安全产业园，建设总投资 150 亿元，预计到 2016 年，产业园将实现年产值过百亿元，引进和培育各类信息安全企业 300 家，信息安全产业及相关从业人员 12 万人。成都信息安全产业 2014 年上半年实现收入 35.08 亿元，承担国家各级信息安全科研项目 200 余项。在网络信息安全产业发展方面，成都从事信息安全产品研发、制造、销售和服务的企业已经达到 110 多家，形成了一批以网络通信和信息安全科研为主的核心技术，在全国具有显著特色和优势，形成了以中电集团 30 所为龙头，华为数字、卫士通、迈普等为代表的骨干企业。湖北省信息安全产业规模也在逐年上升，主要产品涉及广泛，包括安全路由器、3A 身份认证及智能卡、安全计算机与密码、安全管理平台、入侵监控和防御系统、防病毒产品、VPN、网关和信息安全监理等。代表企业有烽火科技、天喻信息、华工安鼎、信安通、武汉达梦、三江航天和湖北信安等。

（二）信息系统集成

信息系统集成服务一直是中西部地区软件产业发展的重要细分行业。尤其在近些年，信息系统集成服务呈现快速攀升的趋势，其收入占比已超过软件产业收入的四分之一。截至 2014 年 11 月，成都信息系统集成服务实现收入 334.7 亿元，主要企业包括四川创立、四川久远银海、成都索贝数码。截至 2014 年 11 月，湖北省信息系统集成服务收入 173 亿元，增长 40.8%，增幅全国第三，主要领域涉及轨道交通、电子政务、石油、智慧城市、教育等诸多方面，主要企业有领航动力、烽火集成、武钢自动化和兴得科技等。湖南省则在民生公共领域的信息系统服务成效显著，办事出行"一卡通"、居家生活"一键通"、学习工作"一网通"、在线服务"一点通"正在逐步实现，其中以"网络空间"建设为核心的教育信息化成为全国典范。长城信息的"银行一卡通自助服务解决方案"应用领域已覆盖28 个省，涉及医院 208 个，平均日服务病人 20 万人次。

（三）新兴信息技术服务

中西部地区抓住物联网、智慧城市、云计算和新媒体等新兴领域发展契机，大力发展新兴信息技术服务业，逐步缩小与东部发达地区的差距。成都市已初步形成以 RFID 与定位跟踪、新型传感器、软件与系统集成、集成电路和专用芯片、信息安全为核心的物联网产业体系，高新区已聚集物联网企业 100 余家，如感知物联集团、中电科 29 所、华气厚普、安可信等。云计算引导企业投资建设大区级互联网数据中心、成都云计算中心、中国 IDC（成都）等重大工业项目 4 个。湖南省目前从事物联网研发、生产和服务的企业达两百家，涉及传感器、芯片设计、电子标签与读写器具、智能终端、应用软件、系统集成、运营服务等物联网产业链多个环节。轨道交通领域，南车时代整体实力国内领先，围绕物联网技术，开展智能传感器、高速智能列车信息化系统等方面的研发。智能电网领域，威胜集团占据智能电表国内 30% 以上的市场，与西门子签订战略合作协议。

四、重点城市发展情况

成都和武汉市中西部软件产业发展的中心城市，凭借人力资源、智力资本和较快的经济发展速度，实现软件产业的快速成长，并带动中西部地区软件产业经历从无到有、从追赶到个别领域处于领先的过程。其中，成都在西部地区城市中排名第一，武汉在中部地区城市中排名第一。

（一）成都

1.总体情况

成都是我国软件产业的战略性和功能性部署区，拥有基础软件、应用软件、移动通信、软件服务外包和集成电路设计、终端制造、信息安全、数字媒体和动漫游戏等 12 个国家级产业基地，并成为全国第三个、中西部首个获得"中国软件名称"称号城市。据工信部运行局数据显示：截至 2014 年 11 月，实现主营业务收入 3171 亿元，同比增长 20.1%。其中，软件业务收入 1585 亿元，同比增长 20%，占西部地区软件业务收入的 28.1%，居中西部之首，在 15 个副省级城市中排名第 5。此外，产业结构优化升级，呈现出"服务化"趋势。信息系统集成、信息技术咨询服务、数据处理运营服务和 IC 设计分别实现收入 334.7 亿元、177

亿元、391 亿元和 52 亿元，占软件业务收入比例超过 60.4%。嵌入式系统软件增长态势趋缓，实现收入 8.2 亿元，同比增长 13.3%。

2. 发展特点

产业带动效应明显，社会管理能力、公共服务能力和政府政务服务水平不断提升。成都积极推进智慧城市建设，在交通管理、城市管理、环境保护、食品安全、安全监管等方面，加大软件和信息技术服务业的应用；在医疗卫生、人力资源和社会保障、教育等领域，开展信息资源共享和业务协同，积极推进成都市公民信息管理系统的建设，有力地推动了成都市服务型政府建设。目前，成都市政府部门办公自动化系统实现 100% 覆盖，建成全市统一的电子政务网络。

企业实力不断增强，领域特色发展突出。从企业实力看，全球软件 20 强企业已有 13 家在成都落户，华为、中兴、腾讯等国内知名企业也纷纷设立机构，本地也育出龙头企业，两家进入全国软件百强企业，软件服务业共有从业人员逾 24 万。成都在信息安全、数字新媒体、软件服务外包、IC 设计、电子商务等领域具有较强的竞争优势。其中，2014 年 1—11 月 IC 设计实现收入 52 亿元，同比增长 10.5%，位居全国 15 个副省级城市首位；电子商务交易额超过 5000 亿元，约占全国的 3.8%，居西部城市首位。

（二）武汉

1. 总体情况

武汉市的软件业务收入、企业数量、从业人员均占湖北省的 95% 以上。截至 2014 年 11 月，武汉市软件和信息技术服务业务收入 1815.7 亿元，同比增长超过 40%，增速位居全国 15 个副省级城市第二位。软件产品收入 379 亿元，同比增长 41.6%；信息系统集成服务收入 172 亿元，同比增长 41%；信息技术咨询服务收入 88.9 亿元，同比增长 40.5%；数据处理和运营服务收入 172.7 亿元，同比增长 42.3%；嵌入式系统软件收入 89 亿元，同比增长 42.4%；IC 设计收入 5 亿元，同比增长 39%。

经过多年的培育和发展，武汉市业已形成以光通信嵌入式软件、工业软件、地球空间信息等产业领域为重点，以武汉邮电科学研究院、天喻信息等全国软件百家企业为龙头，以花山软件新城、光谷软件园、洪山国家新型工业化产业示范基地等园区为载体的软件产业发展格局。预计到 2015 年，武汉软件业务收入将

达到 2000 亿元，软件产业将成武汉经济增长的新引擎。

2. 发展特点

优势技术和产品保持良好发展态势，企业业务领域不断拓展。武汉市软件产品主要涉及遥感遥测、卫星定位、无线接入、汽车、信息安全、数字视听、石油、水利电力、数控机床、激光设备、教育及数字媒体等。企业业务领域包含地理信息、信息安全、数据库、计算机辅助设计制造、IC 卡操作系统、企业信息化、教育信息化软件、嵌入式软件等应用领域，并在国内占有较高的市场份额。

为获得中部地区首个"中国软件名城"，武汉市不断推出鼓励软件产业发展的优惠政策。2014 年，武汉市软件产业发展专项资金重点支持移动互联网、云计算、电子商务、大数据等 10 个领域。对首次入选中国软件百强的软件企业，给予 50 万元奖励；对首次入选国家规划局的重点软件企业给予 30 万元奖励；对年营业收入首次过 5 亿元的软件企业给予 50 万元奖励；对成功上市的软件企业给予 200 万元的奖励等。

园 区 篇

第十七章　中关村科技园区海淀园

一、园区概况

20世纪80年代，中关村"电子一条街"成为了中国高新技术产业的萌芽。1988年，国务院批准成立了北京新技术产业开发实验区，由此中关村成为中国第一个国家级的高新技术产业开发区和中国经济、科技、教育体制改革实验区。随着全球知识经济的蓬勃发展、中国社会主义市场经济框架逐步建立和科教兴国战略的深入实施，1999年、2005年国务院分别作出了加快建设中关村、做强中关村的重大决策。2009年3月，国务院批准中关村建设国家自主创新示范区。4月，北京市政府批复"同意加快建设国家自主创新示范区核心区"。

根据中关村科技园区总体规划，在海淀园内建设了12个各具特色的独立专业园区（产业基地）。海淀园分为中心区和发展区。目前，海淀园建成区总面积13306公顷，内有中关村西区、清华科技园、中关村科学城、上地信息产业基地、北大科技园上地园区、中关村软件园等6个专业园区，在集中新建区内规划建设有中关村永丰技术产业基地，中关村环保科技示范园、中关村创新园、国际教育园、中关村创意园和中关村文化教育基地（南部地区）6个专业园区。其中，中关村软件园是目前国内规模最大、层次最高的专业软件园区，被列为"国家软件产业基地"和"国家软件出口基地"。这些专业园区（基地）已经成为海淀园，以及北京市整合产业资源、适应产业发展需求和战略发展方向的重要保证。海淀园软件和信息服务收入占北京市的82%，汇聚了国内众多优秀的软件与信息服务企业，形成了一批有特色的专业基地，已经发展成为全国经济规模最大的软件基地，成为北京市最重要的研发中心、孵化中心和产业化基地。

二、重点行业发展情况

（一）云计算产业

云计算是当前业界乃至全社会关注的焦点和热点，被看作是新一代信息技术变革和业务应用模式变革的核心。中关村科技园区海淀园将云计算作为重点发展领域，体现出了其在我国软件和信息服务业领先园区的实力与地位。北京中关村云基地的建立进一步推进北京市云计算发展，确立北京中关村成为北京云计算事业发展中心、北京云时代技术研发中心、北京云计算行业创造与创新中心、全国乃至全球云计算人才交流中心、中国云计算行业资本汇聚中心等"五个中心"。北京中关村云基地遵循服务引领、自主创新、国际同步、产业链联动的原则，汇聚云计算领域自主知识产权的创新公司和资本、政策资源，打造"基金 + 基地"的模式。

在云计算领域的主要企业有：联想、赛尔网络、曙光、IBM、Oracle、用友、搜狐、金山、百度、华胜天成、君正等。

（二）互联网服务业

在搜索引擎领域，有国内市场份额最大的百度公司。百度的研发中心已于2010 年进驻中关村软件园，员工人数达到 1000 人，是百度重要的研发基地。在即时通信领域，有国内市场份额最大的腾讯公司。目前，腾讯已签约中关村软件园二期，并将在中关村软件园二期建立北京总部基地。新浪、搜狐、网易等是互联网三大门户网站，占据着国内重要的市场份额。

代表企业：百度、搜狐、新浪、腾讯、网易、完美世界等。

（三）服务外包产业

软件与服务外包在国内处于领先地位，形成了一批具有国际竞争力和影响力的本土软件与服务外包企业，如文思创新、软通动力、博彦科技等。文思创新是第一家在纽约股票交易所上市的中国软件服务外包企业，在为欧美市场提供离岸软件开发的企业中位居中国第一。博彦科技拥有惠普公司在亚洲地区最大的打印机测试中心，是惠普全球 17 家技术合作伙伴之一。软通动力是金融、电信、能源、交通、公用事业等行业重要的 IT 综合服务提供商和战略合作伙伴。TCS 等具有全球影响力的软件与服务外包企业入驻园区。国内首家国际高端服务外包转移中心也在园区内成立，该中心的成立将使我国本土 IT 服务商有机会直接向全球一线行业买家提供服务。

代表企业：文思创新、软通动力、博彦科技等。

第十八章　上海浦东软件园

一、园区概况

上海浦东软件园是由国家发改委（原国家计委）批准，原信息产业部和上海市人民政府共同组建的"国家软件产业基地"和"国家软件出口基地"。1991 年，时任机电部副部长的曾培炎同志到上海考察，筹划以建立软件园的形式推动中国软件产业发展。1992 年，上海浦东软件园发展公司成立。自 1992 年至 2000 年，原信息产业部与上海市人民政府签署了三个部市协议，共建浦东软件园。1998 年，园区建设工程奠基启动。2000 年 3 月 18 日，上海浦东软件园郭守敬园正式对外开园。随后，祖冲之园于 2006 年 3 月开园；三林世博分园于 2008 年 10 月开园；昆山浦东软件园于 2009 年 8 月开园。四大园区各具特色，如今已成为众多软件与信息化企业成长、发展、壮大的沃土。

上海浦东软件园在园区产值、运营规模上每年都呈现出健康、平稳的增长态势。自 2000 年开园以来，上海浦东软件园入驻企业、就业人数、产值规模及上缴税收持续快速增长。2010 年实现经营总收入达 257 亿元，上缴税收 16 亿元。上海浦东软件园园区企业现已拥有近千种软件产品与服务，软件园区的群体优势和规模效应急剧壮大。

上海浦东软件园作为国家部委和上海市人民政府合作的共建项目，10 多年来，在国家有关部委、上海市以及浦东新区政府的支持下，经过卓有成效的开发建设，已经成为产业特征清晰、技术创新活跃、人力资源优秀、服务功能完善的"国家软件产业基地"和"国家软件出口基地"。

二、重点行业发展情况

经过多年发展，上海浦东软件园入驻企业、就业人数、产值规模及上缴税收持续快速增长，园区企业现已拥有近千种软件产品与服务。在产业发展过程中，园区逐渐形成了由花旗软件技术服务（上海）有限公司、天用唯勤科技有限公司、巴克莱信息技术（上海）有限公司等公司组成的金融信息产业，上海核心信息技术有限公司、康腾微电子（上海）有限公司、飞思卡尔等公司组成的芯片设计产业，上海电信数码通宽带网络有限公司、上海斯图曼电信技术有限公司、上海大汉三通网络通信有限公司等组成的移动通信产业，SAP 中国研究院等公司组成的企业管理产业，上海科意捷信息技术有限公司等组成的电子政务产业等重点优势领域。

第十九章　辽宁大连软件园

一、园区概况

辽宁大连软件园是大连高科技产业园区的一部分,成立于1998年6月28日,地处辽宁省大连市的西部郊区,是一个以软件产业为核心,集服务外包、动漫游戏和系统集成等多个产业门类的专业的全球大型IT企业和软件咨询服务的聚集地,许多日本企业则选择大连软件园提供的服务外包,是因为这里拥有日语语言的优势。

目前,作为全国11个软件产业基地以及5个软件出口基地之一的大连软件园已成为辽宁省乃至东北地区重要的软件产业基地。2014年,大连软件园仍然保持了20%的发展增速,业务收入突破700亿元,并推动大连软件和信息技术服务业实现销售收入1485亿元。入园企业超过830家,收入过80亿元的企业3家,收入40亿元以上的企业3家,收入过20亿元的企业4家,过10亿元的企业17家,过亿元的企业57家。包括HP、埃森哲、松下、索尼、日立、NTT、Oracle、AVAYA、NEC、Fidelity、BT等近50家世界500强企业。

物联网和云计算产业获得了新发展。企业达到60家,收入达到12亿元;矿山物联网、车联网、供热物联网、远程医疗网、智能交通网处于全国行业领先水平,其中高端科技的矿山物联网得到习近平总书记高度肯定,华录智能交通网覆盖全国200个城市;华信投资1.6亿元的国际先进水平T4级云计算中心投入使用。软硬件集成、嵌入式软件开发研制快速增长,KPO、BPM等高端外包业务所占比重大幅提升。产业人均产值突破85万元。电子商务产业发展取得新成效。企业

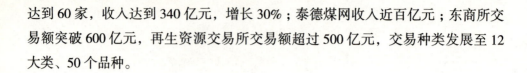

达到 60 家，收入达到 340 亿元，增长 30%；泰德煤网收入近百亿元；东商所交易额突破 600 亿元，再生资源交易所交易额超过 500 亿元，交易种类发展至 12 大类、50 个品种。

二、重点行业发展情况

（一）园区运营模式成熟，投融资体系建立较为完善

大连软件园投融资体系建设主要采取的是民企出资、政府指导扶持与市场化运作相结合的"官办民助"模式。政府负责软件园产业政策方面的顶层设计，进行宏观产业规划和资本引导；在软件基地的开发、招商引资、商务配套和对软件企业的专业化管理层面，由一个独立的公司，即大连软件园股份有限公司，按照市场经济原则进行运作。

大连软件园投融资服务体系已经形成了银行融资、风险投资、国内外上市齐头并进的良好局面，并取得了较好的效果。银行贷款方面，针对园区成长型企业普遍缺少可抵押资产，在银行的信用积累不足的情况下，组织银行、担保公司和园区企业建立四方合作机制；风险投资方面，大连软件园广阔的发展前景，良好的企业聚集效应，吸引了许多来自国内外的投资机构来园区考察，并驻园开展风险投资业务；国内外上市融资方面，挖掘园区优秀成长企业向高新区积极推荐，成功帮助和协调园区多家企业进行创业板及新三板上市改制辅导工作。

大连软件园投融资体系建设针对园区众多中小软件企业无高价值设备抵押物等行业特点、融资困难的实际问题，通过广泛与银行、风投、金融服务机构合作，为园区企业提供全方位金融服务。一是与银行开展合作，设计具有针对性贷款产品，如服务性保理、对市风投投资项目免担保及中小企业购置固定资产等；二是与私募风投建立联络合作关系同时推荐优秀企业进驻；三是分析行业规则，先引导市风投等当地国资背景风投进行第一轮融资合作，推动高层次人才股本投资项目。同时，积极推进企业上市工作。

（二）构建人才队伍教育体系

目前，大连已有 22 所高校开设 IT 专业以及与软件相关专业达 100 多个，包括本科生、研究生、留学生等在校学生超过 4 万人，近年来，就业率一直保持在

90% 以上，每年毕业 1 万多人，其中一半以上留在大连工作。大连市还有 40 多所 IT 中专，每年可培养"软件蓝领"4000 多人。另外，以东软信息学院为代表的民办高校，则实施以市场需求为导向的人才培养策略。

自 2000 年以来，大连软件园区各种商业培训机构大量出现并蓬勃发展，成为软件人才培育的一支不可或缺的力量。目前，已有培训机构近 200 所，在培人员接近 2 万人，持续性地为园区培养和输送大量实用的软件人才。

2006 年，大连软件园实训基地成立。为了强化实际工作，政府成立了由 9 个政府部门人员组成的大连软件人才建设指导委员会，明确了首批 8 家企业所办的学校、高校和中等职业教育机构作为软件人才实训基地，对纳入基地的大四学生和应届毕业生开展实训。市软件人才实训基地建设指导委员会与这些实训基地签订责任状，制定了课程体系和目标。到 2014 年末，实训基地的培养能力已突破 2 万人。

（三）政策扶持持续深入

大连市为大力支持软件和服务外包产业发展，发布《大连市进一步促进软件和服务外包产业发展的若干规定》，重点从财税、人才、投融资、出口等方面提出政策要点。

1. 财税政策

2003 年起大连市用于扶持软件和信息技术服务业发展市区两级财政资金逾 20 亿元（不含基础设施投入），其中市级财政专项资金为 3 亿元，共带动企业和其他资金 30.5 亿元。资金主要用于软件技术创新、软件人才培养、认证补贴、动漫游戏开发等领域，累计支持近千个项目，并通过实施"腾飞计划"，对龙头型、出口型和创新型三类企业进行持续重点扶持。

企业、培训机构和园区企业在境内外成功设立分支机构、收购其他企业和培训机构的，以及传统行业企业将信息部门单独剥离、成立独立软件和信息服务企业的，按其投资和运营情况，由专项资金给予不超过 30 万元的奖励。对企业具有突破性的自主创新成果（如获得国家、省、市科技进步奖并形成销售收入的项目或产品，获得国家、省、市名牌或驰名商标的产品，中标国内外重大信息化建设项目的产品），由专项资金参照其销售收入给予不超过 50 万元的奖励。

2. 人才政策

入驻大连软件园高新技术企业、软件企业需要的应届本科及以上毕业生，无条件给予落户指标，办理落户手续。在入园高新技术企业、软件企业任职，具有本科及以上的专业技术人员和经营管理人员，给予其本人、配偶及未成年子女落户指标，随报随批，免收城市增容费。入园海外留学人员及其配偶和未成年子女给予办理多年有效的《暂住证》，免收城市增容费，其子女入学、入托均享受大连市常住户口人员待遇。高层次人才，政府给予一次性安家补贴。海外留学生创业可申报相关无偿创业基金。

吸引人才方面，对专门从事软件教学和培训的IT类教师进行奖励，金额达2000万元，自2004年实施软件高级人才政策以来，对4.16万人次进行奖励，奖励资金达2.79亿元。自2005年开始，每年进行人才全球巡回招聘。美国、加拿大、日本举办高级软件人才招聘；在国内各大城市的高校举办了60多场毕业生招聘会。自2007年开始，设立大连天地软件园IT人才基金，用于人才吸引和培养。

3. 投融资政策

2002年，大连市成立中小企业投资公司，面向包括软件企业在内的科技型企业提供资金支持。2003年起，对软件企业的贷款给予贴息补助。2009年起，对本地企业海外并购行为给予奖励。2010年4月，设立了包括软件和信息服务企业在内的中小企业创业发展信贷风险补偿专项资金。

4. 出口政策

在条件允许的情况下，出口软件在申报日当天审结、放行、结关，对出口软件出现设计多部门和环节的业务交叉时，有海关通关应急小组协调，同时设立了绿通道和F通道，这些为软件海关出口起到经验积累和示范先行的作用，同时极大地促进了大连软件企业开拓和承接日本市场业务。

第二十章　江苏南京雨花软件园

一、园区概况

江苏南京雨花软件园成立于 2008 年 8 月，位于南京城南部。园区主要发展通信领域支撑软件和应用软件、嵌入式软件、公用事业和公共服务产品软件。自成立以来，园区先后被授予"国家火炬计划南京雨花现代通信软件产业基地"、国家级"最佳投资环境园区"、省级"软件科技园"、"省级软件和信息服务产业示范园"、"省中小企业产业集聚示范区"、"省现代服务业集聚区"、"省高层次人才创新创业基地"等称号，被省科技厅纳入"省级科技产业园序列管理"。

2014 年，南京雨花软件园实现软件和信息服务销售收入 1330 亿元，同比增长 32.3%，占全市比重达 40%；新增涉软企业 120 家，新增软件从业人员 3 万人，新增软件产业建筑面积 80 万平方米，产业集聚度和贡献度持续提升。形成电力自动化及管理软件、电信系统管理软件、企业信息化软件、网络与安全系统软件、嵌入式软件、教育软件六大产品群，南京的软件力量已然在全国市场占有重要地位。

南京雨花软件园为进一步整合区内软件产业发展资源，加速软件产业集聚、迅速抢占软件产业发展的制高点。重点以"三纵三横"的"多十字交叉型"交通走廊为轴心，分两期梯次推进软件产业加快发展，形成点、线、面互动的系统化、网络化产业布局。目前核心区已有华为科技、中兴通讯、中国普天、东软研发、宏图三胞、润和外包、文思创新、软通动力、华博科技、大族激光、神州数码、尚安科技、新华科技、趋势科技等知名软件企业入驻。雨花软件园已成为省内发展速度最快、发展质量最高的软件园区之一。

二、重点行业发展情况

（一）南京软件谷建设取得显著成效

南京软件谷以目前雨花软件园为核心，坚持园区化、企业化、专业化运作方向，着力建设更高水平的千亿级软件产业基地。共引进规模以上移动互联网、云计算等新兴产业项目75个，引进嘉吉软件等世界软件500强3家、亚信科技等国内软件百强3家、诚迈科技等总部企业6家，京东物流基地、拍拍网、千米网等一批优质项目签约落户。信息安全产业园、怡化电脑等项目加快建设，新增本土高成长型软件企业12家。软件谷已初步形成了智能终端研发、大数据、服务外包、信息安全等特色产业区。园区建设框架全面拉开。杨家坟地块城市设计初步完成，软件谷西片区提档升级规划有序推进，安德门地区、城市森林地块等城市设计正式启动。华为路北延、阅宁路等一批道路基础设施加快推进。完成了定坊旧货交易市场、宏腾化工等地块拆迁，全面推进冯韦等地块拆迁。公司化运作成效明显。谷公司积极探索建立混合所有制的运作模式，拥有全资子公司3家、控股子公司5家、参股子公司14家。楚翘城项目完成销售5.9万平方米，软件谷启动区人才公寓开始内外装修，明发科创城进行基础施工。全年实现融资规模23.9亿元，预计形成有效资产54亿元。服务环境不断优化。东大国家地方联合工程研究中心春节前入驻运行，SAP中小企业信息化服务平台、南京超级云计算中心一期开始运行。成功举办第四届软件行业黑马大赛，创立中小型企业服务联盟，开展创新创业大讲堂、融资对接会和企业上市辅导等活动。软件谷荣获"2014年中国软件园区最佳产业环境奖"，顺利通过国家级服务业标准化试点验收。

（二）深化高校合作共建教育基地

南京雨花软件园区主动与南京大学、东南大学、南京邮电大学、南京航空航天大学、南京工业大学等院校建立战略合作关系，创建培训基地、研究生实习实训基地，为园区企业提供更多人才选择机会，积极推动高校与企业共同建立技术中心、博士后工作站等载体。园区设立了每年3000万元的软件产业发展专项基金，重点用于资助和奖励软件领军人才和高层次人才培训及其国际合作项目，以此大力引进软件和服务外包行业的高层次人才。

南京雨花软件园为推进中国软件名城建设，重点实施软件企业家培育工程，每年遴选10个领军人物和10个成长型软件企业家给予滚动支持。由高端领军人才领衔的团队进行重大科技成果在南京转化和产业化，政府将以股权投资的方式优先支持。政府股权投资资金所得年度分红，可按一定比例给予被投资软件企业中做出突出贡献的高层次人才；政府股权退出时，优先转让给被投资软件企业的科技人员、经营管理团队及原始股东。对软件技术和管理高端人才，提供不少于50平方米的公寓，三年免收租金。如首次购买自住商品房的，视同南京户籍市民，不受有关限购政策的限制，并按所缴个人所得税3到5年间市和区留成部分的相应额度给予奖励。

（三）政策力度持续加强

南京市为大力支持软件产业发展，发布《南京市进一步推进软件产业发展的若干政策意见》，着重从财税、人才、投融资、出口等方面提出政策要点。

1. 财税政策

南京市从2003年起连续三年每年投入1000万元，建立软件产业发展专项资金；"十一五"期间，以1200万元为基数，每年递增20%，2006年落实支出1200万元，2007年安排1440万元。2008年起，市财政每年安排的软件产业发展专项资金和用于软件方面的信用担保专项资金总量从4300万元提高至每年1亿元。市财政局、科技局随后共同拟定出台了3000万元软件企业发展专项、1000万元软件产业创业种子资金、1000万软件公共服务平台建设专项、1000万软件人才引进与培训专项和1000万软件产业宣传推介专项等五个专项资金的管理办法，并修订了软件企业技术管理人才的专项奖励办法。

对通过CMM 2级以上评估的企业分别给予20万—60万元的定额奖励。鼓励和支持软件企业申请相关的国家或者国际评估和认证，对其认证维护费由省财政给予一次性补助15万元。信息系统集成资质4级以上认证，分别给予2万—5万元的补助。对通过人力资源成熟度模型（PCMM）认证、信息安全管理（ISO 27001/BS 7799）认证、IT服务管理（ISO 20000）认证、服务提供商环境安全性（SAS 70）认证等相关国际认证的软件企业，给予认证费用50%的奖励，最高不超过50万元。鼓励并资助软件企业开展个体软件过程（PSP）

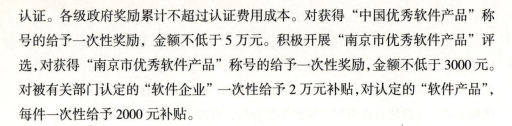

认证。各级政府奖励累计不超过认证费用成本。对获得"中国优秀软件产品"称号的给予一次性奖励,金额不低于5万元。积极开展"南京市优秀软件产品"评选,对获得"南京市优秀软件产品"称号的给予一次性奖励,金额不低于3000元。对被有关部门认定的"软件企业"一次性给予2万元补贴,对认定的"软件产品",每件一次性给予2000元补贴。

2. 人才政策

组建江苏省软件人才培训联盟,建成北大软件与微电子学院实训基地,每年设3000万人才专项资金,提供4项奖励、7项补贴、3项服务,重点对优秀人才给予最高30万元扶持奖励和最高5万元安家补贴,对优质创业项目提供3年免费办公用房,对入选人才计划的提供子女教育等服务。

3. 投融资政策

为进一步加快我市创业风险投资发展,引导社会资本投资于创业期科技型、创新型中小企业,南京市设立了2亿元的政策性创业投资引导基金,主要以参股和跟进投资两种方式进行投资,其中参股方式是与社会创投机构共同设立创业投资企业,由参股创业投资企业实现对我市注册的创业期科技型、创新型中小企业投资,参股方式的原则是参股不控股,股权比例最高不超过20%。跟进投资是指对创业投资企业选定投资的创业企业,引导基金与创业投资企业共同投资,最高不超过500万元。

由南京市中小企业和软件企业信用担保体系建设和创业投资引导专项资金。对经认定的创业投资企业,根据其投资我市软件企业的实际投资额,按一定比例给予补贴。设立3000万元的中小企业担保基金,重点扶持科技型企业发展。

4. 出口政策

软件企业进口所需的自用设备、按合同随设备进口的技术及配套件、备件,免征关税和进口环节增值税。软件产品年出口额超过100万美元的软件企业,可享有软件自营出口权。鼓励国际服务外包企业在境外设立科研机构、研发中心和接单中心,对在境外投资设立的单个项目投资额10万美元以上的,由省财政按实际投资额的5%给予补助,单个项目补助不超过100万元。对国际服务外包企业发生的国际通信专线费用三年内由省财政给予30%的补贴,每年补贴金额不超过30万元。鼓励拥有自主知识产权的软件产品出口。以海关出口报关单、出口合同备案证书和银行外汇兑换水单为依据，企业当年出口额与上年度相比，每新增 1 美元奖励人民币 0.1 元。对国际服务外包骨干企业给予分档奖励。其中：对企业员工达 5000 人以上，且企业国际服务外包业务年收入达 1 亿美元以上的，给予 1000 万元奖励；企业员工达 2500 人以上，且企业国际服务外包业务年收入达 5000 万美元以上的，给予 500 万元奖励；企业员工达 500 人以上，且企业国际服务外包业务年收入达 1000 万美元以上的，给予 200 万元奖励。

第二十一章　福建福州软件园

一、园区概况

福州软件园位于福州城西北隅的五凤山麓,濒临闽江,1999年3月开始兴建,规划面积3.3平方公里,是福建省迄今为止最大的软件产业园区。近年来,园区连续获得多个荣誉称号,包括"国家火炬计划软件产业基地"、"中国软件和服务外包杰出园区"、"国家高新技术创业服务中心"、"国家现代服务业产业化基地""国家新型工业化产业示范基地"等。2014年,在科技部火炬中心公布的"2013年国家火炬计划软件产业基地评价"排序中,福州软件园位列国家火炬计划软件产业基地"创新能力"排名全国第七。

园区企业自主创新能力不断提升。福州软件园通过政策引导、资金扶持等方式加大企业自主创新扶持力度,在园区引导下,形成了一批具有较强自主创新能力的企业。在行业应用软件领域,形成了涵盖电信、金融、证券、电力、公安、社保等多个行业享有自主知识产权的软件产品,尤其在电信、金融、证券等行业,应用软件、各类管理信息系统软件、安全加密软件以及OA（办公自动化）软件等已成为在全国具有较强影响力的软件产品。园区企业积极参加国家或省级的研发项目,创新成果显著。据统计,入驻企业已开发出400余项技术含量高、市场占有率高、拥有自主知识产权的软件产品,累计承担国家863、973计划和中国专利金奖等重大研发项目29项,国家级火炬计划项目15项,承担省级科技和产业化项目65项。

以海峡软件新城为依托加强闽台合作。在国务院《关于支持福建省加快建设海峡西岸经济区的若干意见》《海峡西岸经济区发展规划》等政策的推动下，福州软件园与中国台湾的人才与产业交流不断深入发展。海峡软件新城致力于打造国际科技软件新都和海峡两岸高科技发展的集聚地，重点发展软件研发及系统集成、集成电路设计、创意设计、服务外包、网络及电子信息产品研发等IT科研产业。在规划建设上，海峡软件新城在规划、建设、招商、管理、服务等方面力求创新，符合时代特征的创新理念。如在管理模式上，改变原有的物业＋商务的简单服务模式，引进专业管理团队、投资基金以及律师、会计等中介机构，积极打造软件、IC、动漫等各类公共技术服务平台，为园区企业打造全方位的服务。目前，已经有中国台湾的博连软件、欣汉等近10家企业落户园区，柯达、福大自动化、台湾英孚、深圳远望谷等20多家企业与园区达成入驻意向。

海峡两岸通过软件大赛、论坛等形式加强交流合作。2014年9月2日，百度91、福州软件园产业服务有限公司承办的以"互联八方，移动未来——构筑移动互联网新业态"为主题的闽台信息服务业产学研合作论坛在福州软件园举行，探讨移动互联网的发展。2014年10月，第四届海峡两岸信息服务创新大赛暨福建省第八届计算机软件设计大赛（以下简称"大赛"）成功举办。大赛以"放飞梦想，创未来"为主题，覆盖全省9地市近百所高等院校、20多家孵化器、10多个高新技术园区，并辐射中国台湾地区院校。大赛采用"展、评、聘"竞赛模式，评审团由100多位来自中国台湾、新加坡、美国等地专家和本土企业家、投资人组成。

公共服务体系不断完善。福州软件园非常重视公共服务平台建设，为降低企业的研发成本、提升自主创新能力发挥了重要作用。国家863软件专业孵化器（福州）基地运营四年来，已毕业企业近百家，目前在孵企业70家。福建省软件公共技术服务中心于2006年正式启用，为园区企业提供备租赁、产品评测、人才实训、外包服务、项目咨询等产业服务。福建省集成电路设计中心已升级为国家软件与集成电路公共服务平台和国家集成电路培养基地。中央新增投资项目"福州软件和信息服务业评价中心"经过3年建设，已全部建成，主要为企业提供软件专业检测、信息服务与数字娱乐产品检测、集成电路设计检测与应用等三大专业评价服务平台。另外，在软件人才服务体系方面，福州软件园已形成多层次、立体化的人才服务体系，"福州软件园人才服务示范区"已揭牌。

二、重点行业发展情况

（一）软件服务外包

服务外包是福州软件园最重要的产业之一，福州软件园因此获得"中国软件和服务外包杰出园区"称号。服务外包领域蓬勃发展，2014年，拥有规模以上的服务外包企业150多家，服务外包执行金额超过5亿美元。初步形成了覆盖物联产业、软件信息、移动互联、电子商务、现代物流、生物医药、工业设计、动漫游戏等多领域的较为完善的产业体系。形成福富、福昕、锐达、网龙、国脉、顶点、榕基、亿榕、富通等一批龙头企业，这些企业规模不断壮大，发挥越来越重要的引领和带动作用。

福建联迪商用设备有限公司年销售额逾11亿元，销售额年均增长40%，是中国金融POS第一品牌。福富软件被评选为中国软件出口及服务外包品牌之星。福昕软件凭借其自主研发的PDF（可移植文档格式）文档核心技术，为用户和个人提供高效高品质的PDF核心技术解决方案，PDF系列产品市场占有率全球排名第二，已经在美国、英国、法国、中国台湾等世界各地设立分公司和销售中心20余个。网龙公司在自主开发大型网络游戏的同时，积极承接国内外知名企业的游戏开发及后台服务，加强与迪士尼（Disney）、育碧（Ubisoft）、美国艺电（EA）等国际知名合作伙伴的合作，先后推出了《梦幻迪士尼》、《英雄无敌在线》、《地下城世界守护者》及《网络创世纪》等游戏。

从主要市场看，福州软件园服务外包以日本、美国、中国香港、新加坡等国家和地区为主要市场，同时积极拓展离岸外包业务，国际市场覆盖全球62个国家和地区。

（二）动漫游戏

动漫游戏产业以位于福州软件园内的福州动漫游戏产业基地为主要载体。福州动漫游戏产业基地二期于2010年9月开始启动，目前全部完工，项目占地6.42公顷，总投资2.5亿元。该产业基地在全国拥有较强影响力，在24家动画基地中排名第三，动画产量不断提升，推动园区动漫游戏产业规模壮大。2006年至今，园区内动漫企业从不足 10 家增长到超过百家，从业人员从两三百人扩大到 1.5 万人，全年原创动画产值从不到亿元增长到 17.2 亿元。可以说，动漫产业从无到有、从小到大，已成为园区软件产业的重要增长点。

园区吸引了福建神画时代动画有限公司、福建航天信息科技有限公司、福建天狼星动漫有限公司、世纪长龙影视股份有限公司、福州翰格文化传播有限公司等大批知名动漫企业先后入驻，并形成大批优秀作品。神画时代原创二维动画片《抗战奇兵》、《风云奇队》获广电总局优秀国产动画片三等奖；园区福州天之谷网络科技有限公司原创动画《土豆侠》获中国国际动漫节"金猴奖"中国动画艺术短片优胜奖；福建金豹动画设计有限公司原创漫画《JONJON 有爱》获中国国际动漫节"金猴奖"中国漫画作品优胜奖；天狼星动漫公司的《手机小子》获得国家精品动漫工程大奖；福建育港信息技术有限公司原创二维动画片《三七小福星之海峡兄弟》获第十五届福建电视艺术奖动画片三等奖。另外，《幼童留洋记》、《逗逗虎》、《囧爱》、《土豆侠》等动漫企业产出的多部优秀作品在 2013 及 2014 年中国（杭州）国际动漫节中获得多项提名及奖项，《宝贝计划》等在第三届海峡两岸信息服务创新大赛中获得多个奖项。

闽台合作促进两地优势互补，促进本土企业发展壮大。骨干动漫企业利用中国台湾动漫的先进理念、创作水平和发展趋势，发挥大陆广阔的市场、丰富的人力资源和优越的技术经济优势，提升本土动漫的创作水平和市场开拓能力，推动海峡两岸原创动漫产品合作平台的形成。

（三）云计算

福州软件园高度重视云计算的发展，加快云计算研发应用，将其作为培养和发展战略性新兴产业的重要抓手和信息产业发展的新引擎。星网锐捷、福建邮科、福建新大陆、榕基软件等产业链各环节龙头企业快速发展。在云计算应用方面，榕基软件中标"福州市政务云计算平台项目"，中标总金额为 1597.1797 万元，占公司当年营业收入的 2.81%。这不仅有助于提升榕基软件在云计算领域的发展实力，也将推进云计算在各领域的应用。与此同时，福州软件园引进阿里巴巴、微软、亚马逊、IBM 等国际大企业，云计算产业链基本形成。

第二十二章　山东齐鲁软件园

一、园区概况

齐鲁软件园于 1995 年 11 月成立，是济南高新技术产业开发区的重要组成部分，其功能定位于以软件为核心的 ICT 专业园区，集聚有软件、通信、系统集成、服务外包、半导体、动漫游戏等众多相关产业。1997 年 3 月，齐鲁软件园经国家科技部认定成为全国首批"国家火炬计划软件产业基地"之一，于 2001 年 7 月再次经国家发改委和信息产业部认定为"国家软件产业基地"。2006 年，齐鲁软件园先后获评为"国家软件出口（创新）基地"、"国家信息通信国际创新园（CIIIC）"、"国家服务外包基地城市"示范区。

在"营造环境、拉动产业、促进发展、共同提高"的发展思路指引下，齐鲁软件园把"产业拉动、园区规划建设、企业服务"视为园区发展的三大任务，通过为企业打造"人才保障、技术支撑、企业协作、融资服务、知识产权保护、技术创新"等服务平台，着力开展"人才集聚、技术支撑、产业国际化、集成联盟"等重点工作。近年来，园区已建成为入驻企业免费提供软件开发、测试、质量控制和过程管理服务的技术支撑平台，并引导建立了多个企业联盟和协作平台，实现了行业、技术与产品的互补，促进了资源与人才的共享，有力推动了良好集群创新氛围的形成。

齐鲁软件园规划面积为 6.5 平方公里。采用"山、水、绿、园"设计理念，秉承"人文、自然、科技"设计思想，目前已建成企业研发基地 27 万平方米，产业小区 32 万平方米，电子产品生产基地 40 万平方米，人才培养基地 15 万平方米，孵化区 23 万平方米（入驻率超过 80%），并完成配套设施及住宅开发 80 万平方米。创业广场是整个园区的标志性建筑，是世界上最大的单体环型建筑之一，建筑面积达到 15.6 万平方米。创业广场建筑的最大特色，在于在环形建筑内部设计了 120 亩景观公园，在环形建筑外部设计了三山休闲文化带，二者融为一体，为入驻的软件研发企业创造了风景优美、办公条件舒适的优越发展空间。

齐鲁软件园目前已成为山东省以及华东地区重要的软件产业发展基地，为国际企业入驻提供了一流的产业发展环境，集聚的产业门类包括软件开发、网络通信、数据服务、外包服务、IT 培训、动漫文化等。2013 年，园区聚集企业数量达到 1400 余家，从业人员超过 7 万人，技工贸总收入 962 亿元，软件和信息服务业收入 715 亿元，在推动地区经济转方式、调结构过程中的效用日益凸显，齐鲁软件园因此在第 18 届中国国际软件博览会上荣获"2014 年中国软件园区最佳产业环境奖"。

二、重点行业发展情况

（一）服务外包产业

在服务外包产业领域，齐鲁软件园是当前我国重要的服务外包基地，国内三大外包公司均在园内设有分支机构，国内同时集聚了百余家软件外包出口企业。

根据山东省商务厅通报的全省服务外包产业发展情况，2014 年山东省服务外包呈现快速发展的良好势头，实现离岸执行额 55 亿美元，同比增长了 39.2%，超额完成全年工作目标。济南市离岸执行额突破 20 亿美元，济南高新区示范基地离岸执行额突破 8 亿美元，在全省基地综合评价考核中位列第一，齐鲁软件园作为示范城市重点园区起了主要推动作用。2014 年，济南高新区服务外包产业蓬勃发展，在企业引进培育、载体建设、市场开拓、人才培训、工作推进等方面取得了显著成绩。作为服务外包发展的主阵地，2014 年度，齐鲁软件园全年实现离岸执行额 5.76 亿美元，同比增长 20%，园区经商务部认定的服务外包企业达 219 家，执行额过千万的企业达 15 家，成为全省最大的外包产业聚集地。随着园区海外市场不断拓展，承接离岸服务外包来源地较以往有了显著增加，其中，对日业务呈继续稳定增长态势，并逐渐向高端业务领域发展，对欧美业务保持良好发展势头。在受日元贬值的影响中，园区对日外包企业的业务承接能力经受了考验，相互合作过程中建立了更加稳固的信任关系，逐渐开始承接利润空间较高的设计、需求分析等业务。以 NEC、大和总研、瑞穗总研、富士软件为主的日本各主要企业研发中心相继在园区落地，也把对日外包业务的层次推向一个新的高度。

（二）软件研发产业

软件研发方面，齐鲁软件园是我国最大的软件研发基地、中间件研发基地和商用加解密研究基地之一。国外巨头企业如微软、IBM、Intel、松下、NEC、日立等世界 500 强企业，均已在园内设立分支机构和开放实验室，国内龙头企业如华为通信、中兴通讯、中国航天科技园暨航天工业软件研发基地等也已入驻。

近年来，济南高新区依托国家信息通信国际创新园，大力发展智能化技术，在云计算、物联网、大数据、移动互联网应用、机器人、3D 打印、数字装备、智能制造等领域进行产业升级和发展，成果丰硕，鲁能智能等企业在行业机器人研发与应用领域取得显著成绩。

目前，济南高新区与人工智能学会利用区内高端制造业集聚平台，合作建设"济南智能机器人与数字化装备科技园"，搭建"山东省智能机器人与数字化装备产业公共技术服务平台"。高新区也将作为全国智能机器人创新联盟首批科技成果孵化基地，共享联盟科技资源，并积极促成国内外智能行业技术、产业之间的合作，为智能行业企业在济南的发展提供便利服务和优惠条件，与联盟共同打造国际化的智能机器人与数字化装备产业园。

（三）信息通信产业

国家信息通信国际创新园（CIIIC）在齐鲁软件园的基础上创建，目前已经形成以齐鲁软件园为核心研发区、以齐鲁创新城为高技术服务聚集区、以信息通信产业基地为数字装备制造区、以东部产业新区为产业拓展和高端项目承载区的"一园四区"总体布局，成为国家信息通信产业的重要聚集区。按照发展规划，国家信息通信国际创新园将重点打造"具有世界水平的软件、集成电路、数字化装备、网络通讯、信息服务五大产业集群"，发展成为"整合利用全球创新资源的领航区、世界一流 IT 产业的聚集区、我国自主创新战略的核心区、推进科技机制体制创新的试验区"，力争到 2020 年实现园内年营业总收入 6000 亿元。

山东信息通信技术研究院是国家信息通信国际创新园的重要公共服务支撑，建筑面积 3.7 万平方米，建有"软件、信息、通信、集成电路和计算机及配套设备五大重点领域技术研究中心，以及集成电路设计、数字媒体技术、通信测试、量子通信研发、卫星通信研发、千万亿次超级计算机、物联网嵌入式系统研发等七大技术支撑平台"，担负着"信息通信技术的前沿研究、技术创新与集成研究、技术引进与消化吸收再创新研究、科技成果转化等重要任务"。研究院的设立为吸引国际创新团队入驻提供了产业载体和技术平台，特别是针对国际前沿技术领域招引人才，弥补了济南信息产业发展的薄弱环节。

第二十三章　山东青岛软件园

一、园区概况

青岛软件园由两大园区组成，一是青岛软件园高新园区，为青岛软件园的产业集聚区，位于青岛市东部新区高科技工业园内，主要由青岛软件科技工业园、汉河软件大厦及在建的浪潮园、中创园等组成，其中已具规模的青岛软件科技工业园是 1998 年经市政府批准设立的；二是青岛软件园市南园区，为青岛软件园的研发孵化区，主要由软件大厦、科技大厦、信息大厦等组成。青岛软件园的发展目标是成为具有国际领先地位的软件园区，成为世界各地优秀企业的聚集园。当前，青岛软件园由青岛软件园发展有限公司负责开发和管理。

青岛软件园环境优美，园区周边充满生态山林，奥帆赛场毗邻园区，是全国少有的坐落在城市中心区的软件产业基地。青岛软件园一期总占地面积有 12.6 万平方米，总建筑面积 26 万平方米；二期总占地面积有 10 万平方米，总建筑面积 12 万平方米。此外，青岛软件园鳌山园区规划总占地面积有 10 平方公里，是青岛市 IT 服务外包的主要基地。

作为市重点建设项目青岛软件园在近年来获得了诸多荣誉，包括"国家火炬计划软件产业基地"、"国家欧美软件出口示范基地"、"青岛市留学人员创业基地"、"全国先进科技产业园"、"国家火炬计划软件产业基地先进单位"、"全国科技产业园先进单位"等。2014 年，青岛软件科技城被评为了 2014 年中国软件和信息服务领军产业园区。

园区建设方面，青岛软件园网络通讯系统发达，已经实现了万兆进园区、千兆进楼宇、百兆到桌面；在园区建有一座 3.5 万伏变电站，可为企业提供 24 小时不间断供电服务；研发楼装备了单制冷 VRV 商用空调系统及地暖市政供热，研发人员的工作环境极为舒适。此外，园内还配备国际会议中心、教育培训中心等配套服务设施。2014 年，青岛以"东园西谷北城"（国家青岛通信产业园及市南软件园、青岛信息谷、青岛软件科技城）规划布局为基地，加快推动千万平方米软件产业园区工程，进一步优化产业集群空间布局。全市"千万平方米"软件产业园区新开工面积 130 万平方米，新竣工面积 118 万平方米；累计开工面积 403 万平方米，竣工面积 263 万平方米。新建园区内已累计入驻企业超过 100 家。

企业发展方面，青岛软件园区为企业提供了完善的配套服务，大量国外明星企业争先入驻。包括微软、IBM、加拿大赛得、澳大利亚 Gruden、美国优创、日本软脑、瑞典拓讯、日本 trial、用友和浪潮在内的 211 家国内外知名软件企业先后落户园区，其中美国、日本、韩国、瑞典等国家的外资软件企业超过 30 家，园区中研发人员数量已超过 5000。园区中本土企业成长迅速，其中有 8 家企业通过了 CMM 2 认证，6 家企业通过了 CMM 3 认证，超过 30 家企业通过了 ISO 9000 质量认证，园区中开展针对欧美的软件研发及 IT 服务外包业务的企业数目增长迅速。2014 年，青岛软件园发展势头良好，其和动漫游戏产业园两园区新签约产业相关企业 19 家，共引进注册资金 7.6 亿元人民币，其中包括了 2 家千人计划项目。截至 2014 年 10 月，软件园总入驻企业 211 家，入驻率 93.6%。新增经工信部认定软件企业 19 家，同比增长逾 2 倍；新增登记软件产品 55 件。截至目前，全区经认定软件企业 228 家，占全市的 50%；登记软件产品 786 件，占全市的 49%。

园区服务方面，软件园不断加强技术、人才、资金服务平台建设，打造完善的生态服务链，为园区企业发展提供支撑。软件园开通了园区互联网数据中心，引进了网通模块局，投入巨资建成了全省首个集成电路设计平台和数字动漫支撑平台，总体上园区技术服务能力得以不断增强。青岛软件园特别注重人才培养，建有学历人才实训中心（简称"QST 青软实训"），每年可为企业培养优秀毕业生 500 人以上；园区还建有 IBM 外包人才实训基地和阿尔卑斯外包人才实训基地，每年可培养外包优秀人才 2000 人以上；通过与北京大学、同济大学等多所知名院校合作，软件园正在开展软件工程硕士联合培养。此外，软件园还不断加大对园区企业的资金扶持力度，通过无偿资助、周转金、贴息等各种形式扶持软件企业发展。软件园拥有投资担保公司，搭建了园区融资担保平台，可帮助中小软件企业解决融资难问题，为软件企业筹资提供渠道。

2014年，青岛软件园在投融资平台、公共服务平台和人才服务平台构建中成绩显著。孵化器新引进企业14家，全年毕业企业15家，目前在孵企业52家，其中高新技术企业4家，在孵企业全年总收入2.6亿元，为整个园区加快转型升级注入了新的活力。同时，各类高层次人才比重进一步提升，孵化器内共有"千人计划"人才6人，吸纳留学人员38人，应届大学毕业生73人，创造就业机会891人。孵化器在推动创新成果的知识产权化、产业化成效明显。在孵企业当年申请知识产权44件，获得授权25件，同比增长150%，其中发明专利3项。当年承担国家级科技计划项目132项。

二、重点行业发展情况

嵌入式软件和应用软件的开发和测试外包业务。借助青岛市在信息家电、通信设备和智能控制设备等产品方面的优势，软件园嵌入式软件和集成电路的开发、设计和测试外包业务发展势头良好。此外借助青岛市在智能交通、商业零售、橡胶、财税、物流等行业优势，软件园中间件、系统软件、应用软件的开发和测试外包业务成长迅速。软件园区内的鼎信通讯经过7年的发展，年营业额已突破10亿元，成为国家电网载波方案的第一供应商。2014年，海信网络科技的智能公交系统占全国市场份额的70%，智能交通系统占全国市场份额的40%；软控股份研发的轮胎生产管控一体化系统占据全国市场份额超过60%；太阳软件的农村信息化软件占全国市场份额的60%；鼎信通讯的载波通信芯片占全国市场份额的50%。

云计算、物联网业务。以项目和技术引进为主，充分发挥青岛的人力和资源优势，发展大数据业务。2014年7月，青岛高新区与中关村软件园、青岛优通通讯签订合作框架协议，三方将在"互惠互利，共同发展"的基础上实现优势互补，协同推进"青岛国际软件园"建设，构建服务外包、云计算、物联网、移动互联网大数据特色产业集群，推动青岛软件业跨越式发展。

动漫影视外包业务。借助青岛市在动漫和影视产业方面的优势，园区企业在承接国外网络游戏、数字动漫、影视传媒等产品的设计、加工、汉化、制作等方面的外包业务上发展势头良好。

金融、保险、财会等数据处理外包业务。由于青岛市金融保险业相对发达，园区企业积极开展承接国外银行类、保险类、基金类、投资类、经纪类等金融保险业和大公司的财务管理、账户管理、客户服务、信息录入等数据处理方面的外包业务。

物流外包业务。借助青岛市陆海空联运、港口和仓储发达、物流服务齐全、国际大物流公司较多等方面的优势，园区在整合各方面资源，着力搭建第三方物流平台方面取得了优异成绩，开展了以信息平台为主的国内外客户的订单管理、物流信息系统维护、资源整合等方面的物流外包业务。

研发设计服务外包业务。借助青岛市在电子家电、汽车、造船、通信、医药、橡胶化工、海洋科技等产业方面的科技优势，园区企业积极开展国内外相关产品的研发、设计、测试、解决方案等方面的外包业务。

医疗服务外包业务。借助青岛市医疗机构齐全、医疗从业人员较多、医疗技术较全面、成本较低等方面的比较优势，园区企业积极开展国外医疗机构在临床测试、技术咨询、医学检查资料整理等方面的外包业务。

人力资源管理外包和培训业务。国内外公司在职员管理、培训、派遣等方面的外包业务上，园区企业发展势头良好。在人才培训方面，青岛软件园软件人才实训服务中心目前在市南软件产业基地建有 2500 平方米的软件人才实训工厂（现有 220 工位，拥有价值 500 万的软硬件设备，具有山东地区一流的软、硬件实习实验设备），在山东大学、海洋大学、青岛大学、青岛科技大学、青岛理工大学、山东科技大学等高校设有实训基地，可同时为 300 人提供实训服务，软件工厂可满足 net/Java/ 嵌入式 /Linux/ 对日外包 / 数字动漫等方向的实训要求，全年实现实训人数达 1500 人。

第二十四章　广东广州天河软件园

一、园区概况

广州天河软件园于 1999 年在天河科技园的基础上设立。园区集国家高新技术产业开发区、国家火炬计划软件产业基地、国家软件产业基地（CSIB）、国家网游动漫产业基地、国家软件出口创新基地以及中国软件出口欧美工程（COSEP）试点基地和中国服务外包基地城市广州示范区于一身，规划总面积 12.4 平方公里，是华南地区软件企业最密集的国家软件产业基地。

天河软件园以打造科技创新核心区、高端现代服务业的集聚区、总部结算与展示中心区和生态软件社区为发展目标。把握产业和技术的发展趋势，坚持产业集聚与技术创新并重，结合园区产业优势，形成了通信信息服务、文化内容创意、服务外包、电子商务、金融创新服务等优势产业集群。加强重点领域龙头企业的培育和引进，支持优势企业进行兼并重组，吸引行业领军企业入驻园区。支持以龙头企业为核心建立行业协会、产业联盟等中介机构，加强企业之间在技术研发、投融资、市场和人才等方面的协作，发挥龙头企业的带动作用，增强中小企业专业配套能力，促进产业链上下游协调发展。

二、重点行业发展情况

近年来，天河软件园紧密围绕市、区两级政府关于全面建设天河智慧城"产业新区、宜居新城"的目标，深入践行新型城市化发展理念，全力推进区域"三个重大突破"工作进程，力促天河智慧城开发建设取得阶段性成果。全面梳理形成《天河智慧城近期重点推进项目汇总表》，建立重点工作项目信息化管理平台，进一步明确了智慧城各项工作的责任分工、时间节点，力促项目执行落地，有效通过该平台实现项目信息的及时共享、实时督办，促进全体成员单位统一思想、紧抓落实、通力协作、共同推动天河智慧城建设工作全面破局。

2014年，天河科技园实现总收入约1350亿元，同比增长约8%，增长率较上一年度减少10个百分点，天河科技园总收入占广州市天河区总收入的45%。园区中集聚了中移动南方基地、网易、佳都集团等企业近2000家。广交会电子商务平台、UC移动互联网全球产业基地等一大批引领产业发展方向的大企业、大项目落户园区。园区以积极发展对日、欧软件出口企业的较高层次的设计外包和服务外包。强化穗港澳外包服务合作机制，加快服务外包产业高端化进程。大力推动客户软件编程、软件定制与测试以及应用效果保障等服务外包业务，此外积极培育系统托管、软件系统租赁等软件系统应用外包，加快发展业务流程外包（BPO）、知识外包（KPO）以及面向国际金融机构的金融服务外包业务。大力扶持汇丰软件、爱立信等成长型企业，扶持西艾、华际友天等初具规模的外包企业，重点引进国内外知名外包服务企业，引导软件服务外包企业合理集聚，打造全套的软件服务外包产业链，构建其成熟的企业协同发展机制。

天河软件园从产业发展全局着手，积极对接国家、省、市软件和信息服务业发展规划。围绕战略性新兴产业重点领域，组织实施产业重大专项建设，实施了一批产业整体水平有重大提升、对产业链完善有关键性作用的骨干项目，规划建设一批共性和关键技术的创新平台，充分发挥重大项目的示范带动效应，形成产业发展的强力支撑。着力推进中移动南方基地、网易智慧谷、立信软件社区、云计算产业园、电子商务智慧园（太平洋网络总部、广州互联网产业园）、孵化中心、国家大学科技园等重点项目的建设，带动园区战略性新兴产业快速发展。

着力强化产业扶持力度。园区深入开展国内同类先进高新产业园区学习调研，结合园区发展实际情况，研究制定《园区促进优势产业发展的若干措施》并获区政府审议通过。建立重点企业联系制度，深入园区企业进行走访调研，全面了解企业经营情况，有针对性地帮助解决当前存在的具体困难和问题。根据入驻企业的项目进展情况，积极协调市、区职能部门，为园区企业协调解决工程建设、企业运营和工商税务等问题，全力推动重点产业项目落地投产。受理35家高新技术企业、3家市重点软件企业、11家规划布局重点软件企业申报资质认定。组织超百家企业申报各口径科技创新项目，共获得国家、省、市财政补贴约7435万元。2015年初，天河软件园出台了《广州高新区/广州天河软件园/广州科技园扶持政策细则》，作为《广州高新技术产业开发区天河科技园/广州天河科技园促进园区优势产业发展的若干措施》的具体落实。该细则对天河园区专项实施的组织体系、扶持对象、具体要求等均做出了详细的解释。这是广州市天河科技园面向结构调整、产业升级所做出的专项实施方案，此细则的推出将极大促进天河园区的可持续发展，是天河科技园继续保持产业活力，持续为天河区及广州市经济发展做出贡献。

着力打造综合性服务平台。启动综合服务云平台，拓展服务内容。启动广州天河软件园云服务平台规划和建设，完成云服务平台建设规划编制，其中《广州天河软件园（智慧城核心区）云服务综合平台建设方案》通过专家评审。上线测试运行人才公共服务系统、新版门户网系统、企业信息统计系统，利用信息化手段实现园区配套服务。为企业提供高清非编、动漫渲染、数据展示、远程服务等技术支持和服务累计时长达8.8万小时，帮助企业通过自主创新提升产业竞争力。拓宽人才引进和培养渠道，创建创新人才金字塔。注重人才的培养与引进，组织召开大型人才招聘会，做好园区企业骨干市内、市外人才引进工作，保障企业高端人才的需求量。组织园区企业人员参加各类职称考试，提升企业员工的综合能力和职业技能。筹建天河区现代信息人才协会。关注博士后高端人才，为多名博士后提供项目启动经费申请、生活补助申请、出站手续办理等优质服务。2014年9月，融资城网络广州天河软件园（华景园区）服务中心正式挂牌成立，这是网络成立的第66家园区服务中心。该服务中心的成立将有助于园区进一步为企业提供更多的融资渠道，整合各方资源，解决中小企业融资难的问题。

以"天河智慧城"为重要依托，不断提升园区管理手段和运行效率。天河软件园包括20多个园区，其中，高唐新建区总规划面积为12.25平方公里，占了天河软件园总面积的98.8%。自2011年起，园区借助智慧城市的建设步伐不断加强园区建设，2012年新建的高唐新区就属于天河智慧城"三园"之一。2014年6月，天河软件园管委会组织了银行、企业对接会，来获取企业对园区的认同，对接会上，天河软件园各分园办公的25家有意向上市的科技企业与3家金融服务机构进行了洽谈。除了举办"对接会"外，园区还积极将政策落地，强化企业服务。依据2014年2月发出了《优惠政策文件名称汇总》，园区内企业可申请的国家级优惠政策有6项，广东省扶持软件产业发展优惠政策1项，广州市政策8项，天河区扶持政策4项。园区对各类政策解读近30项，主要包括税收减免及促进软件行业发展等内容。但同时，随着园区规模的不断扩大，相关配套还存在短板，特别是在交通、住宿、教育等方面，园区还存在进一步发展的空间。

以管理促发展，园区管理部门积极深入产业基层，切实解决企业困难，保障园区健康发展。2014年，全国经济进入新常态阶段，企业在经营过程中面临较多压力，存在诸多困难。天河软件园在推进天河区一年一度的"暖企行动"中，以企业发展情况为基础，适时对企业反映的用地用房、人才引进和留驻、本地化扶持、政策扶持和金融创新服务等方面的问题做出答复。2014年，"暖企行动"涉及到的企业包括广州银汉科技有限公司、广州要玩娱乐网络技术有限公司、广州市广交会电子商务有限公司、广东南航易网通电子商务有限公司、广州酷狗计算机科技有限公司、广州中软信息技术有限公司、广州南方测绘仪器有限公司、广州科信光机电企业孵化器有限公司、广州捷游软件有限公司等多家企业。"暖企行动"可帮助企业和政府加强信息互通、交流互动，从而促进共同发展、和谐共赢。

依托园区的企业资源和人才资源，园区产业聚集度不断提升，园区"大雁模式"正为园区发展注入源源不断的动力。例如，在广州天河软件园高唐新建区，占地23000平方米的广州互联网产业园（简称GIIP）办公大楼内，汇聚了27家网络创业公司，1000来名青年创业者创造出接近10亿的产值。广州互联网产业园于2010年创建，园区占地1.2万平方米，建筑面积2.3万平方米，是广州首家以互联网产业为核心的生态产业园。当时，天拓将园区内的6层共23000平方米的办公大楼按照高新企业的风格进行装修，随后陆续以低廉的价格租给26家网络创业公司，重点发展电子商务、游戏动漫、网络广告服务等，其中最具代表性的标杆企业有天拓游戏、天拓广告、宝舟科技、职友集、找法网及邦富。通过以强带弱，集群式发展，广州互联网产业园产值不断提升，逐渐成为天河软件园产业、人才、科技、资金的聚集地，预计到2015年，园区累计总产值将超过10个亿，"产业集群"将初具规模。

在天河园区的统一管理下，入驻企业发展势头良好，部分企业在2014年实现了上市。2014年4月9日，园区企业、中国最大的儿童在线娱乐目的地——

广州百田（"百奥家庭互动有限公司"；联交所主板股份代号：2100）在香港联合交易所主板挂牌交易。在公司的路演过程中，国际投资者对公司的兴趣十分强烈，认购情况理想，公司更获多家国际长线基金的青睐。百田长期位居中国儿童网页游戏开发商榜首，以儿童网页游戏支出计算占据逾40%的市场份额。百田自开始运营以来，一直利用不断发展的用户驱动产品开发与运作模式开发，屡获业界殊荣，品牌知名度不断提升，并赢得中国儿童的忠实信赖。

展望2015年，天河科技园进入大发展的关键之年，天河科技园将力争在以下几个方面加强突破。一是在加快项目建设上下功夫，推动重点产业项目落地建设、实施定点定向大招商，继续提升企业服务水平。二是在加快基础建设上下功夫，强化土地要素保障，加快完善基础设施，打造支撑力强、环境优美的生态园区。三是在提升品位上下功夫，优化人才发展环境，营造文化创新环境，打造干净整洁、服务优质的创业园区。四是在作风效能上下功夫，深入推进效能监督，不断深化廉政建设，切实强化制度建设，努力加强干部队伍建设，打造开拓创新、勇于担责的干部队伍。

第二十五章 广东深圳软件园

一、园区概况

深圳软件园是国家级软件基地，主园坐落在深圳高新区中区，目前拥有产业园区面积 30 万平方米。按照"一核多园"的发展思路，软件园结合高新区主园、前海深港分园及福田、南山、罗湖等各区特色软件园区，统一规划建设，充分发挥市、区及企业的积极性，形成以主园为核心覆盖全市的软件产业布局，产业集聚效应明显。

园区产业规模不断扩大。深圳软件园作为珠三角软件企业重要集聚园区，先后获得国家火炬计划软件产业基地、国家软件和信息服务示范基地、国家软件出口基地以及国家服务外包基地城市示范园区等称号，在全国软件行业占有重要地位。2014 年度国家火炬计划软件产业基地评价结果公布，深圳软件园获评"综合评价"、"产业发展规模"第二位及"创新能力"首位。2014 年 9 月，深圳软件园管理中心与深圳龙华新区、宝能科技园签订合作协议，共同推动建设深圳软件园龙华分园。

园区已培育多家国家规划布局内重点软件企业、数十家上市软件企业，形成以金蝶、迈瑞、金证等骨干企业引领带动、上百家创新型中小企业为支撑的软件产业体系。截至 2014 年第三季度，园区拥有软件企业总数 875 家，同比增长 5.29%；软件企业认定数 791 家，同比增长 1.15%；规模 300 人以上的企业数 98 家；销售收入 10 亿元以上的企业 17 家；销售收入 1 亿元以上的企业 158 家；软件出口额 100 万美元以上的企业 66 家；火炬计划基地骨干软件企业 6 家；股票上市软件企业 27 家。

自主创新成为发展引擎。深圳软件园坚持以骨干企业和科技企业孵化器为载体、公共服务平台为支撑、自主创新为源头，加快推进行业应用软件、基于新兴技术的增值服务、集成电路设计、文化创意等信息产业的发展。2014 年，广东省印发《广东省云计算发展规划（2014—2020 年）》，在云计算产业促进工程方面，提出支持深圳软件园等重点园区发展云计算产业，加快深圳国家云计算创新发展试点建设，创新云计算技术、应用和服务模式。6 月，深圳市获批成为第四个国家级自主创新示范区，结合自身特点在科技金融改革创新、建设新型科研机构、深港经济科技合作新机制等方面进行积极探索，这将为深圳软件园创新型企业发展与项目孵化在政策、环境、资源等方面提供有利的条件。

园内企业与国内外知名企业、科研机构和高校结合自身优势协同合作，联合组织研发合作或成立研发机构。2014 年 10 月，深圳软件园与西北工业大学软件与微电子学院签署合作协议，后者作为全国高校排名靠前的国家示范性软件学院，有助于进一步加强深圳软件园在产学研以及人才培养方面的深度和力度。12 月，软件园与巴基斯坦软件出口局、巴基斯坦 COMSATS 信息技术学院签署软件与信息服务领域合作备忘录，共同推进双方在研发软件与信息服务的教育机构、高校以及研究机构之间的合作。

打造科技金融服务平台。2014 年，深圳软件园为加快科技成果转化和培育战略性新兴产业，响应我国提高自主创新能力和建设创新型国家战略，在深圳科技创新委引导支持下，建设成立我国首家政府主导的高科技股权债权融资平台——南方创投网（深圳互联网投融资服务平台），不仅为园区软件企业提供服务，同时面向全国高科技产业。平台以互联网 O2O（线上线下结合）业务创新模式，吸收银行、风投等社会资本，通过互联网金融股权债权众筹的创新型融资业态，提供开放透明的融资渠道，促进高科技产业跨越式发展与产业升级。截至 2014 年 8 月底，平台已上线各类高科技项目 1300 余项，科技企业 850 余家。平台目前已签约中国银行等多家银行机构，以及软银中国、清华力合、东方富海等大型创投公司。国家教育部批准的 35 所示范性软件学院年度全国大学生创业大赛已与平台结成战略合作伙伴。其后，深圳市创投引导基金旗下投资公司与深圳市创投公会亦将集体签约南方创投平台。

二、重点行业发展情况

（一）行业应用软件

深圳软件园的大型行业应用软件主要面向电信、金融、制造业、电力与公用事业、供应链管理、互动游戏娱乐等深圳地区的优势行业。借助这些优势行业的带动，园区开发出一批在国内具较高的知名度和市场占有率的产品，例如腾讯的网络即时通讯软件、金蝶的企业管理软件、金证的金融行业应用软件、现代的地铁综合管理系统，科陆的电力调度管理软件、海云天的教育软件等。

（二）集成电路设计

深圳软件园拥有一批世界领先的集成电路设计企业，围绕集成电路产业，形成较为完备的产业链。软件园内聚集了以国微、华为、中兴集成、爱思科、爱科创新以及中星微电子为代表的国家级集成电路设计企业，此外受国家政策引导，近年来国际集成电路设计大厂在国内积极布局研发中心，深圳成为外资 IC 设计厂商进驻的主要三大城市之一。并且软件园大力培养本地 IC 设计企业，2014 年园区内汇顶科技、贝特莱电子科技、劲芯微电子获评中国最具发展潜力 IC 设计公司。在集成电路设计企业快速成长的同时，企业设计创新能力进一步增强。2014 年，园内长运通光电技术、芯海科技获得中国年度最佳功率器件与驱动 IC 设计奖，贝特莱电子科技获评年度最佳数据转换器。

（三）软件与服务外包

深圳软件园重点发展软件与服务外包，在深圳市若干鼓励服务外包措施的引导支持下，依托 IBM、甲骨文、微软、惠普、大展、福瑞博德、中软、文思、软通动力等软件外包企业群，推进园区服务外包产业发展。目前，园区已建立外包服务的"三平台一联盟"，即深圳市软件及信息服务平台、深圳市软件及服务外包培训平台、深圳市软件园公共技术平台，以及深圳市现代服务外包产业促进会。深圳市现代服务外包产业促进会是由深圳软件园管理中心联合中兴通讯、IBM、中软、易思博、文思海辉、大展等服务外包骨干企业成立的行业组织。2014 年，园内文思海辉、中软、软通动力、平安数据、沃盛咨询以及银雁金融6家企业入选中国服务外包领军企业，占据名单将近三分之一名额，深圳易思博、联发软体设计、四方精创及信立康等10余家企业入选中国服务外包成长型企业名单。

第二十六章 福建厦门软件园

一、园区概况

厦门软件园始建于1998年9月,位于厦门市东北地区,包括软件园一期(孵化区)、软件园二期(产业区)和在建的软件园三期。

作为厦门市软件和信息产业发展最重要的载体,厦门软件园不仅是"美丽厦门"战略规划产业升级行动中构建"5+3+10"产业转型发展战略的园区载体,也对厦门打造"千亿产业链"、创建国家信息消费示范城市和创建中国软件名城具有重要的推动作用。2014年,不论是早已成熟的软件园二期,还是正在蓬勃发展的软件园三期,都体现出厦门软件园积极的产业聚集平台作用,产业集群初具规模,产业链日渐成型,软件产业自主创新能力进一步增强,行业亮点不断显现。

产业集聚效应逐步显现。2014年中国软件大会中,厦门软件园从全国近百家园区中脱颖而出,荣获2014年度中国软件和信息服务领军产业园区。目前,厦门软件园已成为厦门市软件产业主要聚集载体。

2014年,厦门软件园二期产值达402.67亿元,同比增长26.6%,并凭借完善优质的园区规划定位、配套设施、政策环境、服务质量及产业影响力先后获评"2014年度中国金软件金服务最信赖的产业园区"、"中国软件和信息服务领军产业园区"和"厦门市生产性服务业功能区"等多个奖项。

正在兴建的厦门软件园三期2014年实现产值5.76亿元,年度建设计划完成投资超过18亿元,有46个建设项目同步展开,建设面积约110万平方米。2014年,厦门软件园(三期)已经通过入园审核企业357家,其中包含58家港澳台知名企业,园区已入驻经营企业 58 家，主要包括信息消费、云计算、北斗应用、移动互联网、IC 设计、电子商务等领域企业。

智慧园区建设不断强化。2014 年 1 月，厦门软件园与其他 8 家省外软件园入选全国首批智慧园区试点软件园。厦门软件园利用新一代信息技术整合系统的方式，逐步实现"园区经济向生态型转变、技术创新向协同化转变、园区管理服务向城市化转变"。

在福建省、厦门市的支持下，2014 年软件园二期正式运行信息消费示范公寓，并将推进示范公寓在厦门的推广。示范公寓的综合信息服务系统整合了公寓安全智能门禁系统、智能快递系统、物业管理系统、公寓服务系统、智能电话、e 通卡便捷支付等功能，能够实现自动生成房租、物业费等账单，并自动触发短信通知住户。同时，公寓具备各通信运营商 20M 及以上宽带额接入能力、一通卡充值消费一体机以及公寓服务手机客户查询端。

依托园内 600 多家规模以上的软件和信息技术服务企业，软件园不断推出以园区为载体的信息化产品，推进智慧园区的建设和管理服务水平提升，其中，2014 年 10 月，园区创新手机微信平台正式上线，首期推出的主要功能为停车缴费业务。随后平台功能不断丰富，目前公共服务已实现网上办理企业装修及广告标识申请、班车定制及停车缴费等；商业配套服务主要包含：企业服务的财务、法律、人事等功能；金融服务的贷款、理财、保险等功能；个人服务的订餐、拼车、二手交易等功能。

公共服务平台能力增强。厦门软件园一直坚持高标准建设，园区公共服务水平不断提升。2014 年，厦门创新软件园管理有限公司凭借着其在园区管理上展现的服务理念和服务能力，于第二届中国中小企业服务创新大会暨首选服务商发布会上获得"中国中小企业首选服务商"称号。

厦门软件园着力打造园区精品服务，不断完善和提升园区配套设施。面对软件园日趋饱和的园区交通现状，园区于 2014 年推出"定制公交"举措，以改善交通与解决园区职工出行难问题。"定制公交"根据在软件园上班工作人员的需求设定定制线路，以多人共同乘用交通工具的形式，为处于相同区域、具有相同出行时间和相同出行需求的人群量身定做的公共交通服务。

厦门软件园积极建设三期综合配套服务体系。为更好地促进软件园三期企业进驻，全力做好三期企业服务，除了承担今年入驻企业的物业费外，园区还积极协调各方力量创造便捷良好的园区环境。一方面，"创新软件园三期服务中心"于 2014 年 9 月正式成立并进驻软件园三期开展各项工作，着力于建立完善"三期全面覆盖"的公共服务体系，为入住企业提供各种公共配套服务。另一方面，软件园公交路线新实现三期与各处互通，新增的 BRT 链接专线提升了软件园三期对外交通的便捷度，入驻的企业员工可免费搭乘。目前，园区还积极听取产业企业建议加以完善配套。

二、重点行业发展情况

（一）动漫游戏

动漫游戏产业已经成为厦门软件园的一大特色产业。厦门软件园陆续挂牌"国家动画产业基地"、"文化部国家级文化产业实验园区"、"福建省创意产业重点园区（基地）"，"中国移动手机动漫基地"、"中国电信动漫运营中心"、"福建联通动漫支撑中心"三大运营商基地先后入驻厦门软件园，形成园区独特的手机动漫产业优势，为园区动漫游戏产业的发展提供强大动力。依托厦门软件园，厦门日益成为我国动漫游戏和新媒体产业的重要集聚地，产业聚集效应明显，产业影响力不断提升，企业原创能力不断提高，新媒体业务快速发展。

目前，软件园二期中心区已经汇集咪咕动漫（原中国移动手机动漫基地）、飞鱼科技、4399 游家网络、吉比特、大拇哥动漫、中娱文化、青鸟动画等一批知名企业。截至 2014 年第一季度，园内咪咕动漫收入已达到 4.8 亿元，几乎占到 2013 年全年收入 10 亿的 50%。动漫基地的合作伙伴达到 851 家，上线的作品超过 26 万集，收入排名第一的作品 / 累计收入已超过千万元。2014 年 12 月，园内手机游戏及网页游戏开发商飞鱼科技在港交所主板正式挂牌上市，上市首日市值约为 33.15 亿港元。重点企业迅猛发展，带动着整个园区成为厦门创建中国软件名城和全国信息消费示范城市的重要载体。

（二）移动互联网

厦门软件园抓住信息技术新兴领域发展契机，大力发展移动互联网产业，目前已经形成较为成熟的产业体系，并在 APP 开发及应用方面走在全国首列。

软件园二期已集聚了以美图、搜谷、众联世纪为代表的骨干企业，拥有美图秀秀、WIFI 伴侣、掌上公交、美柚等多款热门 APP。2014 年苹果公布应用商店年度精选应用榜单，园内美图公司旗下的美拍、美图秀秀、美颜相机皆在榜上。其中，美图秀秀作为苹果官方推荐的图像处理软件，市场占有率遥遥领先，拥有超过 3.8 亿的用户。

软件园移动互联网产业蓬勃发展的同时，有力推动了厦门市智慧城市建设。园区拥有掌上公交、兜兜公交等多款高查询量的交通应用，同时依托园内企业，支撑厦门市实现智能交通 APP 应用、实时路况查询以及交通微信等政府创新服务模式，并向全国推广。

（三）智慧医疗

厦门市的信息化基础与移动互联网产业集聚为软件园的智慧医疗软件与解决方案带来广阔的发展空间，促进产业快速发展，涌现了智业、讯盟、易联众等一批在国内具有较强知名度和影响力的行业龙头企业，为打造特色产业集群奠定基础和条件。例如，易联众面向医疗卫生开发医院信息管理系统、电子病历系统等，2014 年 3 月与 IBM 联合宣布建立国内首家针对糖尿病健康管理的健康云创新中心；南方科宇作为国内领先的食品药品行业 IT 综合服务提供商，是国家食品药品监督管理总局信息化建设的重要合作伙伴之一。

2014 年 5 月，厦门市智慧医疗与健康服务产业联盟在软件园二期成立。联盟成员涵盖厦门市从事智慧医疗与健康服务的软件企业、医疗器械、高校、医药等单位。联盟的成立将充分挖掘各成员单位的优势资源，推动联盟各成员间协同发展，推进智慧医疗产业发展。

企业篇

第二十七章　基础软件企业

一、中标软件

（一）总体发展情况

上海中标软件有限公司（简称"中标软件"）成立于2003年，初始投资方包括了中国软件与技术服务股份有限公司、普华基础软件有限公司、华东计算技术研究所，公司总部设在上海，并分别在北京、广州设有分公司和办事处。

中标软件有限公司是中国Linux操作系统和办公软件产品提供商和服务商，公司以操作系统技术为核心，重点关注产品的自主可控、安全可靠等差异化特性。公司作为国家规划布局内软件企业，拥有军、民两方面的相关企业与产品资质。围绕操作系统技术公司的产品包括了中标麒麟安全操作系统、中标麒麟安全云操作系统、中标麒麟高级服务器操作系统、中标麒麟桌面操作系统、中标麒麟安全邮件服务器、中标麒麟高可用集群软件、中标麒麟通用服务器操作系统、中标凌巧移动终端操作系统、中标普华Office专业版、专用版、教育版、藏文办公软件、维哈柯文办公软件、中标普华病历通等。

目前，中标麒麟操作系统产品已经在政府、国防、金融、公安、审计、财税、教育、制造、医疗、交通等行业得到广泛应用，应用领域涉及我国信息化和民生各个方面，其中多个领域已经具备核心业务应用能力。产品已覆盖北京、上海、山西、陕西、西藏等全国三十多个省市自治区。在审计、财税、中航信、中纪委、工商等领域取得了较强的市场占有位势。根据赛迪顾问统计，中标麒麟操作系统已经在2011—2014连续四年位列中国Linux操作系统市场占有率第一名，市场表现突出。

2014 年，在操作系统领域，由于国外品牌垄断形势依然存在，国产操作系统企业运营面临较大困难。中标软件发展情况不容乐观，截至 2014 年 6 月 30 日，中标软件有限公司总资产额为 3.26 亿元，净资产额为 2.63 亿元，2014 年前六个月企业实现净利润亏损 1643 万元。

2014 年，中标软件凭借在国产操作系统领域多年的自主耕耘和突出业绩获得了中国软件协会颁布的"2014 年度自主可靠企业核心软件品牌"。

（二）发展策略

加速国产操作系统产业链建设。在软件产业中，操作系统始终处于整个产业链核心位置，是其他软硬件的重要依托。国产操作系统要想加快发展速度，必须要获得相关上下游产业链支持。2014 年底，中标软件持续发力，在产业链打造的多个环节取得了突破。2014 年，中标软件与亚马逊达成合作协议，共同为中国用户提供安全、可信赖、自主可控的中标麒麟软件操作系统，为广大中国客户提供了 AWS 平台上操作系统的更多选择。中标软件加强了产品的宣传和培训，在地球物理学会等单位组织了多场国产操作系统桌面及服务器应用培训。中标软件参与国内最大开源联盟"开源社"的成立，立志于推动开源软件生态体系的健康可持续发展。中标软件参与发起成立了中国企业互联网化推进联盟，与用友网络、京东、阿里云等企业共同推进中国企业的互联网化，驱动新经济常态创新发展。

认知品牌效应，建立品牌体系。对于国产操作系统企业，只有建立了在市场中受到关注的品牌，才可能突出重围，在激烈的市场竞争中博得一席之地。中标软件长期高度重视品牌建设，已经形成了包括"中标麒麟"、"中标普华"、"中标凌巧"三大产品品牌。2014 年，中标软件继续发力品牌建设，市场影响力稳步提升。中标软件通过媒介扩大品牌的影响，以获取市场占有率的不断提升。在品牌知名度方面，中标软件与 CCTV、央广、路透社、日经社、新华社等大型通讯社，《人民日报》、《解放日报》等多家大型媒体建立了媒体合作关系并进行了广泛宣传，使得更多的中小企业客户了解并认识了中标软件，基于在中小企业中的良好声誉，中标软件获得了"中国中小企业首选服务商"称号。

二、普华软件

（一）总体发展情况

普华基础软件股份有限公司是由中国电子科技集团公司整合下属的电子科学研究院、第十五研究所、第二十八研究所及第三十二研究所的优势资源，共同投资设立，专业从事国产基础软件研发和产业化的软件公司。普华先后参控股了中标软件、人大金仓以及日本 TurboLinux，并通过自主发展，建立了较为完善的国产基础软件产品系列和一体化平台解决方案。

经过多年的产业耕耘，普华软件已经建立了完整的基础软件产品线，包括了普华办公套件、普华桌面 Linux 操作系统、普华服务器 Linux 操作系统、普华数据库、实时嵌入式操作系统及开发环境、汽车电子整体解决方案、电子文档安全管理系统、基础软件统一部署与运维管理平台。其中，普华桌面操作系统全面符合国家制定的 Linux 标准和 LSB4.X 认证规范，集成了全新的"普华软件中心"、"普华系统加速器"等实用软件。普华服务器操作系统以高效、稳定、安全为突破点，可提供完善的系统服务器和网络服务，实现全面的软硬件兼容。当前普华服务器操作系统已广泛应用于电信、金融、政府、军队等企业级关键应用。

2014 年 9 月，普华软件正式推出了普华系列操作系统 3.0，产品的功能得到进一步加强，性能得到进一步提升。凭借在国产操作系统领域的突出成绩，普华软件获得了"2014 年度中国国产操作系统最具影响力品牌奖"。

（二）发展策略

立足国内市场，致力于国产信息系统品牌建设。普华软件在发展过程中，坚持自主可控道路，建立国产品牌的产业链体系。在硬件适配方面，普华操作系统能够满足基于 X86 和国产芯片架构关键应用的系统需求，实现了对龙芯、兆芯等多个芯片的完全适配，普华还专门为龙芯平台推出了普华操作系统龙芯版。在软件适配方面，普华服务器操作系统与市场主流软硬件厂商包括金仓、达梦、神通、东方通、金蝶、中创、浪潮、联想等进行了完善的兼容测试。

加强人才培养，构建优秀研发团队。普华软件特别重视人才队伍的建设和培养，人才构成了普华软件的重要发展基础。从企业发展角度看，普华软件的最大优势是拥有一支市场化程度高、具有 15 年以上从业经验的成熟团队。2014 年，大量的中科红旗员工加入了普华，普华的人才队伍的综合实力得到进一步加强。当前，普华的核心研发团队有大约 110 人，平均年龄不到 30 岁，推动着普华操作系统不断的迭代更新，推动着普华在国产操作系统领域不断做大做强。

三、金山办公软件

（一）总体发展情况

金山办公软件创立于 1988 年，总部位于中国北京，在美国、日本等国家和地区设有分支机构和服务中心，是全球领先的办公软件和服务提供商，是金山软件集团的重要组成。其旗下著名产品包括 WPS 系列办公软件、金山词霸、WPS 邮件等。在 Windows、Linux、Android、iOS 等众多主流操作平台上，全球已有超过 6.6 亿用户乐享金山办公软件提供的办公和学习服务。当前，公司员工总数约有 800 人，主要分布在珠海和北京。金山办公软件有限公司的主要产品有 WPS Office 企业版、WPS Office 个人版、WPS Office 移动版、QWPS 云办公、金山词霸、WPS 邮件系统。

2014 年，金山办公软件业务运营情况良好，上半年实现营业收入 1.32 亿元，同比增长了 30%。2014 年，北京金山办公软件有限公司被评为"2014 中国软件和信息服务十大领军企业"，公司 CEO 葛珂被评为"2014 中国软件和信息服务十大领军人物"。

2014 年，金山办公软件产品性能得到持续提升，用户规模不断增大。截至2014 年 10 月，WPS PC 版安装用户达到 3 亿，月度活跃用户数为 7600 万；WPS 移动版全球累计用户超过 3 亿，月度活跃用户为 6000 万，呈现出良好的上升势头，其中绝大多数用户使用了 Android 平台，其在 Google Play 商务类软件下载排名中保持全球第一；WPS 移动版海外用户总数达到 1.2 亿，占总用户的 40%，月度活跃用户为 5600 万；iOS 用户数为 1400 万，月度活跃用户为 450 万。截至 2014 年 10 月，金山词霸用户总数为 6500 万，月度活跃用户数超过 1000 万；WPS 邮件系统用户数约为 1000 万。

2014 年，金山办公软件产品在政府、金融等行业中发展势头良好，市场占

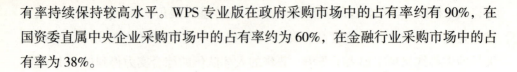

有率持续保持较高水平。WPS专业版在政府采购市场中的占有率约有90%，在国资委直属中央企业采购市场中的占有率约为60%，在金融行业采购市场中的占有率为38%。

（二）发展策略

抢占移动平台和云平台市场。在传统桌面市场，金山办公软件由于诸多原因丧失了发展主动权，在桌面市场中受到微软等企业的压制。随着移动互联网和云计算的兴起，金山瞄准移动终端和云平台领域，推出了移动版WPS产品和WPS云办公产品，打开了企业发展的空间。自WPS Office移动版推出起，用户数目持续保持快速增长，至2013年，移动终端用户数超过8000万，到2014年9月，WPS移动终端用户已经超过了3亿。与此同时，金山办公软件还实施了WPS云办公巅峰计划，依托现有的WPS企业版、WPS移动版和金山企业快盘，为企业提供云平台下的办公软件产品和服务。

四、东方通

（一）总体发展情况

北京东方通科技股份有限公司创立于1992年，是国内中间件领域的开拓者和领导者，是国家级高新技术企业，连续十二年被认定为"国家规划布局内重点软件企业"，是商务部、国资委认证的"企业信用评价AAA级信用企业"。当前，积极布局并开展云计算、大数据相关业务，致力于为客户提供质量上乘、自主可控的全线基础软件产品及行业云计算、大数据整体解决方案。

东方通的产品及解决方案在国内数千个行业业务应用中得到验证，在金融、通信、政府、能源、交通等领域拥有2000多家企业级用户和500多家合作伙伴。2014年1月，东方通成功在深圳证券交易所创业板上市。

2014年，东方通企业运营情况良好，营业收入和净利润稳步增长，传统中间件业务保持稳定。企业实现营业收入1.94亿元，同比增长7.73%，实现净利润5712万元，同比增长25.6%。2014年，中间件业务收入占公司营业收入总额的89.85%，营业收入同比下降3.21%，毛利率同比增加1.42个百分点。2014年，公司研发投入4622万元，同比下滑17.58%。

在"2015 年中国 IT 市场年会"上，东方通被评为"2014—2015 中国中间件软件市场年度成功企业"，这是自 2007 年以来，东方通连续第九年被评为年度成功企业，体现出其在中国基础软件行业中间件领域的领跑者地位。

（二）发展策略

以市场开拓为核心，加快多行业布局。国产中间件厂商一直以来面临较大的市场竞争压力，在市场开拓方面存在较多困难。2014 年，东方通积极在军工、政府、电信等需求旺盛的行业进行布局，组建的全资子公司东方通宇已通过军工二级保密资质审查。在电信行业中借助国产化替代的浪潮，东方通正加速业务拓展，以获取更大的发展空间。

借助市场化手段，加快新领域布局。2014 年，东方通成功在创业板上市后，利用募集资金借助市场化手段，积极在云计算、大数据、物联网等领域布局，以拓展公司业务空间，抢占新兴领域发展优势。2014 年，东方通接连收购了惠捷朗和同德一心，在服务器虚拟化、大数据及云计算领域布局。东方通设立了全资子公司无锡东方通，专注于拓展大数据、物联网领域的产品和解决方案研发，开展相关服务运营业务。

第二十八章　工业软件企业

一、总体发展情况

我国管理软件自 2012 年以来面对云计算以及国外产品和服务的冲击，企业经营状况明显承受压力，跨界融合、转型发展、开拓市场的需求十分强烈。以用友、金蝶为代表的管理软件厂商，纷纷在 2014 年实施资产重组和转型，与其他企业实现跨界联合是一个突出的特征。

生产调度和过程控制领域相关企业的经营状况较好，主要企业各自在优势行业领域深耕细作。

表 28-1　国内主要企业发展情况

细分领域	市场份额较大企业	发展特点
研发设计	数码大方	拓展商业模式，实行"年费"制，借助正版化浪潮拓展国内市场
	中望龙腾	
	华天软件	
生产调度和过程控制	和利时	在轨道交通行业实现快速增长
	中控集团	
业务管理	用友	积极向互联网转型，发展云服务；寻求跨界发展，开拓新市场
	金蝶	

资料来源：赛迪智库整理，2015 年 3 月。

表28-2 国内主要企业投融资情况

细分领域	主体企业	部分重要投融资事件	简要分析
生产调度和过程控制	和利时	"高速铁路列车控制信号系统研发及产业化"项目统筹资金退出和知识产权转让	将政府投资转化为企业的知识产权成果，并与政府共同分享投资收益，实践了北京市首创的财政资金"补"转"投"模式
业务管理	用友	分拆畅捷通在香港单独上市 定向增发股票，拟募集18亿元，分别投向其软件互联网服务、企业互联网公共服务平台、互联网金融数据服务平台	加快向互联网转型

资料来源：赛迪智库整理，2015年3月。

表28-3 我国主要管理软件企业发起的战略合作情况

主体企业	合作方	合作介绍
用友	微软	用友与微软宣布开展深入合作，利用由世纪互联运营的Windows Azure云平台为用友企业管理与电子商务平台提供云平台支持，从而为用友"软件+云服务"策略提供坚实后盾
	IBM	IBM DB2将深度融合进用友企业管理软件NC中，以进一步利用IBM大数据和分析技术方案，帮助客户在大幅度降低成本的基础上更有效地运行应用
	曙光	双方在云计算领域正式展开合作。凭借曙光多年在高性能计算、服务器、存储、安全等方面的经验，结合用友集团在管理软件、企业云服务方面积累的丰富资源，为用户提供优秀的云计算平台服务
	联想	双方结成战略合作伙伴关系，在技术研发、产品、市场、渠道、销售等领域展开全方位合作
	百度	双方在大数据领域开展合作，把用友拥有的企业经营数据和百度拥有的消费行为数据做整合
	携程商旅	开展用友U8网上报销商旅集成合作
金蝶	腾讯	KIS专业版将与企业QQ共同推出针对小企业的互联网转型升级创新管理应用组合，实现企业与其分销商、客户之间的无缝协作，帮助小企业快速构建面向多渠道营销、多地点办公、多企业协同以及多终端应用的运营管理平台
	浪潮	双方将在产品研发、方案融合、市场、营销等领域开展全面合作。
	阿里	共同推出针对内地电子商务企业的专业级财务管理软件

资料来源：赛迪智库整理，2015年3月。

二、主要企业发展策略

（一）研发设计软件领域主要企业发展策略

1. 北京数码大方

数码大方是我国领先的工业软件和服务公司之一，主要提供数字化设计、数字化制造、产品全生命周期管理和工业云服务平台的产品和服务，是我国工业云发展的主要推动力量之一。

2014年数码大方启用了"年费服务模式"，通过更专业的运维服务帮助企业提高系统运维效率。"授权＋年费"模式，即产品按照授权收费，用户在年度服务期内可获得产品最新版本使用授权和多种技术服务保障，这是一次大商业模式上的大胆尝试。

2. 广州中望龙腾

中望龙腾是我国领先的国际化CAD/CAM解决方案供应商之一，其中望系列软件产品销售范围覆盖全球80多个国家和地区。

2014年，中望力推其三维CAD/CAM产品"中望3D"在军工等关键行业企业的应用推广，在2D产品领域也开展了一系列的市场推广活动，希望借助国内的正版化和国产化替代需求进一步开拓市场。

3. 华天软件

山大华天软件是我国规模最大的制造业信息化解决方案提供商之一，拥有自主版权高端三维CAD/CAM软件，服务领域跨越CAD/CAPP/PDM/PLM/MPM。

2014年，华天软件基于其自主三维CAD软件平台，启动"专属CAD定制计划"，为用户企业定制专业三维CAD软件，是其在软件技术创新与服务模式创新方面的一次重要尝试。专业化定制需要大量的知识和经验的投入，并引入设计规范、设计流程的自动设计系统，对用户需求的把握和定制成本的控制是其成败的关键。

4. 苏州浩辰

苏州浩辰软件是亚太地区领先的CAD产品及解决方案提供商，也是最早形成"CAD一体化"服务体系、提出协同设计概念及推行整体解决方案的CAD软件企业。在全球范围内，浩辰 CAD 的产品已经覆盖 100 多个国家和地区，全球正版用户超过 40 万家。

多年来，苏州浩辰一直致力于 CAD 软件的研发与创新，积极地为客户提供最完善的 CAD（计算机辅助设计）软件、服务与解决方案，并始终坚持在 CAD 领域开展自主研发与创新，2014 年其所推出发展基于移动互联网的 CAD 产品取得广泛关注，并获得中国版权协会授予的"中国版权最具影响力企业"荣誉。

5. 北京清软英泰

北京清软英泰是中国北车与清华大学合资共建的产学研三位一体的高新技术企业，是国家企业信息化应用支撑软件工程技术研究中心的实体化单位，也是清华大学科研成果转化的窗口，主要为离散制造企业提供整体的信息化咨询及解决方案，提供设备管理、设备效能管理、能源管理、节能改造与能源托管服务，并提供铁路及轨道交通行业嵌入式设备和建筑业信息化服务。

2014 年，清软英泰主要围绕企业信 CAD/CAPP/PDM/PLM/ERP/EIS 软件产品一体化解决方案、电子商务解决方案及增值服务、政府或公共事业单位办公自动化解决方案及服务、市政管理软件和城市基础设施管理电子化一体化解决方案等业务领域积极拓展市场，助推两化深度融合发展。

（二）生产调度和过程控制软件领域主要企业发展策略

1. 和利时

北京和利时集团是一家从事自主设计、制造与应用自动化控制系统平台和行业解决方案的高科技企业集团。2014 年，和利时在我国火电机组市场份额约为 33%，核电机组市场份额约为 40%，另外在轨道交通控制领域实现营收增长超过 50%。2014 全年财报显示，和利时全年营收 5.2 亿美元，同比增长 38%。和利时将在 2015 年在离散制造行业投入更多市场精力，以带动营收的进一步增长。

2. 中控集团

中控集团是我国领先的自动化与信息化技术、产品与解决方案供应商，总部位于浙江杭州，是国内工业自动化领域产品线最为丰富的厂商之一，为工厂提供从底层到上层的整体解决方案。

2014 年，中控 DCS 中国市场占有率排名第一，市场份额为 16.6%，尤其是在化工行业的市场份额高达 34.5%，超过了霍尼韦尔、横河、西门子等国际巨头，

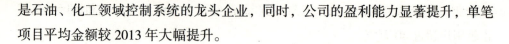

是石油、化工领域控制系统的龙头企业，同时，公司的盈利能力显著提升，单笔项目平均金额较 2013 年大幅提升。

3. 上海宝信软件

上海宝信软件是宝钢股份控股的上市软件企业，公司已累计申请专利 279 项、软件著作权登记 402 项、技术秘密认定 208 项，并一直承担着国家科技重大专项、国家科技支撑计划专项、科技部 863 专项、工信部电子基金专项等从国家到地方的研发和产业化项目。公司全面提供企业信息化、自动化系统集成及运维、城市智能交通（路桥隧轨）、机电工程总包、机电一体化产品及机电设备维修等方面的综合解决方案。业绩遍及钢铁、交通、服务外包、采掘、有色、石化、装备制造（含造船）、金融、公共服务等多个行业。

2014 年，宝信软件在原有业务市场开拓和新业务转型方面发展较为顺利，实现营业收入 40.72 亿元，增长 13.70%；利润总额 3.63 亿元，增长 9.77%；全年实现经营性净现金流入 2.31 亿元。公司品牌形象和行业地位进一步提升，在全国及上海本土软件企业中保持领军地位；荣获 2013 年度上海市市长质量奖；获"2013 中国信息产业领军企业"、"上海市智能建筑设计施工优秀企业"、"优秀生产性服务业企业领军人物"、"上海市创新型新兴服务业示范企业"、"2014 上海软件行业名企（经营型、创新型）"等多项荣誉。

（三）业务管理软件领域主要企业发展策略

1. 用友

用友是亚太区领先的企业管理软件和企业移动应用、企业云服务提供商，我国最大的管理软件和行业应用解决方案提供商之一，近年来业务领域逐渐延伸至金融、医疗卫生、企业支付 / 互联网金融、企业通信、管理咨询、培训教育等领域。

2014 年，用友软件正式更名为用友网络，全面启动"去软件化"，向互联网公司转型。根据其 2014 年第三季度财报显示，2014 年前三季度公司实现营业收入 24 亿元，比去年同期增长 1.5%，扣除非经常性损益后的净亏损 5900 万元，亏损额同比大幅度减少。但从财报看，其亏损减少主要是通过去年同期转让参股公司股权实现的收益充抵来实现的。为扭转被动局面，用友主要围绕"全面进军企业互联网"、"互联网金融创新"的战略和"提升软件业务的经营效益"的策略，与客户联合创新，发展企业互联网服务运营的商业模式，进一步加快云平台产品研发与业务推进工作，加快 CHANAPP（畅捷通）和 UAP 两大云技术平台发展，实现云技术平台的高效、可靠运营，并全面进军企业互联网金融服务领域。

2. 金蝶

金蝶集团是我国领先的企业管理软件及 ERP 云服务商之一，产品包括金蝶 ERP 软件、O2O 解决方案、金蝶中间件、金蝶在线会计、金蝶财务软件、金蝶云 ERP 及 ERP 租赁等。

根据金蝶软件公布的截至 2014 年 6 月 30 日止的上半年业绩数据，金蝶期内营收同比增长 0.7%，达到 7.5 亿元，净利润约 8095.4 万元，同比增长 26.58 倍。利润的增长主要来自销售及推广费用、行政费用的大幅下降，同时研究及开发成本与上年同比下降约 11.2%。2014 年，金蝶取消了自营销售业务，采用全分销模式，持续落实"双核驱动加速移动互联网转型"的战略，一方面提升 ERP 产品核心品质，提升用户体验，并优化了业务结构，强化分销能力。另一方面打造云服务开放平台，大力发展云服务产品。2014 年上半年，金蝶云服务业务获得 125% 的增长，约占集团总收入的 5.4%，与阿里合作开发的中小电子商务企业定制财务管理云服务，为其营收增长做出了重要贡献。

3. 山东浪潮齐鲁软件

山东浪潮齐鲁软件是浪潮集团软件产业群的核心，是国内主要的行业 IT 应用综合解决方案提供商之一，其业务领域十分广泛，涉及政务、水利、公安、药监、质监、烟草等多个行业、政府及公共事业应用领域。

根据 2014 年浪潮齐鲁软件财报显示，预计 2014 年年度实现归属于上市公司股东的净利润同比将增加 17 倍以上，上年同期为 420.43 万元，主要是参股公司浪潮乐金数字移动通信有限公司业务利润与去年同期相比增加，导致其投资收益较去年大幅增加。浪潮乐金数字移动通信有限公司是由浪潮集团有限公司和韩国 LG 电子株式会社在烟台开发区投资设立的中外合资企业，主要从事 CDMA 移动电话、移动信息终端以及其他相关产品的研发、生产、销售及售后服务。

第二十九章　信息技术服务企业

一、东软

（一）总体发展情况

东软集团 1991 年创立于中国东北大学，主营业务包括软件外包服务、行业信息化解决方案、医疗设备及服务等，是国内最大的 IT 解决方案与服务供应商之一。公司面向日韩、欧美等国际市场提供软件开发服务及 BPO 服务。公司面向电信、能源、金融、政府、制造业与商贸流通业、医疗卫生、教育、交通等行业提供信息化解决方案。

东软 2014 财年上半年实现营业收入 49.3 亿元，较上年同期增长 1.0%，主要是受医疗系统和国内软件及系统集成收入增长带动；实现净利润 2.14 亿元，较上年同期下降 24.0%，管理费用的提升以及投资收益和公允价值变动损益的大幅减少是其下滑主要原因。

表 29-1　东软 2010—2014 财年利润情况

财务指标 财年	营业收入情况		净利润情况	
	营业收入（亿元）	增长率（%）	净利润（亿元）	增长率（%）
2010	49.4	18.5	5.07	−22.1
2011	57.5	16.5	4.17	−13.9
2012	69.6	21.0	4.56	9.4
2013	74.5	7.1	4.11	−9.9
2014	49.3	1.0	2.14	−24.0

数据来源：东软财报，2015 年 3 月。

（二）发展策略

1. 业务创新

公司在健康管理服务领域、云计算和汽车电子等领域不断布局，并持续加大针对这些领域的研发投入。在健康管理领域，公司医疗相关业务已经拓展至医疗设备、医疗IT基础设施、医疗信息化综合解决方案以及健康管理等领域，2014年东软医疗发布NeuViz 64恒睿CT等新品及解决方案。在云计算方面，公司继续加大对熙康云平台的投入建设，熙康健康云平台能够与熙康自身开发的智能终端产品进行无缝对接，其产品和服务集聚和整合了互联网、物联网和云计算以及医疗专业领域资源。同时，公司正式发布了面向政企客户的云服务"移动云"，该项目的客户方为中国移动。在汽车电子方面，公司正由车载系统外包商向综合解决方案供应商转型。

2. 战略合作

东软加大市场开拓力度，积极发展战略合作伙伴，与重点客户的合作更加深入和紧密。2014年，公司以"移动云"为契机，继续加深与中国移动的合作，业务拓展至中国移动北方信息港的云计算项目。公司与阿里云正式签署战略合作协议，将在全球范围内就公共事业、企业、IT运营等领域展开交流与合作。同年，由公司联合曙光、浪潮、天津神舟、武汉达梦、金蝶中间件、阿里云、华为等企业共同成立国内首个安全可靠电子政务产业发展战略联盟。国际方面，公司和英特尔进一步深化战略合作伙伴关系，拟推出国内首款基于英特尔架构的企业级移动终端解决方案。

3. 技术创新

东软继续加强云计算及物联网、医疗设备、汽车信息技术、大数据、业务基础平台等领域的研发。公司发布企业互联网应用支撑平台产品——升级版SaCa和UniEAP产品。汽车电子方面，公司不断加大与国际先进厂商的合作，与飞思卡共同推出高级驾驶员辅助系统（ADAS）生态系统。此外，公司正在研发具备通信功能的汽车相关服务，即端到端的汽车电子整体解决方案。

4. 市场拓展

东软公司加速在云计算、医疗健康、汽车电子业务领域的创新与转型。2014年，东软正式改组成立全资子公司东软云科技有限公司，该公司将为Saas、Paas

服务提供运营支持。同年底，东软以增资扩股的形式为子公司东软医疗和东软熙康引入战略投资者，加速推进互联网医疗战略。公司在医院和医保信息化领域保持领先优势，本次合作有助于公司继续加大在医疗大数据领域的研发投入，将服务于商业保险、社保领域，实现医疗成本控制。公司在医疗IT、设备、服务全产业链协同布局，形成综合医疗健康产业平台式发展趋势。汽车电子方面，截至2014年4月底，公司已经获得电子车载系统订单500万套，总金额达到50亿元，订单有望在未来5—7年逐渐交付。

二、中软

（一）总体发展情况

中软作为我国大型综合软件与信息服务企业，成立于2000年，于2003年在港交所主板上市。主要业务包括专业服务（提供Resource系列和OneTopLink/TSA+系列等软件平台产品）、外包服务（整个IT部门外包和项目外包）和IT人才培训业务。公司首批通过全国"软件企业"认证，连续多年获评"国家规划布局内重点软件企业"，在国家软件百强企业中排名不断提升。同时，公司是首批获得工信部计算机信息系统集成特一级资质的大型软硬件集成服务企业，拥有计算机信息系统集成一级资质、国家涉密计算机信息系统集成资质（甲级）等齐全完备的资质。公司联合国内基础软硬件产品厂商、科研院所等成立了"安全自主软硬件产业技术创新战略联盟"，推动安全自主软硬件产业的发展。

中软2014财年前三季度实现收入30.4亿元，同比增长40.3%；实现净利润1.5亿元，同比增长43.1%。

表29-2　中软2010—2014财年利润情况

财务指标 财年	营业收入情况		年度溢利情况	
	营业收入（亿元）	增长率（%）	贡献利润（亿元）	增长率（%）
2010	16.0	45.0	0.3	–
2011	22.4	40.1	1.2	34.9
2012	26.8	14.1	0.6	−55.4
2013	30.7	20.2	2.0	33.2
2014	30.4	40.3	1.5	43.1

数据来源：中软财报，2015年1月。

（二）发展策略

1. 战略合作

凭借其在政府、制造流通、金融、移动应用、电信、公用事业、能源等领域的行业优势，中软与华为、中移动、阿里、腾讯等互联网巨头持续紧密合作，加快了公司市场拓展和服务水平提升。公司 2014 年前三季度华为业务收入同比大增 87%，达到 9.3 亿元人民币，较 2009 至 2013 年年复合增长 64% 有所加快。2014 年 8 月，公司与华为签订战略合作协议，成为其业务金牌代理，在 IT 产品、云计算、网络安全等领域展开深入合作。借势华为，公司力拓包括 ASP 授权服务及 CSP 认证服务等业务，目标市场规模于 2017 年有望达 105 亿元人民币。同时，中软作为阿里云生态系统下最大的也是迄今唯一的全方位服务提供商，亦受惠阿里云的扩展，阿里云迄今已经和多个中国省级行政区进行了云业务合作。随着与巨头们的合作不断深入，公司有望获取更多的项目机会和服务延展，从而助力未来经营业绩的不断提升。

2. 创新体系

2014 年，中软发布自主研发的解放（JointForce）平台，该 IT 众包平台基于云服务和互联网社交实现整合 IT 解决方案研发、实施和集成。通过这个平台，企业能够快捷搜索到合适的程序员，并以外包形式聘请人员编程，同时任何公司、个人都可将自己的成果上载至平台，当被搜索或匹配成功后，"可复用的既有成果 + 对成果的定制服务"可成为该公司或个人获得收入的模式。目前平台内测成效明显，包括提高雇员人均执行能力但同时精简人员编制、大幅改善经营情况和提高员工人均收入。

3. 组织架构

2014 年，中软国际执行全新的发展战略，把业务布局调整为专业服务、外包服务、新兴业务的结构，设立中软国际新业务集团（ESG），目前主要提供 IT 培训业务，已经在全国建立了数个培训中心。在实现传统 IT 专业服务和外包服务的同时，公司将加快布局云计算及移动互联等创新和新兴业务。

4. 市场拓展

中软以客户需求为导向，借助重大工程抢占行业市场地位，加速公司业务服务化转型。2014 年，中软取得中国移动项目金额 1.04 亿的飞信系统无线产品子项目，以及参与中国移动三新（"新通话"、"新消息"、"新联系"）融合通信业务并成为 APP 的核心供货商，有助于公司移动互联网业务迅速发展。公司与阿里云连手，在贵州省政府支持下打造"云上贵州"平台，同时与阿里持续推进浙江省智慧政务云示范试点项目建设，之后将向全国各省智慧政务云平台迈进。

三、神州数码

（一）总体发展情况

神州数码由原联想集团分拆而来，并于 2001 年 6 月 1 日在香港联合交易所有限公司主板独立上市。神州数码控股有限公司业务主要包括 IT 规划、流程外包、应用开发、系统集成、硬件基础设施服务、维保、硬件安装、分销及零售等八类业务，面向中国市场，为行业客户、企业级客户、中小企业与个人消费者提供全方位的 IT 服务。目前公司凭借对智慧城市的深入理解，着力于将移动技术、大数据分析、社交和云计算相结合，已成为智慧城市综合解决方案的领导企业。

神州数码 2014 年前三季度的营业收入为 495.5 亿港元，同比下降 1.8%，实现净利润为 6.89 亿港元，同比上升 19%。

表 29-3　神州数码 2010—2014 财年营业收入增长情况

财务指标 财年	营业收入情况		净利润情况	
	营业收入（亿港元）	增长率（%）	净利润（亿港元）	增长率（%）
2010	568.0	13.2	10.05	22.0
2011	703.2	23.8	12.45	23.81
2012	735.0	4.5	13.67	9.85
2013	522.65	−7.8	−	−
2014	495.5	−1.8	6.89	19%

数据来源：神州数码财报，2015 年 1 月。

（二）发展策略

1. 战略合作

2014 年，神州数码加强自主可控技术、云服务及大数据领域合作。公司与阿里巴巴达成战略合作协议，并在阿里巴巴的云基础设施上提供相关解决方案和应用程序。公司将在阿里巴巴的云计算平台提供 SaaS 和 PaaS 服务，并且两者将在大数据和新世代数据驱动的应用程序方面展开合作。并且，公司牵头与曙光、神舟通用、中标软件及东方通等国内 4 家企业成立"安全可靠信息系统应用推广联盟"。

2. 业务创新

神州数码 2014 年坚持推进业务转型,自主可控技术、云服务及大数据领域成为转型升级的突破口。公司通过"安全可靠信息系统应用推广联盟"布局自主可控,同时对云服务的分销和增值服务展开战略规划。智慧城市业务方面,公司借助本溪市推出市民融合服务平台的契机,发布了市民融合服务平台 3.0 版本。

3. 技术创新

神州数码拥有超过 200 余项自主知识产权和软件著作权,有超过 500 个自主研发的解决方案,多次承担国家 863 重大专项和"核高基"项目,成功研发业界第一套 SOA 架构的银行整体应用体系 ModelB@nk 和国内唯一的金融数据模型,研发形成拥有自主知识产权和专利技术的多功能金融自助设备(ATM)产品线。2014 年,神州数码在研发支出方面加大投入力促战略转型,为公司可持续发展奠定坚实基础。公司与北京工业大学共同筹建的北京智慧城市研究院于 2014 年底正式成立。

4. 智慧城市发展战略

智慧城市业务是神州数码的核心业务,公司关注的重点区域包括环渤海、长三角、珠三角和成渝地区。2014 年,公司与 32 个省市签订智慧城市战略合作协议,智慧城市公共服务平台已在 5 个省市落地运营。公司与河北省签署首个省级战略合作框架协议,双方将在河北全省范围内开展智慧城市、智慧农业等领域合作。随着国家对智慧城市建设的大力扶持,以及新的建设模式的出现,预计未来几年智慧城市业务对公司发展的推动效果明显。

5. 市场拓展

2014 年,神州数码收购中农信达,布局农业信息化。中农信达目前拥有包括农村电子政务、电子商务等 55 项具有自主知识产权的系列软件著作权,产品种类丰富。本次收购完成后,神州信息将凭借中农信达在农村信息化领域的竞争优势,迅速切入农村信息化市场,进一步拓展自身的业务领域,提升农村信息化解决方案研发及交付能力。公司在土地确权领域率先布局,预计 2014 至 2018 年是土地确权需求高峰期,市场前景广阔。

第三十章　嵌入式软件企业

一、总体发展情况

由于嵌入式软件与设备的结合程度不断提高，从事嵌入式软件开发和销售的企业已经很难界定，不仅包括纯软件企业，也包括大量设备制造企业。比如海尔作为最大的家电企业之一，随着家电的智能化发展，其嵌入式软件的收入规模也在国内居前；华为、中兴等通信设备企业，同时也是嵌入式软件的龙头企业；一汽、上汽、广汽等汽车企业，现在都在力推车载互联网内容服务，作为自主品牌汽车的差异化功能亮点，其整车中的嵌入式软件所占的比重也不可忽视；和利时、浙江中控等过程控制企业，从传统的自动化厂商向智能工厂解决方案供应商转型，其产品系统的网络化、智能化特征凸显，嵌入式软件已成为关键；徐工集团、潍柴动力、西子电梯等大量的装备制造商开始在其产品功能配置中提供远程监控、远程维护等网络化的功能，嵌入式软件系统必不可少；小米公司销售的是移动终端硬件，但却更愿意把自己视为软件公司，或者说互联网公司，因为其虽然销售的是硬件，但主要的利润却来自软件增值服务所构建起来的应用生态；当然也有普华软件、圆心科技等专注于具体行业领域，开发和销售纯软件产品的嵌入式软件企业。

实际上，由于嵌入式芯片和平台技术的飞速发展，嵌入式硬件平台的计算性能已经大幅度提升，而传统的功耗已经不是问题，驱动"泛在化计算"迅速发展，嵌入式软件也由此渗透至 IT 产业、工业、交通、能源等各个技术产业的方方面面，几乎每个细分领域的龙头企业，其嵌入式软件业务的体量都十分巨大。因此，本章节在介绍嵌入式软件主要企业时，主要选取重要的专业嵌入式软件厂商，以及嵌入式软件收入统计居前的重点企业作为代表。随着技术的发展，可能越来越难以清晰地界定嵌入式软件的主要企业范围。

二、主要企业发展策略

（一）通信产业领域

1. 华为

华为是全球领先的信息与通信解决方案供应商之一，为电信运营商、企业和消费者等提供端到端 ICT 解决方案和服务，年销售规模近 2400 亿人民币，世界 500 强，其业务领域涉及电信网络设备、IT 设备和解决方案、智能终端等，客户遍布全球。根据工信部发布的 2014 年（第 13 届）中国软件业务收入前百家企业名单，华为以 1216 亿元软件收入居第一。

华为公司目前除了在路由器、交换机等网络通信设备领域持续投入技术研发力量，保持行业领先之外，也在 5G 移动通信技术方面加大研究力度，积极构建无线未来技术发展、行业标准和产业链。同时在智能终端领域增强品牌竞争力。2014 年，华为智能手机出货量接近 7000 万部，年增长率约为 70%，在全球智能手机出货量排行榜上名列第五。

2. 中兴通讯

中兴通讯主要从事综合通信解决方案业务，为全球电信运营商和企业网客户提供创新技术与产品，已在香港和深圳两地上市。

根据中兴通讯 2014 年年报显示，得益于移动互联网的快速发展和 4G 智能手机的深入渗透，4G 网络商用化进程加快，带动中兴 2014 全年实现营业收入 814.7 亿元，同比增长 8.3%，其中在中国市场全年实现营业收入 405.8 亿元，占整体营业收入的 49.8%；国际市场实现营业收入 408.9 亿元，占整体营业收入的 50.2%。2014 年，中兴全年终端整体出货量为 1 亿，其中 4800 万为智能手机。4G 智能手机占比达到 60%。同时，通过"全球 +"布局在国际市场获得稳定增长，海外市场发货占比超过 70%，其中美国整体市场份额跻身第四；亚太市场智能机同比发货增长 100%，LTE 智能机增长 500%；欧洲 LTE 智能机发货同比增长超过 800%；拉美主流智能机同比增长 580%；中东非洲同比增长 400%。

中兴认为，2015年虽然传统电信市场面临增长瓶颈，但是运营商数据业务正在高速增长，运营商也在向互联网服务转型。同时万物移动互联时代将会成为电信行业发展的主旋律，从传统人与人通信，逐步拓展至人与物、物与物之间的通信。中兴通讯集团2015年将致力于通过提升管道的智能化和柔韧性，通过流量多维价值经营及大数据分析平台，支撑传统电信网络运营商向新型信息运营商转型。基于此判断，中兴将"以时代重构为契机，让信息创造价值"，聚焦"运营商、政企、消费者"三大主流市场，同时将以CGO实验室进行创新"新兴领域"的孵化，积极布局如智慧语音、智慧无线充电、分布式并网发电、大数据平台及应用、互联网金融、移动支付、微办公等，通过技术与商业模式的创新，实现盈利模式突破，保持稳定且可持续发展。

（二）制造业领域

1. 海尔集团

海尔集团致力于成为全球领先的美好生活解决方案提供商，其业务领域覆盖家电、通讯、IT数码产品、家居、物流、金融、房地产、生物制药等多个领域。根据海尔集团的公开数据，2014年，海尔全球营业额2007亿元，利润总额150亿元，利润增长3倍于收入增长，线上交易额548亿元，同比增长2391%。消费市场调查机构欧睿国际（Euromonitor）发布数据称，2014年海尔品牌全球零售量份额为10.2%，连续六年蝉联全球大型家电第一品牌。根据工信部发布的2014年（第13届）中国软件业务收入前百家企业名单，海尔集团软件营收为401亿元，居榜单第三名。海尔正在积极推进从制造产品向制造创客的平台的转型，青岛海尔和海尔电器两大平台上聚合了海量创客及创业小微，他们在开放的平台上利用海尔的生态圈资源实现创新成长，聚集了大量的用户资源。2014年海尔注册用户已经达到3685万。

2015年，以青岛海尔为主体的智能家庭平台，将致力于推动从产品硬件到解决方案的转型，通过智慧家庭"U+"生活平台、互联工厂构建并联交互平台和生态圈，提供互联网时代美好生活解决方案，最终实现用户的全流程最佳交互、交易和交付体验。以海尔电器为主体的价值交互平台，将致力于实现从制造向服务的转型，打造虚实融合的用户价值交互平台，以物联网和物流服务为核心，把传统的物流配送环节转变为在给用户提供服务的过程中创造用户交互的价值，构建互联网时代用户体验引领的开放性平台。

2. 海信集团

海信集团拥有海信电器和海信科龙电器两家上市公司，持有海信（Hisense）、科龙（Kelon）和容声（Ronshen）三个著名品牌，其业务领域涵盖家电、通信、多媒体、智能信息系统和现代地产等多个领域。海信集团采取全球化战略，在埃及、南非、阿尔及利亚等地设有生产基地，所服务的客户遍及全球。

根据海信官方数据，2014 年，海信实现销售收入 980 亿元。上市公司海信电器正在积极推进向家庭互联网的转型，尚未发布全年财报，但三季度财报显示出营收已明显恢复增长。海信科龙 2014 全年财报显示，2014 年营收 265.34 亿元，同比增长 8.93%。利润的增长与前期投资的产能扩大项目投产并产生效益有关，不过海信科龙表示，2014 年实现的净利润将用于弥补过往年度亏损，不进行利润分配。

（三）工业控制领域

1. 南京南瑞集团

南瑞集团公司是国家电网公司直属单位，是中国最大的电力系统自动化、水利水电自动化、轨道交通监控技术、设备和服务供应商。主要从事电力系统二次设备、信息通信、智能化中低压电气设备、发电及水利自动化设备、工业自动化设备、非晶合金变压器及电线电缆的研发、设计、制造、销售、工程服务与工程总承包业务。

国电南瑞 2014 年全年财报尚未发布，根据第三季度财报数据（2014 年 1—9 月），国电南瑞基本每股收益 0.27 元,2014 年前三季度实现营业收入 52.38 亿元，同比增长 0.27%,归属母公司净利润 6.54 亿元,同比减少 18.4%,每股收益 0.27 元。其中扣除净利润 6.46 亿元,同比增长 5.5%。从数据上看，前三季度收入与去年基本持平。南瑞的业务与国家电网的建设投资密切相关，伴随 2015 年国家特高压电网建设工程以及电力体制改革的推进，南瑞的业务有望实现较快增长。

2. 中控集团

中控集团是我国领先的自动化与信息化技术、产品与解决方案供应商,总部位于浙江杭州，是国内工业自动化领域产品线最为丰富的厂商之一，为工厂提供从底层到上层的整体解决方案。

2014年，中控DCS中国市场占有率排名第一，市场份额为16.6%，尤其是在化工行业的市场份额高达34.5%，超过了霍尼韦尔、横河、西门子等国际巨头，是石油、化工领域控制系统的龙头企业，同时，公司的盈利能力显著提升，单笔项目平均金额较2013年大幅提升。

3. 和利时

北京和利时集团是一家从事自主设计、制造与应用自动化控制系统平台和行业解决方案的高科技企业集团。

2014年，和利时在我国火电机组市场份额约为33%，核电机组市场份额约为40%，另外在轨道交通控制领域实现营收增长超过50%。2014全年财报显示，和利时全年营收5.2亿美元，同比增长38%，和利时将在2015年在离散制造行业投入更多市场精力，以带动营收的进一步增长。

第三十一章　云计算企业

一、阿里云

阿里云计算有限公司（以下简称"阿里云"）属阿里巴巴集团旗下，于2009年创立，现为云计算与数据管理平台开发商，主要提供弹性计算服务、开放存储服务、开放结构化数据服务、开放数据处理服务、关系型数据库服务等云计算服务及搜索、邮箱、域名、备案等互联网基础服务。目前，阿里云为广大中小企业、开发者以及阿里巴巴集团的客户与电商等用户广泛提供服务。

2014年，阿里云公有云市场达到20%，超过中国电信、中国联通等运营商，位居国内第一位。公共云服务方面，阿里云规划建设位于杭州、青岛、北京、香港、深圳的五个数据中心，面向全国乃至全球提供IaaS等公共云服务。其中，阿里云的香港数据中心正式进入大规模商用阶段，可以为中国香港、东南亚乃至全球用户提供云计算服务，意图同亚马逊、微软正面竞争。

表31-1　2014年阿里云计算主要发展情况

市场	阿里云公有云市场达到20%，超过中国电信、中国联通等运营商，位居国内第一位
战略	致力于提供完整的云计算基础服务。作为云计算平台与云计算服务提供商，阿里云开发完全自主知识产权的云计算操作系统，提供基于云计算平台的服务
	致力于提供完整的互联网计算服务，包括电子商务数据采集、海量电子商务数据快速处理，和定制化的电子商务数据服务，以助阿里巴巴集团及整个电子商务生态链成长
	为广大中小企业、开发者以及阿里巴巴集团的客户与电商们提供服务

（续表）

生态圈布局	启动"云合计划"，拟招募1万家云服务商，基于阿里云计算平台，为企业和政府等客户提供云服务。对招募的云服务商，阿里云将会为其提供资金扶持、客户共享、技术和培训支持，帮助这些厂商从IT服务商向云服务商转变
	与东软在全球范围内就政府与公共事业、企业、IT运营等领域展开合作
	联手新奥特、华通云数据，打造中国最大的全媒体云计算平台
	与易华录在智慧城市、政府、企业等领域进行全方位合作，共同发展业务
数据中心	共有杭州、青岛、北京、香港、深圳等五个数据中心
	4月，北京数据中心商用，进一步加强在中国北部的布局
	5月，香港数据中心正式进入大规模商用阶段，可以为中国香港、东南亚乃至全球用户提供云计算服务，意图同亚马逊、微软正面竞争
	8月，深圳数据中心正式开放运营，加速布局华南市场
支持应用	支持超过5000个应用
用户	已有166.7万（基础服务16.9万，增值服务149.8.1万）用户使用阿里云各类服务
技术	单集群规模超过5000台
	大规模离线数据处理集群规模超过10000台
	大规模数据存储支持并发请求数达到15万；可用性达到99.95%
	虚拟弹性计算支持单集群服务器1000台
应用	2014年，海南、浙江、贵州、广西、河南、河北、宁夏、新疆、甘肃、广东、吉林、天津等12个省份利用阿里云"飞天"云计算核心自主技术，搭建政务、民生、公共服务领域的数字化服务平台，推动政府公共服务的电商化、无线化和智慧化
	与国家药监局合作，实现对境内每盒药品从生产、批发到配送、零售各个环节所有信息的完整记录与实时监管，药品流通效率极大提高，关键业务处理的平均延时从60分钟降低到2.7秒，提升1333倍
	与中国气象局达成战略合作，共同挖掘气象大数据的深层价值；海量气象数据将通过阿里云计算平台，变成可实时分析应用的"活数据"
	2014年"双十一"，阿里云平台支撑支付宝订单处理能力超过8万笔/秒，支撑天猫承担1亿在线用户的并发访问量，实现交易额571亿元
	杭州在马市街试点的智能停车系统，在停车泊位安装车辆检测传感器，实时采集车辆进出状态信息和泊位信息，通过阿里云计算的数据处理技术进行分析，实现对整个城市静态停车的统一管理，还可为市民出行提供泊位指引
	超过100家银行等金融机构向阿里云采购云计算服务。相比于传统方式，平均每家银行上"云"的成本将节省70%，时间上也由原先的30天缩短为15天
	阿里云通过云平台生态圈建设，目前已经积累了几十万开发者，并通过阿里小贷为小微企业提供贷款服务，为创业者解决融资难问题，已累计为83万家小微企业放贷超过2100亿元
投融资	收购恒生电子，成为恒生电子的实际控制人

资料来源：赛迪智库整理，2015年3月。

同时，阿里巴巴开始在全国各省大范围布局云计算和大数据发展，同海南、浙江、贵州、广西、河南、河北、宁夏、新疆、甘肃、广东、吉林、天津等12个省份达成战略合作，利用阿里云"飞天"云计算核心自主技术，搭建政务、民生、公共服务领域的数字化服务平台，推动政府公共服务的电商化、无线化和智慧化。

表31-2　2014年阿里巴巴云计算全国布局情况

时间	合作城市	合作领域
2014年2月	海南国际旅游岛先行试验区	海南将依托阿里巴巴的技术为政府、企业、居民、游客提供数字化、智能化、个性化终端服务，搭建集电子政务、城市管理、公共服务等为一体的信息化平台
2014年4月	浙江省	包括产业发展、应用推广、模式创新、信用体系等10个方面内容，具体包括推进阿里巴巴在浙江的电商平台、菜鸟物流等重点项目建设，发展阿里云及大数据产业，扩大浙货网络销售，发展跨境电子商务和农村电子商务，打造创新金融服务中心，推进居民生活服务智能化，建设智能物流骨干网络，推进政府采购电商化，构建浙江诚信体系等
2014年4月	贵州省	包括云计算和大数据、智能物流骨干网及银泰商业O2O体验中心等项目。贵州省将推动全省在阿里云计算平台上构建电子政务体系，推广使用云OS智能操作系统，并支持阿里云作为贵州省公共服务、民生等领域的统一数字化服务平台。共同推动旅游、餐饮、文化、医疗、教育、交通等领域的信息化、无线化，并推动支付宝、来往等阿里巴巴互联网基础服务的广泛应用
2014年4月	广西壮族自治区	在云计算和大数据等领域广泛开展合作，共同打造"数字互联网广西"。阿里巴巴将帮助广西建设大数据时代的基础设施，广西也将成为阿里巴巴未来面向东盟发展的前沿阵地
2014年5月	宁夏回族自治区	宁夏政府将阿里云计算平台作为电子政府、城市管理、民生服务、商贸服务等领域的统一数字化服务平台，共同推动自治区政务、交通、医疗、教育、旅游、电商等领域的智慧化水平。推动阿里巴巴无线、支付宝等互联网服务的广泛应用，便民利民
2014年6月	河北省	河北省将阿里云计算纳入政府集中采购目录。阿里云计算为河北省电子政务、城市管理及民生服务等领域提供统一的数字化服务平台，共同建设基于云计算、大数据与数字互联网的智慧河北。依托支付宝便民服务窗，推动河北省政府便民服务的无线化，共同打造实现查询、提醒、支付为一体的一站式智慧政务、智慧交通、智慧警务、智慧医疗、智慧旅游等系列便民服务平台
2014年6月	河南省	电子商务、云计算和大数据等领域开展多渠道、多层次、多形式的合作，共同将阿里云计算平台打造成"数字互联网河南"发展的底层基础计算中心。开展政务、药监、物流等领域的大数据应用，有序推进社保、教育、医疗、旅游、交通、环保等领域的应用

资料来源：赛迪智库整理，2015年3月。

二、浪潮

浪潮是我国云计算的龙头企业之一，是大型云计算核心装备的制造商和解决方案提供商，业已形成涵盖 IaaS、PaaS、SaaS 三个层面的整体解决方案服务能力。凭借浪潮高端服务器、海量存储、云操作系统、信息安全技术为客户打造领先的云基础架构，基于浪潮企业、行业、政务信息化软件、终端产品和解决方案，全面支撑政务云、行业云、企业云建设。

2014 年，浪潮全面开展全国政务云领域的布局，与多个城市签订合作协议。截至目前，浪潮已经与山东、浙江、江苏、安徽、甘肃、内蒙古、黑龙江、海南、山西、贵州、云南等 34 个地市达成合作协议，涉及卫生、广电、政务、水利、电力、公安等行业。同时，浪潮发起组建云计算和智慧城市产业联盟，与金蝶、七牛等上下游厂商展开战略合作，积极参与 OpenStack 等开源社区建设，加速云计算生态圈布局。

表 31-3　2014 年浪潮云计算主要发展情况

战略布局	凭借浪潮高端服务器、海量存储、云操作系统、信息安全技术为客户打造领先的云基础架构，基于浪潮企业、行业、政务信息化软件、终端产品和解决方案，全面支撑政务云、行业云、企业云建设
	与全国34个地市和行业签订了云计算战略合作协议，覆盖山东、浙江、江苏、安徽、甘肃、内蒙古、黑龙江、海南、山西、贵州、云南等省，涉及卫生、广电、政务、水利、电力、公安等行业
	在北京、广东、山东、成都四个城市建设研发中心
生态圈布局	成为OpenStack成员，积极参与国际开源云计算标准的制定和落地，帮助中国IT企业在云计算这新一轮的产业竞争中占据主动
	浪潮、金蝶联手拓展云计算市场，双方将在产品研发、方案融合、市场、营销等领域开展全面合作，联手促成浪潮政务云、国产关键主机系统与金蝶中间件Apusic系列产品的技术融合与市场协作
	与开源厂商红帽公司签署战略合作协议，双方基于红帽全新一代企业操作系统以及浪潮9大类X86平台产品展开全面的战略性合作
	与七牛云存储达成战略合作，双方结合自己在云计算领域的技术优势，共同解决客户在利用"云"技术进行拓展业务时，遇到的云数据管理、云数据分析等一系列问题，拉开了双方共同推动数据云端化战略的序幕
	发起成立我国首个依托云计算、大数据等关键技术，专注于智慧城市建设创新应用领域的IT产业联盟——云智联盟，由国内各个城市优秀系统集成商代表和智慧城市先进解决方案厂商等"云伙伴"组成。目前首批联盟成员已过百家

（续表）

产品及服务	民政云：以满足民政各级部门日常业务需求为根本目标，通过信息资源共享和业务系统整合，打造覆盖民政基层全业务的应用平台
	质监云：通过统一的门户为各级质量技术监督局、检验检疫局、第三方机构和社会公众提供信息化服务。典型应用案例包括国家质检总局12365系统等
	工商云：基于工商全业务平台的设计理念，建立统一的工商综合业务数据库，建立覆盖工商全部核心业务的综合业务平台，解决工商业务之间的数据关联和业务协同问题。目前，浪潮工商云解决方案，已经覆盖山东、吉林、广西等省份
	阳光政务云：基于地方政府建设阳光政府、服务型政府、智慧政府的迫切要求，围绕行政权力、公共资源交易、公共资金管理、政府信息公开、政府投资项目管理等业务的运行、公开、监督，形成基于云计算的阳光政务云整体解决方案。已成功应用到山东省、江西全省、安徽省、广州、深圳、宁波、福州、厦门、石家庄、洛阳、佛山、珠海等全国20个省80个地市700多个区县
	财务云：利用网上报账系统、支付申请、应收应付的管理等，通过与业务系统的协同应用，实现财务信息的采集来源于业务，进而实现整个账务的动态过程处理，形成整个账务及报表管理和资金的电子支付
	食品药品安全云：整合食药监管部门各种数据及应用资源，对相关企业形成全方位、全时段的监管，有效实现对生产、经营和使用全过程、全品种、全覆盖的监管
技术创新	自主研发的云操作系统——云海OS成功通过公安部《信息安全技术云操作系统安全检验要求》认证，成为国内首批通过该规范认证的云操作系统
	自主研发的数据中心自然制冷技术，实现38%的时间完全利用自然冷，25%的时间部分利用自然冷。以目前山东省省直单位服务器约18000台的总量计算，服务器在各自数据中心独立运行的情况下，一年需用电9460万度，而在云计算中心集中运行一年只需6622万度
	高端容错计算机获国家科技进步一等奖
应用	为济南市52个政府部门、300多项业务提供云服务，使济南市政务云成本节约15%—20%，非涉密电子政务系统在政务云中心建设和运行的比率到80%以上，市级部门主要业务信息化支撑程度达85%以上，主要业务信息共享率达到70%以上
	浪潮为绵阳电子政务应用提供统一的硬件设施、基础数据库、应用支撑平台和通用应用软件共享服务，满足政府开展电子政务的需求，全面提升电子政务服务能力
	协助常德市进行智慧城市顶层设计，承担从云计算数据中心、信息资源整合到公共服务平台搭建一体化的建设任务

资料来源：赛迪智库整理，2015年3月。

三、曙光

曙光公司一直将云计算视为一项重要战略，依托掌握的自主可控的主流核心技术，全面参与云计算业务，努力成为国内云计算技术、产品、解决方案的核心供应商。目前，曙光已经在国内建设、部署超过 10 个大型云计算中心。

2014 年，曙光牵头成立创新与产业化联盟，面向国家在云计算和大数据应用领域对高性能计算技术与装备的需求，开展协同创新与成果的产业化及应用推广，并积极同用友等企业合作，打造云计算研发、应用的生态圈。曙光还发布了云操作系统 Cloudview 的最新版本，实现了 IT 基础设施管理与企业业务流程的战略性结合，完全实现了自主可控。

表 31-4　2014 年曙光云计算主要发展情况

战略	以已有平台为依托，以数字信息化为支撑点、构建一体化的数字平台，在平台基础上开展特色服务，努力成为国内云计算技术、产品、解决方案及云计算服务的核心供应商
产品创新	发布Cloudview 1.8云操作系统，该系统经过多个版本演进，在计算、存储、网络等方面进行了技术升级，能更好满足云计算基础设施管理的需求，优化升级多租户管理、项目资源管理、服务流程管理等功能，实现了IT基础设施管理与企业业务流程的战略性结合，完全实现了自主可控
生态圈布局	牵头成立中国科学院首个创新与产业化联盟，在中科曙光的主导下，中科院计算所、中科院电子所、中科院北京基因组所、中科院信息工程所、中科院大气物理所、中科院网络中心及其他院所属控股企业，将结成计算技术创新与产业化联盟，面向国家在云计算和大数据应用领域对高性能计算技术与装备的需求，开展协同创新与成果的产业化及应用推广
	曙光与用友签署《曙光、用友战略合作协议》，双方在云计算领域正式展开合作。曙光与用友各自具有较明显的行业优势，双方的合作基于双方软件与硬件的互补性、云计算架构的互补性、客户市场的互补性都具有较大的可以发展合作的空间
全国布局	已在国内建设、部署超过10个大型云计算中心，包括成都云计算中心、南京云计算中心、无锡云计算中心等
	曙光投资建设的新疆云计算中心正式投入运营，机房部署了高性能服务器和存储系统，实现了电信、移动、联通三家运营商的光纤接入，并通过了国家信息安全等级保护二级评测，可提供7×24小时不间断、全网络、全时段的云计算应用服务，成立了新疆西北曙光云计算有限责任公司，专门从事新疆云计算中心的建设和运维工作
	北京超级云计算中心对外提供超级云计算服务，一期提供每秒300万亿次计算能力，2015年将达每秒2000万亿次

（续表）

应用	将与中国科学院大气物理研究所合作，为环境监测总站用户在该硬件系统上搭建国内目前最专业的空气质量数值模式系统和预报预警业务化平台。项目建成后，环境监测总站预报预警中心将具备针对京津冀及周边区域大气污染过程不少于未来7天的预报预警和潜势预测能力
	中标"国家信息中心电子政务云集成与应用国家工程实验室资源管理集成技术研发平台（B资源池）软硬件采购与集成项目"

资料来源：赛迪智库整理，2015年3月。

第三十二章　大数据企业

一、阿里巴巴

（一）发展情况

2014 年，阿里巴巴总收入 525.04 亿元，同比增长 52.1%，利润 234.02 亿元，同比增长 170.6%。虽然没有对大数据进行收入统计，但公司十分重视大数据发展，肯定其在各项业务和业绩增长中发挥出的巨大作用。

（二）发展策略

阿里转变大数据战略，面向全球开放数据，并积极与政府部门和地方政府合作，不断拓展大数据业务领域。

2014 年，阿里巴巴大数据战略从主要集中在对商户提供 IT 基础设施和数据共享层面，转向建立 DT 数据时代中国商业发展的基础设施。阿里巴巴面向全球首度开放数据，商家可以根据以往的销售信息和"淘宝指数"进行生产、库存决策。对于大众来说，阿里的数据发布就像是统计局和价格监测机构的功能，淘宝指数相当于行业和宏观经济的各项指标。数据开放之后，线上线下的数据能够串联起来，用户既是数据提供方，也是数据使用者。

表 32-1　2014 年阿里巴巴大数据相关大事记

类型	事件概述
并购	阿里集团拟全资收购高德，交易金额11亿美元
	间接收购恒生电子100%股份，交易总额约32.99亿元
	逾28亿布局OTA市场，入股石基信息15%股份，目标直指酒店信息大数据

类型	事件概述
合作	与中国气象局公共气象服务中心达成战略合作，共同挖掘气象大数据的深层价值，服务国民经济和社会民生
	与中国邮政集团达成战略协作，借助中国邮政的物理网点优势，推动智能物流骨干网建设
合作	SMG已与阿里巴巴集团在商业与金融数据服务以及财经资讯领域初步达成战略合作意向
竞赛	8月21日，已经持续了四个多月的2014阿里巴巴大数据竞赛经历了两天的现场答辩决出前三名
开放数据	阿里推出"百川计划"，全面开放数据
产品	发布大数据产品——ODPS。通过ODPS在线服务，小型公司花几百元即可分析海量数据。ODPS可在6小时内处理100PB数据，相当于1亿部高清电影
应用	联手上海、福建、浙江、湖南等地公安机关，运用大数据查获一起网售假冒运动鞋案件，涉案总价值2150余万元
人事	涂子沛出任阿里巴巴副总裁，分管大数据方面事宜

资料来源：赛迪智库整理，2015年3月。

2014 年，阿里巴巴与多个地方政府达成战略合作关系，推动阿里与各地方政府进行数据共享，扩展其大数据服务领域和业务范围。合作方式多采用共建、共享、共赢的发展方式，使政府与公司成为大数据应用开发的利益共同体。

表 32-2　2014 年阿里与省级政府合作情况

合作城市	协议	合作领域
海南国际旅游岛先行试验区	战略合作协议	为政府、企业、居民、游客提供数字化、智能化、个性化终端服务，搭建集电子政务、城市管理、公共服务等为一体的大数据平台
浙江省政府	战略合作框架协议	通过阿里大数据，扩大浙货网络销售，发展跨境电子商务和农村电子商务，打造创新金融服务中心，推进居民生活服务智能化，建设智能物流骨干网络，推进政府采购电商化，构建浙江诚信体系等
贵州省政府	大数据战略合作框架协议	建设阿里大数据项目。共同推动旅游、餐饮、文化、医疗、教育、交通等领域应用
广西壮族自治区人民政府	战略合作协议	在大数据等领域广泛开展合作，阿里巴巴将帮助广西建设大数据时代的基础设施

（续表）

合作城市	协议	合作领域
宁夏回族自治区政府	战略合作协议	共同推动自治区政务、交通、医疗、教育、旅游、电商等领域的大数据应用和智慧化水平
河北省政府	大数据战略合作框架协议	共同建设基于大数据与数字互联网的智慧河北。依托阿里大数据建设智慧政务、智慧交通、智慧警务、智慧医疗、智慧旅游等系列便民服务平台
河南省政府	大数据战略合作框架协议	在大数据领域开展合作，开展政务、药监、物流等领域的大数据应用，有序推进社保、教育、医疗、旅游、交通、环保等领域应用

资料来源：赛迪智库整理，2015 年 3 月。

二、百度

（一）发展情况

百度第四季度及全年未经审计的财务报告显示，百度 2014 年度总营收为 490.52 亿元人民币，同比增长 53.6%，净利润为 131.87 亿元人民币，同比增长 25.36%。

（二）发展策略

2014 年，百度采用开放"大数据引擎"，推出多款软硬产品等策略，积极布局大数据市场，并在人工智能、深度学习等领域处于领先地位。

2014 年 4 月 24 日，百度正式发布大数据引擎，包括开放云、数据工厂、百度大脑等三大核心组件在内大数据能力对外开放。百度合作伙伴可以在线使用百度的大数据架构，处理自身积累的大数据，或融合百度大数据，来改造和优化企业管理、产品服务、商业模式等环节。百度还将在政府、医疗、金融、教育等领域率先开展对外合作。

2014 年，基于大数据能力，百度发布了 BaiduEye、百度无人驾驶汽车、小度机器人、DuBike、百度筷搜、百度酷耳、Baidu Cool Box、百度魔镜等数款不同功能、不同领域的硬件产品，以及智能围棋系统 Bingo、百度云加速、百度云观测、百度医疗大脑、百度预测等软件产品。

表 32-3 2014 年百度大数据相关大事记

类型	事件概述
并购	全资收购糯米网，将与搜索、地图等产品以及线下的销售渠道进行深度整合，拓展大数据业务
合作投资	万达电商的首期投资额高达50亿人民币，其中万达持股70%，腾讯和百度各持股15%
投资	投资芬兰室内导航技术服务公司IndoorAtlas金额1000万美元
合作	与兴业银行签署战略合作协议。业务合作范围包括但不限于互联网金融创新合作、大数据合作和产品营销合作等
合作	百度和药监局达成战略合作，百度将使用药监局的药品数据为人们提供用药相关的查询
合作	中国搜索与百度达成战略合作协议，在大数据、云计算、物联网展开合作
合作	与联合国开发计划署联合实验室启动，对行业数据进行分析加工及趋势预测，为联合国制定发展策略提供建议
数据中心	联想ThinkServer为百度打造了全新的绿色数据中心
产品	百度发布全球首个开放大数据引擎
产品	"百度迁徙"正式上线
产品	百度预测上线了最新产品"疾病预测"，利用用户的搜索数据，并结合气温变化、环境指数、人口流动等因素建立预测模型，实时提供几种流行病的发病指数
产品	发布BaiduEye，主要功能帮助用户拓展视野，打通线上线下服务
产品	发布智能搜索外部设备百度筷搜，利用大数据技术甄别食材安全，帮助用户清晰掌握食品信息，将危害拒之体外
项目	百度开启无人驾驶汽车项目计划，"百度无人驾驶汽车"可自动识别交通指示牌和行车信息，具备雷达、相机、全球卫星导航等电子设施，并安装同步传感器
人事	百度的重要技术精英骨干，大数据首席架构师林仕鼎离职
人事	谷歌Brain项目创始人Andrew Ng将加盟百度，负责Baidu Brain计划

资料来源：赛迪智库整理，2015 年 3 月。

三、腾讯

（一）发展情况

腾讯 2014 年前三季度，实现营业收入 579.54 亿元，比去年同期增长 33.4%，净利润 167.25 亿元，比去年同期增长 38.3%。增值服务业务的收入 461.73 亿元，比去年同期增长 39.7%。

（二）发展策略

2014年，腾讯不断积累丰富数据类型，推出大数据官网。通过投资并购大众点评网、京东、滴滴打车、思维图新、丁香园等，腾讯的数据类型已包括社交数据、地理位置数据、医疗数据、电商数据、游戏数据、支付数据等，随着数据类型的丰富，腾讯大数据应用领域更加广泛。11月下旬，腾讯官网正式上线，推出精准推荐、大数据统计、腾讯舆情、推送服务、健康大数据、智能设备、影视大数据和智慧城市等八大应用板块。每天完成扫描数据量8.5PB、效果广告精准推荐量180亿条、新闻精准推荐量5000多万条、视频精准推荐量16亿个。

表32-4　2014年腾讯大数据相关大事记

类型	事件概述
投资	以10亿美元战略投资大众点评网，占股约20%。交易完成后，大众点评将继续保持独立运营
	万达电商的首期投资额高达50亿人民币，其中万达持股70%，腾讯和百度各持股15%。试水电商大数据
	2.14亿美元获得京东15%的股权。合作开展大数据业务
	主导嘀嘀打车新一轮超7亿美元投资，未来商业模式建立在大数据基础上
	7000万美元投资丁香园。丁香园主要向医生、医疗机构和医药从业者等专业人士提供产品和服务，近期开始向大众用户提供产品和服务
收购	以11.73亿元入股四维图新，抢占智能交通大数据市场
产品	11月下旬腾讯大数据官网正式上线
合作	与IBM达成深度战略合作，成为腾讯体育社交媒体数据分析合作伙伴
	与新东方合作成立北京微学明日网络科技有限公司，进军教育大数据领域
	腾讯和索尼音乐娱乐达成一项战略性合作协议，腾讯将独家管理索尼音乐在中国的在线音乐服务。利用大数据分析，为用户推荐音乐类型
民营银行	银监会宣布，正式批准包括腾讯在内的三家民营银行的筹建申请。大数据或被作为其最强有力武器，腾讯持股30%
人事	原实力传播集团大中华区总裁郑香霖加盟腾讯，出任腾讯公司副总裁，负责腾讯网络媒体广告销售业务，将越来越多地使用大数据技术进行广告推送

资料来源：赛迪智库整理，2015年3月。

第三十三章　信息安全企业

一、卫士通

（一）发展情况

成都卫士通公司是国内专业从事信息安全的股份制公司，于 2008 年在深交所上市，公司从核心的密码技术应用持续拓展，已经发展成为拥有三大类产品体系、近 20 个产品族类、100 余个产品 / 系统的国内领先的信息安全产品供应商。同时，以完整的产品线优势，基于 ISSE 体系框架为党政、军工、电力、金融以及其他大型企业集团、中小企业及事业单位等用户提供以"安全咨询、安全评估、安全建设、安全运维"为主要内容的信息系统全生命周期的安全集成与服务。2014 年，公司经营业绩呈现爆发式增长，实现主营业务收入 12.4 亿元，同比增长高达 60.5%，净利润为 1.2 亿元，同比增幅高达 62.2%。

（二）发展策略

加强核心技术研发创新。当前公司打造了具有自主知识产权的信息安全产品线和服务模式，覆盖了防火墙、VPN、UTM、网关、安全审计、身份认证与信息加密、安全管理平台、安全存储等主流信息安全技术和产品市场。同时，公司设立信息安全研究院专注于对前沿及热点技术的研究、追踪和产品化实现。2014 年，公司发布了"新型自主高性能密码系列产品"、"新型网络 & 应用安全系列产品"、"基于云计算的安全信息化解决方案"等系列产品，在新技术领域的高安全级自主安全方案和自主可控安全产品仍将具有巨大的潜力空间。

加强资源整合，提升整体竞争力。2014 年，公司通过重大资产重组，收购三零盛安、三零瑞通和三零嘉微 3 家信息安全企业，形成了从芯片、模块、安全终端、应用软件、系统集成、解决方案、安全服务的全产业链布局，将更好地形成协同效应和规模效应，提升公司综合竞争力。2015 年 1 月，公司投资 1 亿在北京设立全资子公司中电科（北京）网络信息安全有限公司，旨在充分发挥北京地区大行业用户集中、信息安全产业聚集和高端人才资源丰富等优势，加强行业深度互动，提升产品和服务。

二、启明星辰

（一）发展情况

启明星辰作为国内最具实力的、拥有完全自主知识产权的网络安全产品、可信安全管理平台、安全服务与解决方案的综合提供商。在产品方面，公司拥有完善的专业安全产品线，横跨防火墙 /UTM、入侵检测管理、网络审计、终端管理、加密认证等技术领域，共有百余个产品型号，并根据客户需求不断增加。其中防火墙（FW）、统一威胁管理（UTM）、入侵检测与防御（IDS/IPS）、安全管理平台（SOC）均在国内市场占据领先地位。公司构建了涵盖安全产品、安全服务、安全管理及系统集成在内的完整的产业链条。

（二）发展策略

公司通过收购加强布局关键细分领域。近年来，公司不断通过外延并购来丰富信息安全产品线和提高综合竞争力，通过投资方式提前布局新领域，不断优化产品和客户结构，以实现对产业链和渠道的合理布局。继 2013 年成功整合网御星云做强 UTM 产品线后，2014 年又陆续开展了系列收购活动。2014 年 6 月，收购北京书生电子 100% 股权，重点加强对数字签名领域的布局，获得了书生电子在安全文档软件方面多项国际领先的技术和专利，并获取了相关涉密和商密资质；2014 年 7 月，公司以 1600 万元收购四川赛贝卡公司，将进一步加强在信息安全领域内数据库审计、运维审计和 4A 等细分领域中的技术优势和市场优势；2014 年 9 月，公司以 1.79 亿元收购杭州合众信息 51% 股权，将进一步增强对大数据安全领域的布局，有助于公司在全新数据安全检测技术的完善，实现从网络安全到数据安全的跨越，提升公司核心竞争力。

三、绿盟科技

（一）发展情况

绿盟科技公司于2014年1月在创业板上市，作为国内信息安全行业领军厂商，产品线齐全，拥有入侵防御检测系统、抗拒绝服务系统等19类产品及多个解决方案，据IDC数据显示，公司在抗拒绝服务系统（ADS）、入侵防护系统（NIPS）、远程安全评估系统（RSAS）和网页防火墙（WAF）等产品连续多年位居市场前列。2014年，公司营业总收入和利润总额均保持稳步增长的态势，公司营业收入为7.03亿元，同比增长12.8%；利润总额达到1.58亿元，同比增长高达27.4%。

（二）发展策略

技术自主创新能力较强。当前公司逐渐形成了网络入侵检测/防御系统、绿盟抗拒绝服务系统、绿盟远程安全评估系统等组成的网络安全产品及服务体系，并具有明显的竞争优势。同时，绿盟科技作为国家信息安全标准化成员单位，参与了多项国家级、行业级、企业级等各类规范与标准的编写工作，比如其建立并维护的中文漏洞库已经成为业界广泛参考的标准，雄厚的技术实力使公司成为信息安全领域多项国家级重点科研项目的主要承担者之一。2014年11月，公司在国家网络安全宣传周上首次推出新一代安全威胁解决方案，从网络边界到内网层面，从已知威胁到未知威胁，为用户提供全面的综合解决方案。

通过资源整合不断提升核心竞争力。2014年9月，公司以4.98亿元收购亿赛通100%股权，通过本次收购，公司业务将延伸至数据安全和网络内容安全管理领域，形成网络安全、数据安全和网络内容安全管理为主线的安全业务体系；2014年10月，公司通过2000万元购买深之度公司10%股权，布局国产操作系统安全领域，有助于提高公司在国产操作系统方面的影响力，加速开拓国产操作系统市场；2014年10月，公司通过970万元购买安华金和公司25%股权，补足数据库安全领域短板，完善公司在信息安全领域的战略布局，有效拓展市场空间；2014年11月，公司以990万收购敏讯科技55%的股权，通过本次投资，公司可获得领先的反垃圾邮件技术与产品，进一步布局反垃圾邮件领域，同时，公司出资 441 万元设立北京剑鱼科技公司，专注于移动终端相关产品的研发及推广。

四、奇虎 360

（一）发展情况

奇虎 360 公司成立于 2005 年，2011 年 3 月正式在纽交所上市，现已成为国内领先的互联网和手机安全产品及服务供应商，旗下 360 安全卫士、360 杀毒、360 安全浏览器、360 安全桌面、360 手机卫士等系列产品在国内占据较大市场份额。近年来，该公司在技术、产品、服务创新以及市场拓展方面均保持着高速发展态势，尤其是公司将互联网安全看作诸如智能搜索、电子邮箱、即时通讯的互联网基础服务，并倡导免费安全理念，颠覆了互联网安全的商业模式，重塑了互联网安全市场格局。

（二）发展策略

不断加强技术和产品创新。公司不断加强信息安全在云计算、大数据领域的创新和应用，从最初的白名单技术，到 360 云查杀技术，从智能杀毒引擎（QVM），到云主动防御技术，每次技术突破都能够带来互联网安全领域的重要创新。2014年 2 月，针对微软 Windows XP 系统停止服务，公司推出安全卫士"XP 盾甲"，承诺向 XP 用户提供免费安全服务，同时，针对企业安全也推出"XP 盾甲"企业版和 360 天擎 XP 加固版。

通过安全大会提升企业和品牌影响力。2014 年 9 月，公司继续组织召开第二届"中国互联网安全大会"，邀请数百位国内外顶级信息安全专家出席，并结合移动安全、大数据安全、云安全等细分领域设立了 12 个分论坛，举行了 100场国内外安全专家的精彩演讲和现场交流，在业界反响热烈，已发展成为互联网安全领域技术交流、人才培养以及安全教育的重要平台。

展望篇

第三十四章 主要研究机构预测性观点综述

一、Gartner 的预测

（一）2015年全球IT支出增长情况

根据 Gartner 发布最新预测，2015 年全球 IT 支出将平稳增长到 3.8 万亿美元，同比增长 2.4%，低于先前预测 1.5 个百分点。Gartner 同时指出，美元升值是下调 2015 年 IT 支出的主要原因，如果排除汇率因素影响，下调幅度仅为 0.1%，与上一季度预测的 3.8% 基本持平。另外，终端设备、IT 服务与电信服务的增长预测略微下调也导致 IT 支出的放缓。

表 34-1 2015 年全球 IT 支出预测（单位：十亿美元）

类别	2014年支出	2014年增长率（%）	2015年支出	2015年增长率（%）
终端设备	696	3.8	732	5.0
数据中心系统	141	0.8	143	1.8
企业级软件	317	5.8	335	5.5
IT服务	956	2.7	981	2.5
电信服务	1626	−0.1	1638	0.7
IT支出总计	3737	1.9	3828	2.4

数据来源：Gartner，2015 年 1 月。

Gartner 提出，企业软件市场方面支出将稳步增长到 3350 亿美元，较 2014 年增长 5.5%。同时，随着云端软体厂商与企业内软体厂商彼此竞争日益激烈，厂商间的价格战与并购整合在 2015 年将进一步升级。尤其在客户关系管理（CRM）市场这一云端主战场，销售人力自动化（SFA）等领域的基底价格将出现较大幅度下调，预计 2018 年下跌幅度达 25%。这是现有企业内软体厂商大砍其云端产品价格以试图留住现有客户的结果。其他领域同样也会面临云端厂商日益恶化的价格竞争，例如资料库管理系统（DBMS）以及应用程式基础架构与中介软体，尽管情况应较 CRM 市场来得缓和。

Gartner 还预计，2015 年 IT 服务增长率将降至 2.5%，低于上一季度预测值 1.6 个百分点。从全球市场看，由企业级软件增长率下降所致的软件支持服务的减少，将对该市场至 2018 年的增长率带来重要影响。就区域而言，俄罗斯和巴西的短期增长率将略微下降，原因是两国的经济衰退以及政局不稳定。

（二）2015 年 10 大战略技术趋势

Gartner 提出 2015 年对企业组织而言最重要的 10 大战略性技术趋势，分别涵盖了三大主题：真实与虚拟世界的融合、实现智能无处不在的概念，以及技术对数字化商业转变所带来的影响。10 大战略技术如下：

一是无处不在的计算。随着移动设备日益普及，Gartner 预测，未来会愈发重视如何满足移动用户在各种情境与环境下的需求，而非仅聚焦于设备本身。

二是物联网。将各种事物数字化以便结合数据流与服务，就能创造出四种基本使用模式：管理、获利、运营和扩张。这四种基本模式可应用在四种"网络"中任意一种。企业不应限制自身，认为只有物联网（资产与机器）才具有利用这四种模式的潜力。

三是 3D 打印。2015 年全球 3D 打印机出货量可望增长 98%，到 2016 年出货量更将翻倍。3D 打印技术将在未来三年内达到临界点，因为相对低价的 3D 打印设备持续快速发展，工业应用范围亦显著扩展。

四是无所不在却又隐于无形的先进分析技术。随着嵌入式系统所产生的数据不断增加，分析技术将成为市场焦点，企业内外各种结构与非结构的数据都可以拿来分析。大数据仍将是这股趋势的推动者，但必须将重点转移至问题与答案方面，继而再考虑大数据。毕竟技术的价值在于答案，而非信息本身。

五是充分掌握情境的系统。无所不在的嵌入式智能与信息分析相结合，将催生出具备周遭环境感应与回应能力的系统。具备情境感知能力的安全防护正是这项全新技术的早期应用，不过，未来还会有其他应用问世。

六是智能机器。环境感知技术加上深度的信息分析，为智能机器世界提供了所需的先决条件。这项基础集合了能让系统认识环境、自我学习以及自主行动的高级算法。自动驾驶汽车原型、智能机器人、虚拟私人助理以及智能顾问都是目前已经实现且未来将快速发展的领域，带领我们迈入机器助手的全新时代。

七是云/用户端计算。短期之内，云/用户端架构的重点在于内容与应用程序状态在多重设备间同步，以及解决跨设备的应用程序可移植性。但长期而言，应用程序将朝着支持同时使用多重设备的方向发展。如今的第二屏幕应用热潮主要着重于电视搭配移动设备的观赏体验。未来，由于和企业应用程序都将利用多重屏幕，并开发可穿戴式设备与其他设备来提供更好的体验。

八是软件定义的应用程序和基础架构。为了满足快速变迁的数字化商务需求，并且迅速扩展或缩小系统的规模，计算正从静态架构转型至动态架构。这就需要能动态地组合与设定所有必要元素（从网络到应用程序）的规则、模型与代码。

九是网络规模IT。"网络规模IT"（Web-scale IT）是一种在企业IT环境当中提供大型云端服务供应商能力的全球级计算模式。越来越多的企业将像Amazon、Google、Facebook等网络巨头一样地思考、行动、开发应用程序及建立基础架构。

十是基于风险的安全与自我防卫。企业将逐渐认识到要提供一个百分之百安全的环境是不可能的。一旦企业承认这点，就能开始采用一些较为复杂的风险评估与缓解工具。就技术而言，认知周边防御的不足以及应用程序必须扮演更积极的安全角色，将带来全新的多层次方法。未来，这将进一步发展成为直接在应用程序当中内建安全防护的全新模式。周边防御和防火墙再也不足以提供保障，每一个应用程序都必须能够自我感知及自我防卫。

二、IDC 的预测

（一）2015年全球科技10大预测

IDC 提出 2015 年最重要的全球科技趋势，分别涵盖了无线数据、云计算、大数据、物联网、3D 打印等新兴热点领域。10 大科技预测如下：

一是支出增长将 100% 来自新技术。2015 年世界 IT 和电信支出将增长 3.8%，达到 3.8 亿美元以上，几乎所有的支出增长和总支出的 1/3 将集中在新技术，如移动、云、大数据分析和物联网上。

二是通信行业最大的部门——无线数据也将实现最快增长。无线数据将是电信行业最大的部门（5360 亿美元）和增长最快的部门（13%）。网络中立将在美国强制实行，并制定综合措施，为所有人使用服务提供基本准则。

三是"平板手机"将成为移动增长引擎。智能手机和平板电脑的销售将放慢，收入明年可达到 4840 亿美元，占 IT 增长的 40%。中国公司将占全球移动增长的15% 以上。"平板手机"（Phablet，超大屏手机）销售将增长 60%，削弱平板电脑市场。可穿戴设备市场将令人失望，明年只销售 4000 万—5000 万台。戴在手腕上的手机将出货但会失败。移动应用下载会放慢，收入达到 1500 亿美元，中国独立应用店占 18%。但企业移动应用开发将增长一倍多。

四是新合作伙伴关系将改变云计算格局。大的云生态系统（公共云、私人云、相关 IT 和服务）的支出将达到 1180 亿美元（到 2018 年约 2000 亿美元），其中700 亿美元（2018 年为 1260 亿美元）将花在公共云上。亚马逊将在很多战线上抵御攻击以维持甚至增长市场份额。金斯预计，我们将在 2015 年看到云市场出现"奇怪的伙伴"，如 Facebook、微软和 IBM 或亚马逊与惠普合作。

五是数据即服务将推动新的大数据供应链。全世界与大数据有关的软件、硬件和服务支出将达到 1250 亿美元。富媒体分析（视频、音频和图像）将作为大数据项目的重要推动力出现，至少规模会增长两倍。25% 的顶级 IT 厂商将会把数据即服务作为云平台提供，分析公司将提供来自商业和开放数据集的增值信息。物联网将是数据 / 分析服务的下一个重要关注点，未来 5 年年复合增长率为30%，2015 年我们将看到日益增长的应用和竞争者（如微软、亚马逊、百度）提供认知 / 机器学习解决方案。

六是物联网将使传统 IT 行业继续快速扩张。物联网支出将超过 1.7 万亿美元，比 2014 年增长 14%（到 2020 年将达到 3 万亿美元）。1/3 的智能 / 嵌入设备支出将来自 IT 和电信行业以外。金斯表示，这等于"大大扩大了我们对 IT 的看法"。看到这个机会，很多传统 IT 公司（可能有思科、IBM 和英特尔）将组建"物联网解决方案公司"。预测维护将成为重要的物联网解决方案门类。

七是云服务提供商将成为新的数据中心，改变 IT 格局。大规模转向云服务提供商运营的数据中心，将激发"云优先"硬件创新爆发，在服务器、存储器、软件和网络厂商中推动更大的整合。到 2016 年，超过 50% 的计算能力和 70% 的存储容量将安装在超规模数据中心。IDC 预计会看到 2—3 次重大合并、收购或重组。

233

八是行业专用数字平台的快速扩张。新技术结合起来可创造业务创新平台而不只是技术平台，有助于改造"地球上任何行业"。每个行业 1/3 的市场份额领先者将被销售新 IT 产品和服务的公司颠覆。这种例子包括金融服务中的新支付网络（2 年内全球 2% 的支付由比特币完成）；物联网技术进入城市安全、公共建设项目和交通系统（到 2018 年占所有政府物联网支出的 25%）；和零售行业定位服务的扩张。行业平台数量——行业专用云数据和服务平台，通常由行业领先者开发——将快速扩张，2015 年增长一倍，达到 60 个。

九是采用新的安全和打印创新。15% 的移动设备将采用生物识别技术（到 2020 年将超过 50%）。到 2015 年底，20% 的受控数据将加密（到 2018 年为 80%）。威胁情报将作为杀手级数据即服务门类出现：到 2017 年，55% 的企业将收到客户化威胁情报数据推送。3D 打印将在传统文档打印公司非常活跃，2015 年支出将增长 27%，达到 34 亿美元，到 2020 年 10% 的消费产品将通过 3D 打印"按需生产"提供。

十是关于中国的发展。中国将在 2015 年对 IT 和电信市场有"火箭式影响"，支出增长将占行业增长的 43%，占智能手机销售的 1/3，占所有在线购物的 1/3。中国有巨大的国内市场，云和电子商务领先者（电商中的阿里巴巴、社交中的腾讯和搜索中的百度）在全球市场的地位日益突出。中国品牌智能手机制造商 2015 年将占全世界智能手机市场的 40%。

（二）2015年全球云计算预测

IDC 从企业应用角度对 2015 年全球云计算作了具体预测：

一是 2016 年前，超过 65% 的企业会将 IT 系统迁移到混合云中，混合云的发展将为 IT 组织架构的变革提供巨大的驱动力。二是 2017 年，20% 的企业将清醒地认识到开源标准化／架构社区在其发展历程上的意义。三是截至 2017 年，25% 的 IT 机构将允许员工开发属于自己的私人自动化工作方式。四是截至 2017 年，IT 采购人员将积极地拿出 20% 的预算用于行业云建设，以便在灵活合作、信息共享以及贸易上更加灵活。五是截至 2016 年，超过 50% 的企业 IT 机构将构建混合云并通过部署或者升级达到将工作负责通过云解决方案来管理的目的。六是 60% 的 SaaS 应用的主要驱动力来源于新的功能，2018 年 IaaS 的价格将非常便宜，服务上的创新将是厂商制胜的关键。七是 2015 年，全球 IT 市场上 65%

的企业对其云工作负载有较高的数据隐私保护要求。八是75%的IaaS服务提供商的产品将被重新设计或者定义，未来一到两年的时间中部分IaaS服务提供商将淡出这个市场。九是截至2016年，将有11%的IT预算脱离传统的IT解决方案，各种云解决方案将作为新的选项出现在企业中。十是截至2017年，35%的新应用可以被部署在云上，届时新功能的开发周期和企业的创新速度都会得到改善。

（三）2015年中国ICT市场的预测

一是混合云和软件定义的数据中心将成为云计算热点。IDC提出，在过去一年中，公共云计算市场得到了快速的发展。无论是国际厂商云计算服务在国内的落地，还是国内互联网公司的云计算架构建设，都充分证明了这一点。同时，金融、制造、能源等传统企业也开始建设私有云计算应用。在这种情况下，IDC认为2014年的中国云计算服务市场焦点将转向混合云为主的模式。用户将着重解决外部购买的公共云服务产品和自身基础架构融合的问题。在私有云架构中，如何构建软件定义的数据中心将成为热点。

二是企业移动将从单一试点模式转变为多系统建设。IDC研究发现，很多企业的CIO或IT主管均把移动应用作为下一阶段的IT建设重点。未来的移动应用建设将以项目群的方式，从目前的单一试点项目建设模式转变为多系统建设的局面，除了企业原有IT系统的移动扩展之外，还会新增大量的原生移动应用。这些应用将覆盖部门级、企业级、集团级等各个层面，用户人群进一步扩大，系统建设复杂度高，后续运维难度大，因此需要率先构建统一移动应用平台，来支撑未来大量移动应用项目建设。

三是大数据应用步入业务实践年，与行业深度融合。2014年是大数据应用从概念走向更多业务实践的一年，用户将会更务实地部署实施大数据应用。我们预计2015年大数据技术会进入更多的行业应用之中，银行、电信、保险以及政府等行业会投入更多力量开发大数据应用，医疗、制造以及能源等行业都已经将大数据以及分析类应用纳入计划中。从技术发展来看，大数据相关的多种技术会并存，传统关系数据库、Hadoop、NoSQL、内存计算、数据库一体机会在各自不同的应用场景中拥有优势。同时，IDC也认为以大数据为基础的云服务将会蓬勃发展。

四是社交商务促进企业内外协作与沟通平台升级。社交商务的概念涵盖了企业内外以社交驱动的工作流。在不同的业务部门，员工希望通过社交工具达到的目的不同，如客户经理利用社交工具与客户保持沟通以维护关系，而产品设计部门的员工则通过社交网络与合作伙伴及客户进行互动、产生创意。社交商务对企业的影响应该是全方位的，包括企业的各个流程，集中体现在以下几个方面：企业社交网络、创新管理、社会化分析、客户体验（由社会化的客户支持、社会化的营销等来加强）、社会化的销售和社会化的人才管理。

五是创新行业解决方案定义 ICT 及行业市场竞争新格局。未来 10 年，IT 支出的增长将主要由基于第三平台、新的、高价值的创新型解决方案驱动。这些下一代"杀手级"应用将主要聚焦于特定行业，借助云、移动、社交和大数据，提升企业开发竞争力产品与服务以及创新业务模式的能力，帮助企业转型、扩张及创新。

第三十五章　2015年中国软件产业发展形势展望

一、整体运行发展形势展望

（一）产业增速延续稳中有落

2015年，软件产业的外部环境没有重大改善，全球经济增长仍缺乏稳定且较为脆弱，中国经济增长将进入新常态。IMF在最新的《世界经济展望报告》中再次下调全球经济增长预期，预计2015年和2016年全球经济增长率分别为3.5%和3.7%。其中，美国经济出现较快的增长反弹，国内需求在政策支持下不断增长，预计2015—2016年美国增长率将超过3%；欧元区受投资疲软、通胀下降因素影响经济复苏仍然缓慢，预计2015年和2016年的增长率分别为1.2%和1.4%；日本经济在油价下跌和日元贬值的作用下将在未来两年提高到趋势水平以上；新兴经济体和发展中国家经济增长在2015年将稳定在4.3%左右，2016年将提高到4.7%。IMF还预计，中国投资增长下滑短期内不会改变，经济增长继续下行，预计今明两年增速分别为6.8%和6.3%。

外部经济不景气将直接削弱工业制造、交通、医疗等领域信息化投资，降低企业对软件和信息技术服务的市场需求，尽管在稳增长压力下政府将加大对基础设施、中小企业等投资，但仍无法对冲外部需求疲弱给软件企业国内外市场开拓带来的压力。加上产业转型调整加速，云计算、移动互联网、大数据等新兴领域尚在培育中短期内无法支撑产业增长，软件产业将延续缓中趋稳的态势，预计2015年增速将在20%以上。

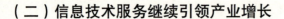

（二）信息技术服务继续引领产业增长

伴随云计算、移动互联网等新兴领域蓬勃发展以及智慧城市建设热潮带动下金融、交通、电信等各行业信息技术服务需求的不断扩大，2014年，信息技术咨询服务、数据处理和存储类服务等信息技术服务以高于全行业增速增长，占全行业的比重由2012年的49%不断上升到52.3%。从企业看，华为、用友、金蝶、百度等国内厂商纷纷加快自身向行业解决方案提供商转型，在集中力量加快支持现有系统架构的技术创新同时，积极利用云端/服务加快业务服务化转型，打造新的竞争优势。

2015年，在政策、需求和产业资本的共同推动下，信息技术服务将进入新一轮快速发展期。政策方面，中央和地方层面围绕云计算、大数据等新领域密集出台了一系列政策，这些政策将推动创新要素和创新资源的聚集，有力促进新兴信息技术服务的发展。需求方面，进入实质性建设期的智慧城市建设使交通、医疗、城管等领域信息技术服务需求仍处高增长阶段，企业级和消费级信息消费需求的高速增长推动数字内容、移动互联网服务等需求不断扩大，同时，云计算、大数据等新领域的需求逐渐成熟，行业应用需求不断增长。产业资本方面，移动互联网、云计算、大数据、人工智能等新领域仍将得到大型投资集团的青睐，获得丰富的资金支持。预计2015年信息技术服务增速仍将领先全行业，占全行业的比重达50%以上。

（三）云计算、移动互联网等新兴领域快速发展

以云计算、移动互联网、物联网、大数据等为代表的新兴领域创新活跃，发展迅猛，正成为推动产业变革的重要力量和拉动产业增长的新增长点。以云计算为例，其潜力不断释放，企业级应用不断普及，得到很多大型风险投资机构的青睐。据Gartner预测，2015年，全球云计算服务市场规模达到1800亿美元，年增长率达18%。物联网则被称为是下一个万亿美元级的信息技术产业，Gartner预测，2015年市场规模将达到695亿美元，2020年市场规模将突破2630亿美元。移动商务、移动广告、应用内购物、应用即服务模式等因素成为移动互联网迅速增长的重要因素，预计2016全球移动互联网规模将达7000亿。

从国内看，云计算等新兴领域逐步摸索出市场认可的模式进入应用实施阶段。云计算领域，在《关于促进云计算创新发展培育信息产业新业态的意见》等

利好政策的推动下将进入快速发展期，智慧城市和工业等重点行业应用取得突破，将成为云计算市场的重要切入点。据预计，2015 年国内公有云服务市场规模将超过 90 亿元，增速超过 30%。移动互联网领域，在智能手机日益普及、传统 PC 应用向移动端不断拓展、用户移动化行为习惯逐步养成等因素作用下，移动互联网进入增长高峰期。根据 Analysys 易观智库的数据，2014 年我国移动互联网市场规模达 13437.7 亿元，年增长率达 183.8%。未来几年增势将逐渐平稳，预计 2015 年市场规模将达 23134.3 亿元，增速达 72.2%。移动营销、移动购物、移动游戏等细分领域增长较快，尤其是移动购物，占移动互联网市场比重在未来几年将不断提升，2016 年比重有望超过 60%。物联网在国家政策的大力支持下呈现良好发展势头。技术研发进展明显，市场化应用稳步推进。据中国物联网研究发展中心预计，2015 年，我国物联网行业市场规模将达 7500 亿元，年复合增长率达 30%。

（四）传统软件在新兴技术推动下加快创新

云计算、大数据、移动互联网等新兴信息技术的快速发展使操作系统、数据库、管理软件等传统软件需求端发生巨大变化，软件的分发方式、功能定位也随之改变，给传统软件产品创新发展提出了新的要求和挑战。

操作系统在支持多平台多设备、运行多种类型应用、交互性、安全性、细节功能、操作界面等方面不断推进，以适应终端和平台多样化、应用丰富化、社交化等新趋势。中间件与虚拟化、大数据等技术加快融合，提供完整的产品集合和技术栈，支撑多变的应用、数据、业务逻辑。信息安全与云计算、移动互联网、大数据、社交等加快融合，增强复杂安全问题的防御能力和快速响应能力，应对新技术的发展给信息安全带来新的挑战。管理软件领域，云计算的快速普及使甲骨文、SAP、金蝶、用友等国内外管理软件厂商通过打造云服务平台加快云计算与传统管理软件产品的融合，将传统软件产品以服务模式提供。工业企业的市场预测、创新研发、生产线分析、供应链优化等需求，使工业互联网迅速发展，推动软硬件、网络等多种信息技术的有机融合和协同发展。2015 年，随着云计算、大数据等新兴技术的进一步发展以及各业务间加速融合渗透，新兴技术将不断重新定义和设计传统软件的功能，不断催生新产品、新服务。

（五）软件产业与传统领域加速融合渗透

随着软件的应用普及，软件越来越以服务的形式进入传统行业，与金融、零售、交通、医疗、教育等传统领域结合日益紧密。尤其是云计算、移动互联网、大数据等新业务新模式迅速发展，加快向各个传统领域渗透，衍生出很多新业态。

移动互联网与金融、餐饮、打车、家电、娱乐、食品和航空等传统行业深入融合，O2O（Online To Offline，即在线到离线/线上到线下）模式快速发展，倒逼传统行业变革和创新。金融、制造、能源等传统企业纷纷开始建设私有云计算应用。"中国药品电子监管网"入驻阿里云成为全国首例部署在云端的部委级应用系统；小米公司和应用性能管理运营商云智慧公司利用端到端 APM 云服务，实现一体化性能监控和管理，全面提升 IT 支撑能力与业务服务质量的精细管控。大数据领域，百度大数据正式推出了疾病预测产品，对全国每一个省份以及大多数地级市和区县的活跃度、趋势图等情况，进行全面的监控。另外，民生银行推出阿拉丁大数据分析平台，南方基金携手新浪网推出了国内首只财经大数据指数。预计 2015 年，软件产业与传统产业融合的广度和深度将继续加强，云计算、大数据、物联网将在政务领域、公共服务行业和企业级市场实现产业化、规模化发展，价值不断提升。

（六）生态圈建设成为 IT 企业构筑竞争力的核心举措

信息技术产业的竞争正从单一企业竞争演进到以聚合生态圈协同效应的全产业链竞争，由硬件、软件和 IT 服务等构成的完整生态圈建设的重要性凸显。苹果、谷歌、亚马逊等 IT 巨头很早就认识到生态圈的重要战略意义，纷纷通过并购、联盟、开放平台等方式建设和完善生态圈。

在国内，从互联网公司到传统厂商，各领域企业纷纷发力开放平台，构建自己的生态圈。云服务领域，阿里云启动"云合计划"，聚集东软、中软等大批知名 IT 服务商，打造一站式云服务平台；腾讯云将云服务与开放平台结合起来，打造一个涉及用户引入、商业模式、营销渠道的"生态圈"；浪潮通过云智联盟和云海战略构建"云伙伴"生态圈。智能终端领域，小米以硬件为基础向软件与服务领域不断延伸，打造"软件＋硬件＋互联网服务"的生态圈；百度、京东等企业积极布局终端、内容等产业链上下游，打造"平台＋内容＋终端＋应用"的完整生态圈，向生态型公司发展。2015 年，在软硬件结合更加紧密、云计算等新技术与传统业务领域加速融合背景下，生态圈建设将成为企业塑造核心竞争力的核心举措。

（七）软件大企业继续主导重要领域投资并购

在企业间业务体系竞争日益激烈，技术创新加快尤其是云计算、大数据等新一代信息技术快速发展的推动下，软件行业投资并购仍处高峰期。微软、甲骨文、SAP、谷歌、IBM等软件大企业均开展较为频繁的大规模并购，刷新并购记录，并购方向聚集于云计算、大数据、人工智能等新兴领域以及智能制造、游戏等垂直行业应用领域。以百度、腾讯、阿里为代表的互联网企业主导了互联网领域的大规模并购，完善生态圈建设。云计算的爆发式增长引发投资集团的关注，世纪互联、华云数据等均获得大规模投资。2015年，《关于进一步优化企业兼并重组市场环境的意见》、《上市公司重大资产重组管理办法》以及《关于修改〈上市公司收购管理办法〉的决定》等政策将进一步优化并购整合的环境。实力雄厚的软件大企业将在移动互联网、云计算、大数据、物联网等新兴领域以及游戏等行业领域进一步加快步伐并购整合。在跨界融合的背景下，企业将再掀跨界并购热潮，以进入新领域、补足自身短板，并与自身的产品线、业务体系进行整合，增强市场竞争力。

（八）利好政策相继出台推动产业政策环境进一步优化

国务院、国家发改委、工信部等部委围绕产业发展规划、产业扶持、应用推广、安全检查等内容出台了一系列政策，为软件产业持续健康规范发展奠定了良好基础。以北京、广东、上海、浙江等为代表的地方政府制定软件产业促进政策实施细则加快政策落实，发布云计算、大数据、物联网、工业云、智能制造等新兴领域的政策引导新业务发展，将拓宽软件产业发展空间。2015年，新颁布政策将逐步落地实施，政策红利逐步显现，为相关企业带来实惠。国务院新发布《关于促进云计算创新发展培育信息产业新业态的意见》，将引导社会创新要素和资源流动，推动云计算从概念进入应用实施阶段，为腾讯、阿里巴巴、浪潮、华为等云计算相关企业带来新的发展机遇。

二、重点行业发展展望

（一）基础软件

操作系统领域：一是国家将继续大力支持国产操作系统的发展。尽管云计算、大数据等新兴信息技术的发展不断冲击着当前软件和信息技术服务的市场格局，但操作系统仍旧是最为基础的信息载体，仍然关系到国家的信息安全和国家安全。同时，智能终端操作系统、云操作系统、工控操作系统仍旧是各大企业竞争的重要领域，充满巨大的市场机遇。未来，政府将继续加大对国产操作系统的扶持力度，努力培养一批具有国际竞争力的操作系统企业。二是开源思想将促进我国操作系统企业跨越式发展。当前开源软件已经逐渐成为软件领域技术创新的主导，特别是在操作系统领域，Linux、Android 均已成为重要的基础平台，也是我国操作系统技术创新的基础。随着深之度等具有开源思想的操作系统企业不断发展，在开源模式的带动下，我国操作系统产业将有望实现跨越式发展，技术将不再成为阻碍产业发展的壁垒。

中间件领域：一是企业合作将不断深化。中间件产品的基本属性就是成为位于操作系统软件和应用软件之间的重要连接，不仅需要做好与底层操作系统的适配，也需要做好与应用软件的适配，因此，企业合作是中间件厂商的必选路径。我国中间件厂商将继续扩大产业合作，不断提升企业市场竞争力。二是企业转型压力巨大。随着云计算的快速发展，中间件的产品形态正处在加速演变中，云计算服务平台将可能成为传统中间件的替代品。从全球来看，各大中间件厂商均在积极向云服务企业进行转型。我国中间件企业如东方通也加快了新兴领域的布局，力图通过转型创造新的发展空间。

数据库领域：我国数据库产业有望借助大数据的兴起实现超越式发展。一方面，我国数据库企业经过多年的技术深耕，已经实现了多项技术突破，技术能力已接近国际先进水平。另一方面，开源技术的不断发展为我国数据库企业实现跨越式发展提供参考，借助开源技术发展新型操作系统拥有巨大的产业空间。从产业创新来看，大数据将成为推动产业创新发展的核心力量，产业格局正处在快速变革期，我国数据库企业面临难得的发展机遇。数据库企业的不断壮大将有助于我国大数据产业的快速发展，成为促进我国软件和信息技术产业壮大的助推器。

办公软件领域：一是向国外市场的扩张将不断加速。我国办公软件产业具备较强的产业基础，但长期以来受制于市场生态没能实现产业发展的良性循环。当前，随着各大软件企业加大了开放的步伐，长期制约我国办公软件企业发展的生态壁垒有望被打破，特别是在国外市场，我国办公软件产业将有望实现加速扩张。二是移动终端办公软件将成为企业竞争的焦点。从全球来看，包括微软、苹果在内的各大办公软件企业均推出了面向移动终端的软件产品，我国金山软件也推出了移动版的 WPS，已拥有了一定的用户规模。随着移动互联网的快速发展，移动终端办公软件将成为各大企业的聚焦点，竞争态势将不断升级。

（二）工业软件

产业规模方面，预测 2015 年，我国工业软件市场仍可保持 17% 左右的增长速度，规模有望增长至 1120 亿元，主要的增长动力来自汽车、装备、航空、船舶、能源、交通等重点行业推进智能制造工程所带来的需求。

产业结构方面，ERP 和 CRM 在总产业市场中的占比仍会进一步提升，主要的增长更多来自于移动端，并将进一步带动其他企业移动应用快速增长，比如移动协作工具、移动安全应用等。同时，随着工业转型升级和技术改造的步伐加快，尤其是工业机器人产业的兴起，我国生产调度和过程控制软件的市场规模会有明显增加，成为未来工业软件领域的新增长点。

市场发展方面，工业与互联网融合发展成为最大热点，更多企业倾向于使用混合云架构实现 IT 系统的互联网化。随着国家推进"互联网+"行动，促进互联网和工业融合创新发展，更多工业企业开始应用互联网、云计算等新一代信息技术。但在市场诚信、法制环境和风险共担机制均不完善的条件下，企业不愿意承担核心数据技术外泄的风险，因此自建大数据分析的工业云平台将是大多数企业的选择。但是私有云平台的部署和维护成本很高，对企业的应用和维护能力的要求也很高，所以多数企业，尤其是中小企业，有很强的动力采购一些与数据联系不太紧密，但也是企业运营所需要的公有云软件服务。因此混合云架构成为企业应用新一代信息技术的首先方式。

技术发展方面，ERP 向平台化发展的趋势更加明显，企业安全技术将获得长足进步。越来越多的功能向 ERP 集成，包括客户关系管理的功能，而且伴随着大数据分析技术的集成。越来越多的研发设计工具向 PLM 集成，PLM 的功能向 MES 延伸。产品平台化带来数据的集成化，由此对数据和服务的安全可靠提出更高要求。软件安全对于企业的重要性，其优先级要高于软件的应用体验。如果软件系统漏洞、故障造成企业关键信息的泄露、停产甚至发生事故，带来的损失可能非常巨大。在强劲市场需求的推动下，企业级安全技术将获得长足发展。

企业跨界合作成为新的发展趋势。随着国家推进"互联网+"行动，支持软件和信息服务与传统产业融合发展，工业软件企业与其他行业企业的跨界合作将更加频繁。工业软件企业开展跨界合作主要依托各自的业务优势，差异化地开展，尤其是管理软件跨界融合、转型发展、开拓市场的需求十分强烈。管理软件厂商主导的企业间战略合作主要有三个层面：通过与服务器硬件厂商联盟，推广软硬一体的综合解决方案；通过与云计算 PaaS 供应商联盟，加快软件产品向云端迁移；通过与其他行业内领导厂商的跨界联盟，拓展新的应用市场。开拓市场、促进销售是贯穿上述三个层面的主线。

（三）信息技术服务产业

产业规模将延续有力增长态势。我国信息技术服务业在国家政策、社会需求和产业资金不断改善和发展的驱动下，有望保持有力增长。随着我国经济转型成效逐步扩大，产业得到新的驱动力量和发展机会。一是高速发展的信息消费，逐渐成为推动我国经济增长的主要因素，不断深入社会经济和社会组织形式，带动数字内容、移动互联网等产业发展，信息平台建设和对接需求大大增加；二是发展空间巨大的新兴科技领域，随着以云计算、移动互联和大数据代表的技术创新和突破，产业发展方向愈发明显，与传统行业融合不断深化，催生 IT 系统建设需求。预计 2015 年，我国信息技术服务业将保持 22% 以上的平稳增长。在产业规模快速增长的同时，产业结构稳步优化，数据处理和运营、信息技术咨询、数字内容服务等高端环节的比重将进一步增加。受企业对数据挖掘运用需求快速增长的推动，数据处理与运营服务将继续保持突出增势，预计 2015 年增速将达到27%。

新兴技术融合发展步伐加快。2015 年，受行业应用和企业级市场的需求推动，移动互联、云计算、大数据等技术创新驱动成为企业在市场竞争中占据有利地位的主要发展路径，企业研发投入和创新步伐不断加快。企业级的移动云应用将持续升温，移动云办公领域成为业界服务优先考虑的项目之一。易观国际数据显示，大数据加速发展趋势不变，2015 和 2016 年中国大数据的市场规模分别可达到 98.9 亿元和 129.3 亿元，两年的同比增速均为 30.7%。

智能制造领域应用创新活跃。在两化融合深度融合的推进下，智能制造将成为信息技术服务的重要应用方向，为产业带来新的巨大发展空间。工业企业的市场预测、创新研发、生产线分析、供应链优化等需求，将促进云计算、大数据等服务创新加速。工业企业提高生产率、增强灵活性等需求，将加大工业互联网的研发投入，推动软硬件与服务的有机融合和协同发展。智能制造应用需求旺盛，为工业大数据、工业云平台以及企业级信息安全等相关服务发展带来巨大的发展前景和市场助力。

医疗、金融市场需求快速增长。2015 年，医疗 IT、金融 IT 等重点领域规模将持续扩大，业内企业利用自己的业务优势进一步加强产业资源整合的步伐，跨界企业将并购作为其向平台服务提供商转型升级、加快生态圈布局跨界重要途径。移动医疗、智慧医疗、远程医疗等医疗新模式的发展，将不断扩展信息技术服务业在医疗领域外延。我国巨大的人口基数和人口老龄化趋势、人们不断增强的保健意识、我国政府医疗改革政策和医疗设备替代化的全面开展以及海外市场需求持续增加，这四大因素将共同促使我国医疗 IT 业持续快速发展。移动医疗企业将进入调整时期，利用充裕的资金创新商业模式，探索可持续的盈利模式，一方面与传统医疗机构寻求合作，打入医疗核心领域，探讨共同盈利方式；另一方面，借助互联网创新商业模式，对传统医疗带来强势冲击，促使传统医疗继续变革。

（四）嵌入式软件

产业规模方面，随着移动通信领域、移动互联网领域、消费电子领域、新型工业控制领域、汽车电子领域、医疗电子领域、物联网领域等对嵌入式软件的要求不断提高和需求的不断扩大，2015 年中国嵌入式软件产业仍将保持持续快速发展的良好势头，全年的嵌入式软件产业规模有望突破 8000 亿元，年增长率接近 25%。

产业结构方面，随着国产品牌手机的市场份额稳步扩大，移动终端基于 Android 架构深度定制的国产操作系统的份额也将进一步扩大；工业控制、汽车电子、网络设备等应用领域，由于国家高度重视系统安全，自主嵌入式软件系统，尤其是嵌入式操作系统方面，对国外产品的替代程度将进一步提高。

市场发展方面，嵌入式软件与网络技术和人工智能技术进一步融合发展，新的智能设备成为新的应用市场，比如智能家居、智能网联汽车、可穿戴设备、智能制造装备等。以智能网联汽车为例，随着汽车的电动化、网络化、智能化发展，电子系统及其软件在汽车中的重要性越来越大，目前的中高端汽车中，汽车电子占整车成本已超过 30%，装备有 50—100 个 ECU（电控单元），20000 万行左右的源代码，代码量与空客 A380 客机相当。麦肯锡报告称传统汽车硬件占 90%，软件占 10%；而未来智能网联汽车以信息环境互联、智能控制和人机交互为主要特征，硬件价值占 40%，软件价值占 40%，内容价值占 20%，汽车 90% 的创新将由汽车电子来支撑，其中 80% 取决于软件。

技术发展方面，嵌入式软件将更多以基于开源进行定制的发展方式为主，在通用型嵌入式操作系统方面，我国企业将进一步提升内核技术能力，包括嵌入式文件系统、协议栈、对主流 CPU 架构（X86、ARM、MIPS、PowerPC 等业界主要多核 / 单核 CPU 架构）的支持等，面向具体行业的集成应用能力有望获得进一步提升。同时，软件安全技术成为嵌入式软件发展的重点之一。未来诸如工业设施、汽车装备等都成为软件的集合体，防范黑客攻击造成功能安全风险和敏感信息泄露风险成为重中之重，软件安全技术的重要性和紧迫性凸显。

企业发展方面，产品与行业结合形成专业解决方案成为企业开拓市场的流行做法，并且软件与硬件一体化销售。独立的通用型嵌入式软件产品在 2015 年仍以国外厂商为主。但我国厂商将进一步缩小与国外厂商和产品的差距，在工业控制、轨道交通、汽车电子、物联网等应用领域与国产芯片实现优化适配，努力形成可替代的产品。

（五）云计算

产业规模保持高速增长。云计算产业仍处于快速发展阶段。从全球来看，2015 年，云计算服务市场规模将达到 1800 亿美元，增长率达 18%。从国内来看，《关于促进云计算创新发展培育信息产业新业态的意见》等利好政策将进一步推动云计算快速发展，预计 2015 年国内公有云服务市场规模将超过 90 亿元，增速超过 30%。云计算的发展带动和促进了上下游电子产品制造业、软件和信息服务业的快速发展，预计到 2015 年，我国云计算上下游产业规模将超过 3500 亿元。

产业格局迎来洗牌阶段。2014 年，云计算企业纷纷通过并购、融资、合作等手段构建自己的产业体系或生态圈，以增强自己的产业竞争力，弥补产业短板，与合作伙伴一起构筑强大的竞争优势。例如，苹果与 IBM 合作、甲骨文与三星合作分别打造企业级移动云服务体系；微软同甲骨文合作、戴尔同亚马逊合作，分别打造私有云和公有云协作的产业体系，进军混合云领域；腾讯、IBM 共同研发基于云技术的产品并互相使用对方的数据中心；小米、金山、世纪互联打造小米云负责应用层，金山云负责中间层，而世纪互联负责基础设施运营的产业体系。未来几年，云计算产业有望形成若干个类似于 Wintel 体系的稳固合作体系，在此之前，市场将处于激烈洗牌阶段。

政务、智慧城市和重点行业领域的应用将成为云计算重要市场。2014 年开始进入集中建设阶段的智慧城市建设将为云计算带来广阔市场，推动电子政务、智慧城市、民生应用等领域的云计算应用。目前，全国各地都在投身云计算和大数据的发展，并且普遍把智慧城市和民生应用领域的应用当作抓手，大力发展政务云、城市云和教育云、医疗云等，上马一系列相关项目。物流、教育、旅游、医疗等行业的行业云平台发展速度开始加快，众多企业积极建设这些重点行业的公共云平台并提供衍生服务。

云计算将与智能家居等智能设备紧密结合，垂直行业的云应用将取得突破。垂直行业比水平行业有更高的渗透率，快速建立的行业标准和壁垒的能力已经不容忽视，企业越来越重视产品的智能化以及真实、有效的获取用户数据，提供更为细分、垂直的云计算服务。随着探索和实践的深化，云计算将从技术导向转移到应用导向，从用户出发，与应用更紧密地结合。尤其在智能家居领域，云计算将与家居产品相结合，成为明年个人服务领域的亮点。智能家居需要通过各类传感器，采集相关的信息，并通过对这些信息的分析、反馈，实现相关的功能，迫切需要通过云计算技术实现精准快速地对家居设备的控制，使用户获得更好的云服务，同时降低成本。智能家居将成为物联网、智能产品领域的领头羊，与其相关的云服务也将成为市场热点。

（六）大数据

开源依然是技术创新发展的基石。大数据核心技术如分布式存储、云端分布式及网格计算均是依赖于开源模式，即通过开放式的平台，吸引全球开发者通过开源社区来进行代码的开发、维护和完善，从而集全球智慧推动大数据技术的不断进步。2015年，全国各大企业将加大对Hadoop、Spark等开源社区的赞助和智力投入，更多的企业将加入开源社区建设，开源技术生态系统不断壮大。开源在大数据技术进步中将占据核心地位，开源模式将成为大数据技术创新的主要途径。

技术和产品在应用需求的推动下加速创新。2015年，应用创新将成为大数据发展的主要驱动力，技术和产品在应用需求的推动下完成创新和突破。基于大数据的数据挖掘、机器学习和人工智能等方面可能会产生理论级别的突破，大数据将充分利用机器学习、数据挖掘、模式识别、自然语言理解等人工智能基础技术，进一步实现数据分析的智能化。半结构化和非结构化数据的应用场景和应用需求增多，处理技术有望取得创新。大数据可视化和数据安全保障技术有望出现革命性的新方法。2015年开始大数据与云计算、物联网、智慧城市、移动互联网将进入新的结合期，新产品将加速推出。

工业大数据应用将成为热门领域。2015年，智能制造和工业互联网将分别成为制造强国和两化融合的重要任务。目前，大数据被视为是推动工业与互联网融合发展，并最终实现智能制造的重要抓手和工具，工业大数据极有可能作为重大工程列入政府的重要工作内容。深耕于工业企业信息系统建设的企业获得发展良机。

部分行业应用逐步成熟。2015年，大数据将在部分行业和企业级市场实现产业化、规模化发展，并开始与个人消费应用相结合，有价值的实践案例和实用的行业解决方案显著增多，其重要作用将清晰展现。医疗、交通、教育、商业、社交领域的应用将快速丰富，个性化需求将更为突出。其他各行业都在积极地关注和使用大数据服务，但应用相对简单和初级，银行、保险等行业的危机意识较强，将主动寻求开展大数据合作或自行开展大数据业务。

数据分析和可视化呈现多样化、定制化竞争趋势。在数据分析和可视化等领域，各类企业特别是中小企业将成为市场的主力。一方面，大数据技术的开源特征和企业级计算能力的开放使得大数据分析的技术门槛逐步降低；另一方面，应用需求的多样化使得定制化服务成为主流，小型企业能够获得更多的市场发展空间。2015年，越来越多的大数据初创企业将聚焦在该领域，提供各类多样化定制化的服务方案。

融资并购事件频发。2015年，大数据领域继续成为资本关注的焦点和投资热点，融资、并购、合作等活动持续升温。国内互联网巨头将继续收购和投资拥有庞大数据量的公司，意在加快大数据应用领域的战略布局。从融资规模看，将有不少大数据初创公司初具规模和气候，并且获得海量融资，将有2—3家大数据企业成功IPO；从收购方向看，成熟的大数据应用或掌握海量数据的公司备受青睐；从投资前景看，对于非结构化的数据进行分析和挖掘并实现其价值将是未来大数据发展的重点，人工智能将成为重要的发展和投资方向。另外，大数据行业解决方案和可视化也将成为资本追逐的热点领域。

（七）信息安全

产业规模将继续保持快速增长。随着云计算、大数据、移动互联网、物联网等新技术、新业态的快速发展和演进，为我国信息安全产业发展带来了广阔的市场空间。预计2015年，我国信息安全产业规模将突破1000亿元，未来5年，我国信息安全产业规模仍将保持40%以上的年均复合增长率。

安全智能化将成为技术创新的重要方向。当前智能化技术已经在物联网、移动智能终端、车载信息服务等领域得到了一定的应用，但与网络安全技术和产品的融合还处于起步阶段。传统的依赖于边界防御的静态安全控制措施将逐渐被基于大数据分析的高级、智能安全手段所取代。信息安全未来的重点将转向智能驱动的信息安全模型，能够感知风险，基于上下文背景以及灵活的并能抵御未知高级网络威胁的模型。2015年，将重点关注智能信息处理及人工智能技术在信息安全领域的应用，包括异常行为发现和检测、安全信誉、安全度量、网络安全态势感知等关键技术及标准的研究。同时，安全智能化也将为改进信息集成和协同、风险和业务决策提供助力。

技术创新将成为企业发展的源动力。信息安全产业具有技术性和专业性极强的特点，信息安全的本质就是攻击和防御的问题，终究遵循的是"魔高一尺道高一丈"的发展模式。因此，这就注定信息安全是必须依赖于最先进的技术和产品来实现可持续发展，落后于网络攻击技术的安全防护技术和产品对于被保护的网络而言，可谓形同虚设。这就使得信息安全技术和产品的创新能力成为企业做大做强的重要基石。

信息安全企业将逐步实施"走出去"战略。网络安全技术是不分国界的，网络攻击和网络安全防护也具有全球性的特点。对于当前国内信息安全龙头企业而言，单纯依赖国内市场是远远不够的，伴随着自身技术和产品竞争力的进一步提升，必须"走出去"，在全球信息安全市场的大舞台与国外产品进行直接竞争，才是国内企业做大做强的必经之路。

信息安全市场竞争加剧将加速行业整合。随着国内信息化建设的深入和信息安全需求的不断提升，信息安全领域的竞争将不断加剧，行业整合快速推进。2015年，具有核心关键技术、产品和较强服务能力支撑的信息安全骨干企业，以及具有较强集成能力的系统集成商、平台服务商等大型信息技术服务企业，都将继续利用自身的优势地位加大并购重组的力度，以实现人才、技术、市场等资源的整合，进一步提升企业核心竞争力。

三、重点区域发展展望

（一）环渤海地区

一是产业环境进一步完善。为响应软件产业发展的新形势、新变化，环渤海地区将紧密围绕壮大产业规模和提升自主创新能力两大发展方向，从政策扶持、科技创新支撑等方面给予充分的支持，营造良好的产业环境。政策扶持方面，《北京市进一步促进软件产业和集成电路产业发展若干政策》的落地实施，将着力打造软件城和特色园区，充分发挥北京市创新资源优势。青岛市2015年将把发展软件与信息服务业的重点放到人才实训机构的建设方面。科技创新支撑方面，北京市对软交所增大投资并进行升级改造，之后将重点服务"一城两园多基地"企业，促进市场规范化建设。山东省先后出台科学技术奖励、科技金融服务相关的措施，进一步完善科技成果评价和科技创新激励制度，加快科技金融结合，进一步拓宽小微企业直接融资渠道。

二是两化深度融合创新发展。随着"中国制造2025"上升成为国家战略，面临巨大制造业转型升级压力的环渤海地区将进一步加大产业投入，提升软件和信息技术服务在工业领域的支撑能力，推动信息技术与传统产业跨界融合发展。北京市提出将结合高精尖的产业构建，建立大数据服务等专项，以智能移动为龙头，以大数据应用为核心，孵化创新型产业，在无线传输、海量数据智能化搜索、高端工业软件、移动智能终端软件等关键技术和产品领域取得突破。京津冀三地共同组建了"京津冀智能制造协作一体化发展大联盟"，将从建立信息交流和资源共享机制、建设智能制造应用平台等方面推动区域制造业智能化、服务化，加快软件和信息服务在工业领域的应用。

三是区域合作不断深化。随着京津冀协同发展相关规划出台的临近，一系列政策红利即将施放。在此形势下，北京、河北和天津三地将通过联盟合作、项目对接等形式进一步加快区域产业差异化发展，强化各地产业研发转化基地的功能定位，加强优势互补、促进协作共赢。同时，北京中关村软件园已与青岛高新区签订合作协议，计划共建中关村（青岛）国际软件园。基于"互惠互利，共同发展"，软件园建设将实现京青两地优势互补，构建服务外包、云计算、物联网、移动互联网、大数据特色产业集群。

（二）长江三角洲地区

一是产业集群结构将进一步完善。长江三角洲地区是我国三大软件聚集地之一，其中南京和上海是该区域产业发展最为成熟、产值最高的两大城市。近年来，南京和上海的软件产业增速仍保持较快增长，但落后于区域的平均增长水平。杭州、苏州、常州、宁波等城市由于产业基数较小，近年来产业增速明显得以提升。2014 年，杭州市软件和信息技术服务业收入增长接近 30%，远高于南京和上海软件产业的增长速度。杭州等城市软件产业的快速发展有助于长三角地区整个产业结构的进一步完善，为地区软件产业的可持续健康高速发展提供动力。

二是新兴领域将持续保持高速发展。近年来，随着云计算、大数据、物联网等新兴技术的快速发展，对传统软件产业的格局带来较大挑战，也为我国特别是长三角地区产业升级带来机遇。一方面，长三角地区是我国产业技术能力较高的区域，对新兴技术的掌握能力较高，在技术产业化过程中已形成较为成熟的体系。另一方面，长三角地区是我国对外经济、科技交流的重要支点，在新兴技术和产业引进方面具有较大的区位优势。2014 年，杭州、南京等城市的数据处理和运营服务收入均实现了高增长，反映出该地区在新兴领域的高速发展态势，随着技术和商业模式的不断成熟、基础设施的进一步完善，新兴领域的高速发展态势将得以持续。

（三）珠江三角洲地区

一是产业环境将不断地优化和完善。珠三角地区作为中国最重要的软件产业基地之一，产业集聚度较高，产业布局一体化趋势明显，产业发展环境十分良好。

未来珠三角地区将会继续巩固和发挥区域软件产业的先发优势，在财政扶持、税收优惠、投融资、研发创新及产业化、人才引进和培育等方面将更加紧密结合产业发展实际和围绕产业做大做强的需求，为企业和产业发展营造更加良好的政策环境。

二是新兴领域将持续发力，产业竞争力明显提高。珠三角地区软件产业本身具有雄厚的基础和较强的产业创新能力，近年来在国家大力推进两化融合、促进信息消费、建设智慧城市等战略的指导下，珠三角地区重点围绕移动互联网、云计算、大数据等新兴业态，以及工业软件、行业解决方案等优势产业，组织实施了一批创新性强、研发基础扎实以及具有较好市场前景的重大科技专项，在产品和技术研发、服务创新以及产业化等方面均走在全国领先行列。未来珠三角地区将充分借助先发优势，不断推动软件产业向高端化发展，持续提升产业竞争实力。

（四）东北地区

一是新兴产业将成为发展重点。2014年，哈尔滨市被国家发改委联合工信部批复为新增两个国家云计算创新服务试点示范城市之一，表明新兴产业正在成为东北地区软件与信息服务产业发展的重点。未来，以哈尔滨市为龙头，东北地区还将大力促进云计算产业发展，以及在政务和机械、军工、汽车等传统行业领域的应用。此外，随着智能产业的兴起和智能制造的推进，汽车等东北传统行业将转型升级，推动智能汽车等新兴领域发展。

二是重点领域优势将进一步突出。随着"中国制造2025"的推进，信息化和工业化进一步深度融合，以及智能制造的发展，东北地区嵌入式软件、工业软件等特色领域将依托传统行业的市场需求带动，继续形成明显的领域优势，将形成一批在知名度、整体发展水平和交付能力方面在全国处于领先地位的品牌企业。

三是服务外包领域增速放缓。2014年1—11月，东北三省实现软件和信息技术服务业务收入增速同比大幅降低，主要原因就在于服务外包领域增长缓慢。过去几年，依托与日本、韩国等国地理位置较近、语言人才丰富、人力成本较低等优势，东北地区服务外包行业发展势头迅猛，取得了大量成果。随着人力资源成本提高，东北地区外包行业增长很难达到以前的速度，新兴领域将取代服务外包成为东北地区软件与信息服务发展的重点。

（五）中西部地区

一是持续保持高增长态势。在国内信息化投资加速、信息消费需求日益旺盛、软硬一体化转型加快、新兴领域发展势头强劲等大环境下，中西部地区软件产业规模仍将以25%左右的增幅快速增长。在全国软件产业的比重还将不断上升，继续缩小与东部发达地区的差距。

以重庆、成都、西安、武汉等为代表的区域中心城市依然占有较大的产业规模比重，资源、科研、人才和经济优势依然是发展软件产业的核心竞争力，区域核心地位和带动作用明显。此外，随着服务外包、产品研发等环节向中西部转移及各地政府不断提高重视程度，优惠政策相继出台，中西部软件产业在未来的发展中将由原来的单一重点城市发展为主逐步转变为以重点城市为核心，辐射带动周围城市差异化发展为主的模式。

二是新兴产业快速发展。智慧城市领域，随着智慧城市的试点城市数量不断增多，并逐步进入实质推进期，将直接拉动数万亿的IT投资，智能交通、教育、医疗、安防、应急及智慧政务等领域软件和信息技术服务企业及云计算、大数据企业将获得发展良机。

物联网领域，重庆作为全国唯一的物联网产业示范基地，以示范应用带动需求，以市场需求推动产业发展，借助中移动物联网有限公司和众多科研机构，积极推广以车联网为重点的物联网应用示范。计划到2015年实现物联网产业规模500亿元以上，到2017年实现物联网产业规模1000亿元以上。

三是服务外包成为产业发展加速器。中西部地区在人才培养、劳动力成本、土地成本、资源禀赋和成活成本等方面的优势突出，并将在一段时间内保持优势，为服务外包产业发展提供了良好的基础条件。其中，重庆、成都、西安、武汉、长沙等服务外包示范城市的服务外包产业将呈现高速增长态势，服务外包产业规模逐步壮大，聚集效应持续增强。

后 记

《2014—2015年中国软件产业发展蓝皮书》由赛迪智库软件与信息服务业研究所编撰完成，力求为中央及各级地方政府、相关企业及研究人员把握产业发展脉络、研判软件和信息技术服务业前沿趋势提供参考。

本书由王鹏担任主编，安晖为副主编。全书共计18万多字，主要分为综合篇、行业篇、区域篇、园区篇、企业篇和展望篇六个部分，各篇章撰写人员如下：

综合篇：安晖、吕海霞、韩健、陈光、周大铭；行业篇和企业篇：韩健、陈光、周大铭、安琳、蒲松涛、杨婉云；区域篇：韩健、陈光、周大铭、蒲松涛、杨婉云；园区篇：吕海霞、陈光、周大铭、安琳、蒲松涛、杨婉云；展望篇：安晖、吕海霞、韩健、陈光、周大铭、安琳、蒲松涛、杨婉云。在研究和编写过程中，本书得到了工业和信息化部软件服务业司领导以及行业协会等专家的大力支持和指导，在此一并表示诚挚的感谢。

本书虽经过研究人员和专家的严谨思考和不懈努力，但由于能力和水平所限，疏漏和不足之处在所难免，敬请广大读者和专家批评指正。同时，希望本书的出版，能为我国软件服务业管理工作和软件服务相关产业的健康发展提供有力支撑。

面向政府 服务决策

研究，还是研究
才使我们见微知著

信息化研究中心	工业化研究中心	规划研究所
电子信息产业研究所	工业经济研究所	产业政策研究所
软件与信息服务业研究所	工业科技研究所	财经研究所
信息安全研究所	装备工业研究所	中小企业研究所
无线电管理研究所	消费品工业研究所	政策法规研究所
互联网研究所	原材料工业研究所	世界工业研究所
军民结合研究所	工业节能与环保研究所	工业安全生产研究所

编 辑 部：赛迪工业和信息化研究院
通讯地址：北京市海淀区万寿路27号电子大厦4层
邮政编码：100846
联 系 人：刘颖　董凯
联系电话：010-68200552 13701304215
　　　　　010-68207922 18701325686
传　　真：010-68200534
网　　址：www.ccidthinktank.com
电子邮件：liuying@ccidthinktank.com

赛迪智库

面向政府　服务决策

思想，还是思想
才使我们与众不同

《赛迪专报》　　　　《两化融合研究》　　　《装备工业研究》

《赛迪译丛》　　　　《互联网研究》　　　　《消费品工业研究》

《赛迪智库·软科学》　《信息安全研究》　　　《工业节能与环保研究》

《赛迪智库·国际观察》《电子信息产业研究》　《工业安全生产研究》

《赛迪智库·前瞻》　　《软件与信息服务研究》《产业政策研究》

《赛迪智库·视点》　　《工业和信息化研究》　《中小企业研究》

《赛迪智库·动向》　　《工业经济研究》　　　《无线电管理研究》

《赛迪智库·案例》　　《工业科技研究》　　　《财经研究》

《赛迪智库·数据》　　《世界工业研究》　　　《政策法规研究》

《智说新论》　　　　《原材料工业研究》　　《军民结合研究》

《书说新语》

编 辑 部：赛迪工业和信息化研究院

通讯地址：北京市海淀区万寿路27号电子大厦4层

邮政编码：100846

联 系 人：刘颖 董凯

联系电话：010-68200552 13701304215
　　　　　010-68207922 18701325686

传 　 真：010-68200534

网 　 址：www.ccidthinktank.com

电子邮件：liuying@ccidthinktank.com